JN261625

大久保智生・牧 郁子 編
Okubo Tomoo & Maki Ikuko

実践を
ふりかえるための
教育心理学

教育心理にまつわる言説を疑う

ナカニシヤ出版

はじめに

　突然ですが，みなさんは自分のやり方がうまくいかないときにどうしますか。そのまま自分のやり方を続けますか。私はうまくいかないときには，自分のやり方をふりかえります。たとえば，授業がうまくいかないときに，やる気がないなどと学生のせいにしてみても，できることはかぎられていますので，自分の授業の仕方を見つめなおします。間違っても，私は素晴らしい授業をしているのだから，それを理解できない学生が悪いのだと思わないようにしています。たいした授業を構成できていないという自覚もありますので，できるだけ学生のニーズも踏まえながら，自分の授業のやり方を見直すほうがいいのではと思っています。

　しかし，現実には，私の授業をわからない子どもたちが悪い，私は一生懸命やっているのに子どもたちは理解してくれないなどと考えたりしがちです。そして，今の子どもたちはコミュニケーションがとれない，やる気がないなど子どもたちの側の問題に帰属していきます。おそらくみなさん，一生懸命実践にかかわっているからそう思うのでしょう。ただし，一生懸命やっていれば伝わるのかといえば，教育はそう単純なものではありません。熱意は伝わると主張する方もいるかと思いますが，伝わったものが熱意であって，どれだけ熱意をもっていたとしても相手に必ず伝わるわけではないといえます。このように考えると，自分の伝え方についてふりかえる必要が出てきます。もし，うまくいかないことに悩んでいるとしたら，みなさんに今，最も必要なことは自らの実践をふりかえることなのかもしれません。その自らの実践をふりかえる際の視点を提示してくれるのが本書といえます。

　本書で焦点をあてるのは教育心理に関する言説です。教育言説については，有名なところでは広田（2001）や今津・樋田（1997）が詳細に検討していますが，教育心理に関する言説について詳細に検討したものはあまりありません。

ここでの言説とは，根拠なく，社会に流布し，一般的に信じられているものをさします。そして，言説は，強力な影響力と説得力を持っており，暗黙のうちに人々の間で，自明で常識的なものと考えられるようになっていきます。

　なぜ教育心理に関する言説を検証すると，自らの実践をふりかえる契機につながるのでしょうか。それは自らの視点が揺さぶられるからです。先ほどの例でいえば，今の子どもたちはコミュニケーションがとれない，やる気がないという言説を鵜呑みにすることで，うまくいかないのは子どもの側の問題であって，こちらの思いが伝わらないのはしょうがないなどと考えてしまうでしょう。逆に今の子どもたちはコミュニケーションをとることができるし，やる気があるということがわかると，伝わらないのは大人側にも問題があるのかもしれないことが認識でき，自分自身の実践をふりかえることにつながります。つまり，自らの視点の前提を疑うことが，かかわり方を見直す契機になるというわけです。

　もう少し詳しく説明しましょう。教育現場では，教育心理に関する言説があふれています。恐ろしいのは，教育心理に関する言説が確かめられることもなく，言説に基づいて政策や教育に反映されてしまうことです。さらにいえば，誰も疑いもせずにいることが最も恐ろしいと思います。また，教育の現場では，「ソーシャルスキルトレーニング」「いじめへの介入プログラム」といった介入や心の教育などが隆盛をきわめています。こうした心理学の試みは，効果の検証がなされ，パッケージ化されてきていますが，その一方で，問題を単純にわかりやすく捉えすぎているために，「子どものため」という看板を掲げながら，実は今起こっている子どもの問題を「子どもの責任」とするメタメッセージを含んでしまっている可能性があります。つまり，問題を子どもの側に帰属してしまうために，大人のかかわり方，言い換えると「大人の責任」が問われない状況に陥ってしまっているといえます。

　こうした状況の中で，子どもとかかわる大人に必要なのは，今ある現状の中で何ができるのか立ち止まって考えることであるといえます。特に，大人が自らのかかわり方をふりかえる必要があるといえます。その際，自らのかかわり方や見方の前提を見つめなおすことが重要になってくると考えられます。つまり，介入や援助や指導などの前提となっている教育心理にかかわる言説を暗黙

に受け入れるのではなく，疑ってみることで，今とは別のかかわり方などの選択肢が見えてくる可能性があります。したがって，重要なのは目の前の子どもたちの現実を見ずに，実際に世間で言われている言説に惑わされていないか，もし別の見方が可能ならばどのようなかかわりが可能なのか考える機会を提供することではないでしょうか。教育心理に関する言説を鵜呑みにするのではなく，自らの実践を立ち止まって柔軟に考える機会を提供するというのが本書のねらいです。

　教師をはじめとして大人は，時間に余裕のない環境の中で懸命に子どもたちとかかわっています。こうした環境で，パッケージ化されたプログラムなどに依存したくなる心理は理解できますが，パッケージ化されたプログラムなどを行えば，当然ですがすべてうまくいくというわけではありません。現実には，今何が必要なのかを考えなければなりませんし，また，パッケージ化されたプログラムなどを使うのだとすれば，どう使うかを考えなければなりません。考える際にパッケージ化されたプログラムなどが１つの契機になるかもしれませんが，特効薬ではないということは認識しておく必要があるといえます。そして，心理学はパッケージ化されたプログラムなどを提供するだけでなく，介入や援助や指導などの前提となっている教育心理にかかわる言説を疑うことで，自らの実践をふりかえる契機も提供することができるのではないでしょうか。

　本書では，子どもたちを取り囲む現実から，「子どもの責任」ではなく，単なる政府批判や文科省批判ではない「他人事にしない」という意味での「大人の責任」として，心理学の視点から実現可能な提言や具体的援助や指導が浮かび上がってくるような構成を執筆者の先生方にはお願いしてあります。もちろんどのように考えるか，何を選択するかは読者に委ねられています。その意味で，本書の処方箋は，これをすればうまくいくという特効薬ではありません。しかし，本書を読むことで新たな視点が切り開かれていくのではないかと思います。

　執筆者については，編者の大久保と牧がこの人に書いていただきたいと思った人にお願いさせていただきました。執筆者は年齢も所属も論調もバラバラですが，共通しているのは教育心理に関する言説を捉えなおすことであり，自身

の実践について,ひいては教育のあり方を見直す必要があると感じていることです。私たちの思いが伝わって,みなさんが教育について立ち止まって考えていただけるのなら幸いです。

執筆者を代表して
大久保智生

引用文献

広田照幸(2001).教育言説の歴史社会学　名古屋大学出版会
今津孝次郎・樋田大二郎(編)(1997).教育言説をどう読むか　新曜社

目　次

はじめに　*i*

● 1　「心の教育」は有効か
　　―「心の時代」を超えて「命の教育」へ―（伊藤哲司）　――――1
　1　「心のノート」の登場と「心の時代」　1
　2　「心のノート」を使った学生たちの声から　4
　3　「心のノート」問題の本質　7
　4　「心の教育」から「命の教育」へ―「心の時代」を超えて―　9

● 2　モンスターのような親は増えたのか
　　―親の怒りと訴えの背後にあるもの―（小野田正利）　――――13
　1　やっかいで激しいクレーム　13
　2　モンスターという言葉の危うさ　14
　3　本当に「増えて」いるのか　18
　4　トラブルを大きくさせない，長引かせない　22

● 3　日本の子どもの学ぶ意欲は低いのか
　　―学習意欲を巡る3つの「思い込み」を吟味する―（村山　航）　――――27
　1　日本の子どもは国際的にみて意欲が低いのか　28
　2　相対評価は意欲に悪影響を与えるのか　30
　3　意欲の評価は不可能なのか　33
　4　思い込みを捉えなおすことで変わること　36
　5　おわりに　38

4 「全国学力・学習状況調査」は学力の現状を客観的に知るための科学的な調査か
　　―「初期状況」にみるポリティクス―（森田英嗣）――――――41
　　1　はじめに　41
　　2　「全国学力・学習状況調査」の「意義・目的」，そしてその出自　43
　　3　調査の設計とそこに至る議論　47
　　4　「専門家検討会議」の「議事概要」にみる調査設計　49
　　5　「全国学力・学習状況調査」の今後　53

5 授業は誰のために行われているのか
　　―「子どものため」といえる授業実践を考える―（岸　俊行）――――――59
　　1　授業は誰のために行われているのか　59
　　2　授業を捉える視点と測定　62
　　3　子どものための授業を行うためには　67

6 今の子どもを指導することは難しいのか
　　―子どもの力を引き出す学級経営―（龍野聡平）――――――71
　　1　今の子どもを指導することは難しいのか　71
　　2　子どもの力を引き出す教育とは　72
　　3　今の子どもを指導することは難しいことではない　81

7 問題児と向き合うことが生徒指導なのか
　　―荒れる学校とどう向き合うか―（加藤弘通）――――――83
　　1　指導力がある教師とは　83
　　2　「荒れる学校」の問題行動をしない生徒がもつ問題　86
　　3　学校の荒れと生徒指導のダブルスタンダード化　87
　　4　直接的な指導から間接的な指導へ　90
　　5　再び指導力がある教師とは　93

8 いじめられる側にも問題があるのか
　　―いじめ現象の理解といじめ対策実践の再考―（戸田有一）————97
　　1　いじめられる側にも問題があるのか　　97
　　2　いじめの報告数が減ればいいのか　　99
　　3　いじめ対策実践と効果測定の再考　　101
　　4　国内のピア・サポート実践　　103
　　5　いじめ対策実践の最前線　　107
　　6　協働への期待　　109

9 現代の子どもや若者は社会性が欠如しているのか
　　―コミュニケーション能力と規範意識の低下言説からみる社会―（大久保智生）
　　————113
　　1　子どもや若者の社会性の欠如に注目が集まる現代　　113
　　2　現代の子どもや若者の社会性の欠如に関する言説の検証　　115
　　3　なぜ現代の子どもや若者の社会性が問題になるのか　　119
　　4　現実の問題に対応していくために　　124

10 社会的スキル訓練をすれば，すべての人づきあいの問題は解消するのか
　　―社会的スキル訓練の実際と実施時の留意点―（宮前義和）————129
　　1　社会的スキル訓練をすれば，すべての人づきあいの問題は解消するのか　　129
　　2　社会的スキルとは何か　　129
　　3　社会的スキル訓練の実際　　132
　　4　社会的スキル訓練を適切に用いる　　142

11 子どもは教師に相談するのか
―子どもの被援助志向性にそった教育相談のあり方―（水野治久）――145
1 子どもは教師に相談しない　145
2 子どもの相談に対する抵抗感　148
3 教師は子どもをどのように援助すればよいのか　150

12 「学校不適応」の生徒は「障害（病気）」なのか
―スクールカウンセラーからみた学校現場―（松嶋秀明）――159
1 「この子は障害（病気）ですか？」にどう答えるか　159
2 スクールカウンセラーは「問題」にどうかかわるのか　161
3 子どもの問題を解決にみちびく大人の関係性　165
4 生徒の「生活」を支えるために SC ができること　168

13 職員室は「仲よく」できているのか
―学校現場における協働性の実際―（牧　郁子）――171
1 職員室は「仲よく」できているのか　171
2 職員室が仲よくできないわけ　174
3 教師同士が「仲よくする」には―自分そして子どもたちのために―　179

14 学校は，校長のリーダーシップ次第であろうか
―学校組織づくりにおける校長のリーダーシップについて―（淵上克義）――187
1 集団・組織におけるリーダーシップの役割についての再考　187
2 学校成果を生み出す校長と教師集団の相互影響関係　192
3 学校組織の力量向上のための新たな提案　195

● 15 「地域の教育力」は衰退したのか
　　　―学校と地域の協働による「地域の教育力」の顕在化を考える―（時岡晴美）
　　　　　　　　　　　　　　　　　　　　　　　　　　　　　――――201

　　1　「地域の教育力」は衰退したのか　　201
　　2　「地域の教育力」への期待と効果　　205
　　3　「地域の教育力」の顕在化に向けて　　213

おわりに　217
索　引　221

1

「心の教育」は有効か
── 「心の時代」を超えて「命の教育」へ ──

伊藤哲司

1 「心のノート」の登場と「心の時代」

　学級崩壊，校内暴力，いじめ，不登校──こうした学校の中で生じている問題は，つまるところ個人の心の問題であるとみられているところがある。近年は「個人主義」が蔓延し，子どもたちの道徳心が低下しているといった論調も耳にする。そこで一人一人の子どもたちの「心」を何とかしようという方向性が生まれ，2002年度には「心のノート」なる道徳補助教材が登場し，「心の教育」が展開されるようになった。しかし，はたしてそれは子どもたちにとって本当に有効なのだろうか。本章では，この問題について考えてみたい。

　「心の時代」と呼ばれるようになって四半世紀以上の年月が経つ。著名な臨床心理学者で元文化庁長官の故・河合隼雄氏が，臨時教育審議会などで学校や家庭への心理学の導入を主張したのは，1985年のことであった。当時は，高度経済成長も行く末がみえていたころで，開発一点張りの大量消費の時代は終わり，人々が「物の豊かさ」の代わりに「心の豊かさ」を模索し始めた頃であった。学校が荒れて子どもたちの非行や校内暴力が社会問題化したのは，その少し前の1980年前後のことである。

　歌手・尾崎豊がデビューしたのもその頃（1983年）である。彼は，若者たちの何ともやりきれない気持ちを代弁し，文字通り叫ぶように学校や既存の社会への疑問や反発心を歌にして歌い，ひいては「十代の教祖」と呼ばれるまでになった。彼が歌った「十五の夜」や「卒業」といった歌からは，何ともやり切れない思いを抱えた十代の青年たちの真摯な叫びが聞こえてくる。一方多くの

大人たちは，そんな尾崎の叫びには眉をひそめ，苦々しい顔をしていたことだろう。尾崎が歌った若者たちの荒ぶる気持ちをどうにか抑えるために，「学校や家庭への心理学の導入」がなされていったとみることもできる。その導入はむしろ，多くの大人たちの歓迎するところであったのかもしれない。

　バブル経済崩壊によって「心の時代」は，ますます現実味を帯びていた。1988 年に臨床心理士資格が確立され，「心の専門家」が登場し，1990 年代に入ってスクールカウンセラーなどとしてその活躍の場を新たに作り広げていった。1995 年には，阪神・淡路大震災が発生し，またオウム真理教による地下鉄サリン事件が起きて，「心の傷＝トラウマ」を負った人々のための「心のケア」の必要性が社会的にも認知されるようになった。生きづらさを訴える人々が，その原因を機能不全であった家族にあったと考え，「アダルト・チルドレン」と自称しだしたのは，1990 年代後半からである。職場などでも精神的な不調を訴える人々が顕在化し，メンタルヘルスへの関心が徐々に高まっていった。

　大学では心理学が人気科目の 1 つとなり，中でも臨床心理学への関心がたいへん大きくなっていった。多くの学生が臨床心理学が対象とする「病んだ心」に興味を示したのは，自分自身も何らかの「病んだ心」をどこか抱えているという思いの裏返しでもあったのだろう。そして将来の仕事として心理カウンセラーを選びたいとする学生は，相当数に上るようになった。その頃社会心理学を専門とし，主に「ベトナム」をフィールドにしていた私のゼミを希望する学生は極端に少なく，一方臨床心理学のゼミは学生で溢れかえらんばかりになっていた。大学でも極端に「心」への興味・関心が集まるようになっていったのである。

　そんな時代背景のなか，2002 年度に全国の小中学校に一律に導入されたのが，道徳の補助教材「心のノート」であった。私事になるが，1996 年生まれの我が娘・茜がその年に小学校に入学している。そして，新聞に載った「心のノート」の記事をたまたま見ていたときに，隣で幼い娘が「あっ，これ，茜ちゃんも持ってる」と呟いたのが，私が「心のノート」の存在を知るきっかけであった。

　「心のノート」には，小学校 1・2 年版／3・4 年版／5・6 年版と中学校版の 4 種類がある。市販もされているということで，さっそく取り寄せて中身を見

図1-1　4種類の「心のノート」の表紙（左）と内容の例（中学生版83ページ）

てみた。全面カラー刷りで，子どもたちが興味をひきそうなイラストや写真がふんだんに使われている。一見すると，絵本を見ているかのような明るさが感じられる作りになっている。

「心のノート」には，「うそなんかつくものか」（1・2年版），「ひとりじゃないからがんばれる」（3・4年版），「『ありがとう』って言えますか？」（5・6年版），「自分をまるごと好きになる」（中学校版）といった，子どもたちの「心」に働きかける言葉の数々が並べられている。それらはもちろん，子どもたちに道徳として守ってほしいこと，考えてほしいこと，大事にしてほしいことはこれだよと示す意図が込められているのだろう。それらに沿って子どもたちは，「心のノート」の中にたくさん設けられている書き込み欄に，自分の考えを記していくことになるのである。

この「心のノート」こそが，それまでも賛否両論さまざまな議論があった道徳教育において，「道徳学習の日常化」を促進するための教材なのであった。文部科学省によれば「心のノート」は，「児童生徒が身につける道徳の内容をわかりやすく表し，道徳的価値について自ら考えるきっかけとなるもの」であり，

「道徳の時間をはじめ、学校の教育活動のさまざまな場面で使用するとともに、児童生徒が自らページを開いて書き込んだり、家庭で話題にしたりするなど、生活のさまざまな場面において活用することができるもの」なのである。

この「心のノート」作成に中心的な役割を果たしたのが、当時文化庁長官を務めていた故・河合隼雄氏その人であった。河合氏が座長を務めた「作成協力者会議」は、道徳教育の日常化を図るばかりでなく、学校現場で生じているさまざまな問題の原因として「心」により着目させる意図がもともとあったものと思われる。そしてそのようにしてできた「心のノート」は、「これで道徳教育が充実しなければ、打つ手はないのではないかとさえ思ってしまう」ものであると、作成に携わった委員には捉えられていた。

「心のノート」はその後も毎年子どもたちに配布され続け、2009年度には改訂増補版となり内容が"拡充"され、さまざまな批判があり同年に政権交代した後の政府の事業仕分けの対象になりながらも、現在（2010年度）もなお使われ続けている。「心のノート」が導入されたときに小学校1年生であった娘は、高校受験の勉強に励む中学校3年生になった。

2 「心のノート」を使った学生たちの声から

「心のノート」導入からすでに9年が経ったということは、現役大学生たちの多くは、この補助教材を使ったことがある世代ということになる。そこで授業の中で学生たちに「心のノート」について覚えていること、そして覚えているなら、これを使ったときにどんなことを感じたかを尋ねてみた。

最も多かった声は、「よく覚えていない」といったものであった。「心のノート」は、そもそも学校現場からの要請で生まれたものではなかったわけであり、この教材をあまり使わなかったという教師も少なからずいたことだろう（現在でも、そのような教師も少なくないと推察される。中学校3年生の娘と小学校4年生の息子に聞いたところ、2人とも異口同音に「今は使ってない」とのことだった）。多少は使われたとしても、それがそれほど印象に残るものではないものとしたら、ことさらそれを問題視する必要もないかもしれない。

しかし、それなりに「心のノート」を使ったことを覚えている学生もいる。

そしてその中には，次のような肯定的な感想を述べる人もいる。

> 写真や絵がたくさんあって読みやすく，いろいろ考えさせられた気がする。道徳の授業中に自分の意見を発表するのは嫌だったけど，「心のノート」をながめるのは好きだった。

> 小学生のとき，道徳の時間に使ったと思います。自分の考えをひたすら書いていた気がします。自分の考えをまとめるのは結構おもしろかったし，自分と向き合う時間だったような気がするので，割と好きな方でした。

しかし，数百人の学生に尋ねても，このような肯定的な感想はなかなか見出せない。「心のノート」を使ったことを覚えている学生には，むしろ否定的な意見の方が多い。

> 「心のノート」は面倒だったので，あまり好きではありませんでした。そのときは意味など考えたことはありませんでした。心の中をなぜ書かねばならないのかと思って，表現が悪いかもしれませんが，放っておいて欲しいと中学生のときは思っていました。

> 私はこのノートが，実はあまり好きではありませんでした。もう書くことが決められていると思ったからです。たとえば「いじめをどう思いますか」のような質問に否定的に答える人はあまりいません。発表するとなったらいっそうです。画一的になっていたということが，好きでなかった理由です。

小中学生の頃から本当にこのように感じ考えていたのだとすれば，受けた影響はむしろ小さいといえるかもしれない。しかし中には，次のような感想も出てくるのである。

> 今考えてみると「心のノート」は，子どもたちの思想をしばりつけている

ように思えてきました。「こんな人間に育ってほしい」というような大人の意志のようなものを感じます。小中学生の頃は，まったくそう感じませんでした。心のノートに書いてあることがすべて正しいように思っていた気がします。

　学校の中で先生によって配布され使われる教材を，子どもたちがすんなりと受け入れることは当然あるだろう。仮に少し違和感を抱いたとしても，それを先生に伝えたりすることは少ないに違いない。ましてや，真っ向から反発することはなかなか難しい。かつての尾崎豊のような反抗心を発揮することも容易ではない。そこで，「先生に『そうだね。その通りだね』と言われるような答えを探していた」，「『いい子』ぶったことを書いておけば大丈夫だと思っていた」といったことが起きるのである。
　絵本作家の五味（2001）は，次のように書いている。

　　僕の友だちの教師が，市販のテスト問題を使って生徒に感想文を書かせたのを見せてくれたことがありました。その問題文の文章を要約すると，授業中に雨がザーザー降ってきて，お母さんたちが次々に傘を届けにきてくれる。でも，うちのお母さんはパートで働いているから来られない。お母さんもがんばってるんだから，わたしもがんばろうと思って，わたしは友だちの傘に入れてもらって帰りました，というようなやつです。
　　で，その感想を五十字以内で述べなさい，という解答欄に「べつに。」と書いた子がいました。しみじみします。まったく同感です。だって，たかが雨が降って，傘があったりなかったりで，まさに「べつに。」は妥当な線です。五十字以内すぎるキライはありますけれど。ぼくの教師の友だちはまあ出来るやつだから，「これ参っちゃうよ，いい点数つけるしかないんですよね」って。でも，そんな教師って，まずいません。
　　その市販のテストについている教師用の模範解答が，また気持ち悪いものでした。女の子がお母さんの気持ちを考えて，さみしいのを我慢したことに感動しましたとか，傘に入れてくれた友だちの優しさに感動したとか。つまり，子どもたちは，その線でサボっている大人用の答えを模索しなく

ちゃいけないわけです。

　「心のノート」にも同じ問題があるのではないか。「心のノート」でありながら，自分が書いたことを自身の「心」にしまっておけず，書き込んだことは教師がチェックするしくみになっているからである。先生に見られることがわかっていれば，子どもたちはそうそう下手なことは書けまい。むしろ子どもたちは，大人たちの意図を見透かして，本音ではなくあくまで建前として，差し障りのないことを書いたりするのだろう。

　このような建前を引き出すことが，はたして「心の教育」なのであろうか？

3 「心のノート」問題の本質

　「心のノート」については，当初から，たとえばこのような点を捉えた批判がたくさんあったにもかかわらず，文部科学省をはじめこの教材を使った道徳教育の推進に賛同する人たちには，このような批判の声はまったくといっていいくらい届いていないようである。特に「心」に着目したこの教材の価値を信じて疑わない人たちには，当人が自分の良心にかけてそう思っているに違いないだけに，かえってみえづらい問題なのかもしれない。

　いうまでもないことだと思うのだが，「心の問題」は，「心」だけで閉じてはいない。私たちは常にある状況に埋め込まれて生きており，さまざまな人間関係の網目の中に組み込まれている。個人は必ずしも「個」ではなく，社会的関係性，あるいは歴史的・地理的関係性の中に存在している。子どもたちもまた，それぞれ置かれた状況をその内側から生きているのであり，それをみようともしない大人たちに，本質的な問題はみえてはくるまい。

　心理学は，もちろんそのすべてではないものの，むしろ「心」に特化した見方を推進してきた。私自身20年以上心理学に携わりながら，このような点での心理学に対する違和感を抱くようになっていった。そうした心理学のあり方について，長年にわたって被疑者とされた人たちの供述の分析という仕事に携わってきた発達心理学の浜田寿美男氏も，次のように批判している。

なにが自分の思いのままにならないといって，自分のこころほど思いのままにならないものはありません。その思いのままにならないこころをかかえて，それとどうつきあっていくか，そのことが私たちには問題です。
　ところが，心理学はとかく，この不自由なこころを相手に，それを直接にいじくろうとしがちです。たとえば，学校に行くのが心底つらいと思っている子どもがいるとして，その思いの背後には子ども自身のおかれた状況というものがあるはずです。あるいは勉強がいやだという子どもがいるとして，そのいやだと思う気持ちは，たんに本人のわがままというだけでない，学びの状況側の問題がひそんでいるものです。にもかかわらず心理学は，その状況のほうをまるまる放置して，そのうえでそこに巻き込まれた人のこころをとりだして，それを操作しようとしてしまうのです。
　人間はそれぞれの状況のなかを生き，その状況によってこころのかたちを成形されています。しかし，心理学者を名乗る人々の多くは，そのことの認識の不十分なままに，やたら「こころ」の部分だけを取りだして，それを操作し，評価して，あげくに傷ついたこころをケアしようとする。そういう傾きを強くもっているように思えてなりません。

（浜田，2002）

　こうしたことを見向きもしない心理学者は，いわば「裸の王様」である。本人は「心の専門家」として立派な衣服を纏っていると思い込んでいるのだが，端からみれば何も着ていないに等しいというわけである。ただしアンデルセンの物語「裸の王様」と少し違って，まわりの人々にも案外この「心の専門家」という「裸の王様」は，立派な衣服を着ているとみられてしまうこともある。そして社会の中でなお"君臨"し続けるわけであるが，それゆえになおさら大きな違和感をまわりに与えることにもなる。
　臨床心理学論を専門としているという小沢牧子氏は，こうした問題に関連して，次のように書いている。

　その関係（引用者註：カウンセラーとクライエントという関係）のなかで語るとき，人はほんとうに自由であるのだろうか。日記を書くほどには

自由ではない。相手が人間であるからこそ，語るほうに相手の意図をどこかで察しようとする気持ちが働かないわけはないからである。どう語り，どう変わることを自分は望まれているのだろうという模索である。はっきり意識することはなくとも，人と人との関係においてはその配慮が働く。とくに権力関係のなかでは。そしてカウンセラーが自分の考えを語らないだけにいっそう，クライエントは「いい子」としての答えを出す方向に自発的に傾いていくのだと思う。いわゆる，自発的適応である。巧妙な装置であると言わざるをえない。

(傍点は引用者：小沢，2002)

「心のノート」もまた，小沢氏のいう「巧妙な装置」に他ならない。大人が考える道徳的価値を一見ソフトながら押しつけてくる「心のノート」は，子どもたちの本音が語られる題材にはなり得ないだろう。自らの名を名乗らない「心のノート」の筆者たち——ほとんどの文章は誰が書いたものかわからず，しかも子どもたちの声を代弁したつもりで書かれている——の鈍感さが，見事に露呈しているといわざるをえない。

4 「心の教育」から「命の教育」へ—「心の時代」を超えて—

「どうして人を殺してはいけないの？」という子どもからの問いが話題になったことがあった。答えるまでもないと一見思われるこの問いに答えることは，実はきわめて困難である。「君は殺されたくないだろう？　だから他の人の命もみなかけがえがなくて大事なんだよ」ともっともらしく答えたところで，「僕は殺されたって構わない。だから気に入らないヤツを殺してやる」と反論されたら，返す言葉がなかなか見つからない。「少なくとも自分の命は大事」という前提が共有されないところでは，命の大切さを十全に説くことなどできない。

ところで人間が歳を重ねていくなかで生まれてくる変化は，社会的次元と生命的次元に分けることができる。前者は，言語化することが可能な部分で，学校でのカリキュラムにも組み込みやすい側面である。いわば「経験」のレベル

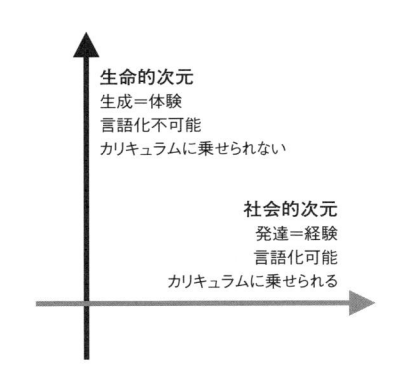

```
        ↑
        生命的次元
        生成＝体験
        言語化不可能
        カリキュラムに乗せられない

                    社会的次元
                    発達＝経験
                    言語化可能
                    カリキュラムに乗せられる
        ────────────────→
```

図 1-2　加齢に伴う人間の変化の 2 つの側面
（矢野智司氏〈京大〉によるシンポでの発表を元に作図）

の話であり，その変化は通常「発達」と呼ばれる。これが主に教育心理学や教育学などでも盛んに論じられ，研究されてきた側面である。

　一方後者は，言語化することが難しく，「あー」とか「うー」とか，言葉にならない呻き声などとしてしか表現ができず——あるいは黙り込んで沈黙して「表現できない」という表現しかできず——，したがってカリキュラムに意図的に組み込むことが難しい側面である。こちらは「体験」のレベルの話であり，その変化を「生成」と呼ぶことができる。「命の大切さ」にしてもそうであるが，いじめや校内暴力，あるいは不登校やひきこもりといった現象は，基本的にすべて生命的次元の問題である。それを説教がましい言葉で何とかしようとしても——つまり社会的次元の問題として扱おうとしても——，なかなか子どもたちには伝わらないのである。

　少年少女による殺人事件が起きたりすると，学校では「命の大切さ」を教えよという通達が教育委員会から届いたりする。しかしそれは，いかにすれば可能なのだろうか。そもそもアメリカが起こす戦争を日本政府が支持している中で「命の大切さ」を説くことは，大いなる矛盾であろう。戦争で夥しい数の人たちが犠牲になることは，子どもだって知っている。「命の大切さ」を説きながら，戦争という大義があれば多くの命が犠牲になることはやむを得ないなどと，どうしていえるだろうか。

　もちろんこうした問題でも，言葉がまったく無力というわけではない。私た

羊を殺めているところを見つめる息子・風馬（中国・内モンゴルの草原にて）。このあと息子は，実際にこの羊肉を食べた。

ちは言葉で思考し表現し他者とコミュニケーションを図る存在でもある。言葉によって想像力を大きくふくらませることもできる。ただしある言葉が深くその人の心や身体に響くためには，それを受け入れるだけの深い「体験」——「原体験」とでも呼ぶべき体験——の積み重ねがなければならないだろう。ただ「命は大切」と何度も唱えたところで，本当の「命の大切さ」は理解できまい。

　そうしたことを踏まえて「命の教育」を行うことは不可能ではないと，私は考えている。たとえば，一粒のお米が芽を出し，それが生長していって数千の米粒の実りをつけるその様を目の当たりにすれば，命の営みのすごさに自ずと気づくことだろう。近年人間は自然をコントロールしようとしてきたが，しかし，大災害に遭えばどうやってもコントロールしきれないところがあることに気づき，いくら都会で生活しているとしても，結局自分は自然の中で生かされている存在であることに思いが至るかもしれない。スーパーマーケットで肉を買って食べているだけでは，その肉がもともと生きている動物の命を奪ってあるものだということになかなか気づかないが，動物を殺めて食するという体験を一度でもすれば，「食べることは殺すことであり，多くの命をいただいて自分は生きている」ことがわかることだろう。そのような実践は，小学校教師の金

森俊朗氏の著書『いのちの教科書——生きる希望を育てる——』にも紹介されてあり，大いに参考になる。

「このノートをがっこうやいえでくりかえしひらいて，あなたのこころをおおきくうつくしくしてください」（「心のノート」1・2年生版）などとうさん臭く子どもたちに話しかけても，それは子どもたちの心には届くまい。教師をはじめとする大人たち自身のあり方が問われているのであり，子どもたちはしっかりそれをみているのである。

「心のノート」は，学級崩壊，校内暴力，いじめ，不登校などの問題にどう対応するかということの追求の上に生みだされたという側面はあるのだろう。しかし，これらの問題については，まずは大人が襟を正すことのほうが先決である。そして，その解決に向けての有効な手だては，「心」に注目が集まり「心」さえ正せば何とかなると思われている「心の時代」に終止符が打たれ，私たちの社会が「命」という問題を見つめ直し，なおかつ新たに共同体や「私」の有り様を見出した後に，ようやく生みだし得るものなのではないだろうか。

◆引用文献

五味太郎　(2001)．大人問題　講談社文庫
浜田寿美男　(2002)．そもそも心理学って何だ？　おそい・はやい・ひくい・たかい　No.16．ジャパンマシニスト
伊藤哲司　(2004)．心理学者が考えた「心のノート」逆活用法　高文研
金森俊朗　(2007)．いのちの教科書　—生きる希望を育てる—　角川文庫
小沢牧子　(2002)．「心の専門家」はいらない　洋泉社

2

モンスターのような親は増えたのか
―親の怒りと訴えの背後にあるもの―

小野田正利

1 やっかいで激しいクレーム

　A．卒業アルバムには，個人写真やクラスの集合写真の他に，6年間の学校生活のさまざまな行事でのスナップ写真がちりばめられていた。ある親が「自分の子どもが行事の写真に1回しか写っていないのに，5回も写っている子がいる。不公平だ」と学校に抗議に来た。「同じアルバム代を払っているのに」とまで主張している。

　B．子ども同士が偶発的にぶつかり，額にすり傷をつくった。その傷はすぐに消えるようなものであると思われたが，相手の親と学校に対して，一生涯の責任を負うように要求してきた。そして今後において同様のことが起きないように，クラス編成において別々にすること，一緒に遊ばせることがないように常時監視するよう，学校に要望してきた。

　C．子どもがストレスから，いきなりドアを蹴ったところ，ドアのガラスが割れてしまった。幸いにも子どもにケガはなかったが，学校側が親を呼んで事の経過を説明し始めた。その成り行きで，割れたガラス代の弁済を頼んだところ「ドアを蹴ったぐらいで割れるガラスの方が問題だ。弁償はしない」と言い出した。

　学校に対するクレームは，確かにやっかいなものが増え始めている。要求内容の困難さもあれば，激しい感情をむき出しにしながら責めたてる親の姿に，時として教職員はたじろぐ。これがエスカレートしたり長期化したりすれば，

学校のモチベーションが下がり，教育活動に深刻な影響も出てくる。

他方で，次のような事例はどうだろうか。

「年度末の成績評価が間違っているのではないか」と怒りに満ちて，教師の自宅に電話をかけてきた母親がいた。各学期の成績はテストの結果に基づいて行い，年度末の評価は平常点（生徒がきちんと提出物を出しているか，授業への取り組みの姿勢など）を考慮して行っていたが，この親の子どもは一回も提出物を出していなかった。その経過を教師が何度も説明したが，「ウチの子は優秀なはずです」の一点ばり。剣幕がすごいので，受話器をいくぶんか遠ざけながら話をせざるを得なかった。

30分ほど話をする中で，これはちょっと別の思いがあるのではないかと考え，教師は話を別の方向に向けた。「おたくの娘さんは，こんなすごい能力がありましてね。クラスの生徒たちをひっぱってリーダーとして活躍してくれたんですよ」と教師が話をすると，電話の向こうは少しずつ涙声になっていく。「ありがとうございます…。成績の付け方がどうなっているかは，私も知っていました（「なーんだ。最初から知っていたんじゃないか」は教師の心の声）。実は…，娘が家に帰ってきても，なかなか私と話をしてくれなくて，不安で寂しかったんです」「そうですか，お母さん。でも思春期ですから高校生ともなれば，親子の関係も違ってきますよね。大丈夫ですよ，ちゃんと娘さんは学校でみんなと仲良くやっています」

最初の勢いはどこへやら，30分後には母親はお礼を言って受話器を置いたという。最初の30分は，モンスターペアレントのような行為であるが，後半の30分は，別人のような，子どもを思う普通の母親の姿。コミュニケーションがとれなくて不安になる社会——その裏返しのような形で，身近なところに攻撃的に出てしまう傾向が強くなっている。

2　モンスターという言葉の危うさ

(1) 広がるモンスター意識

本章が扱う言説は「モンスターペアレント」である。最初に確認しておかなければいけないのは，そもそも「モンスター」という言葉が，それを使う人，受

け取る人によってどのようなものとして実感されているかということである。使う側の中心となる教職員にとっては，日々の超多忙な学校現場の中で，地域住民や親からのクレームはきわめてやっかいなものに感じられることから，どうしても学校や教職員にとって「大変難しい要求」を出される人でも，「当然ではあるものの，学校側にとって一定の工夫と努力を強いられる要求」を主張される方に対しても，程度の差こそあれ「モンスターペアレントではないか」と感じる傾向は強い。

しかし親からすれば「モンスター」と思われることには憤りを感じる。それは「怪物」であり，排除あるいは殺すべき対象として捉えられていると思い，学校側に対してよりいっそう距離感を感じて遠慮してしまうか，かたくなな学校側の態度に怒りをたぎらせることになっていく。そこには人格に対する否定が込められているからである。

筆者は常々，このような傾向を持つ言葉の使用を戒めてきた（小野田，2008a）。その言葉を使用することによって，親という存在は子どもを媒介として結びつくことのできない「敵」であると意識する傾向が，教職員の中で進む。それは確実に応答の仕方や態度に出るし，それを感じ取った親が，今度は不快感と敵意を教師に向けるようになる。

モンスターペアレントという言葉は，アメリカの一部の地域で，もともとは虐待を受けている子どもたちから，その児童虐待をする親をみたときに使われるスラング（俗語）として，使われてきた。わが国でいわれているような，学校や教職員からみた一部の親たちの姿ではない。もちろんわが子にとって不利益なことが起こらないように，過剰なまでの干渉をしてしまう保護者のことを「ヘリコプター・ペアレント」と形容する実態は，確かにアメリカにはある（多賀，2008）。

モンスターペアレントという言葉を意図的に定着させようとしてきたのは，教育研究団体 TOSS を主宰している向山洋一氏である（向山，2007）。この段階では，正当な要求があると思われるものも，明らかな違法行為も，適切な向き合い方ができていない事例も，一緒くたにしながら，学校に困った要求を突きつける親をひとくくりにしてしまう乱暴さがあったと筆者は考える。その後，筆者も加わった哲学者の内田樹氏との「耕論」（小野田，2009c）の中では，

向山氏は発言の内容をかなり変化させてきているように思われる。

　しかしモンスターという言葉はインパクトが明らかに強かった。その後，この言葉は，意味の異なる和製英語として確実に世の中に浸透していったし，テレビドラマのタイトルにもなっていく（フジTV系列，2008年7月～9月，計11回放送，米倉涼子主演）。2008年～2009年頃には，流行語の一つになり，多くの教職員の，そして教師を目指す学生たちの中に，意識づけと深い影響を与えてきていることを痛感する。

　「私は都市部の学校に教師として行くのはイヤです。だって，自己（自子）中心的で理不尽な要求を出すモンペ（モンスターペアレントの略）がたくさんいるからです（学生）」「あの子の親はモンスターだからな。気をつけないと危ないぞ。自分のことは棚にあげて，無茶な要求ばっかり出してくるからな（教師）」

　この数年間，筆者は全国各地の講演先で，こういった呪縛を解くことに腐心してきた。「いままで感じていたモンペへの考え方が変わったように思います。イチャモンをつけるということは，子どもへの愛情であったり，個人の思いが原因としてあるという，当たり前のことを見逃していたと思います。人の怒りには何かしら原因があるから，その源を知ることが大切であると思います（学生）」「つい最近，保護者からのクレームに対応したばかりです。『自分には落ち度はない！』と思いながら，謝罪を入れたりして納得できないこともありましたが，今日のお話を聞いて，自分の足りなかったところや『こうすればよかったんだ』ということがわかりました（教師）」

(2) 行為や行動で議論しよう

　筆者が，こういった学校と保護者の間に生じる難しい関係に関心を持つようになったのは，長崎大学教育学部に勤務していた1985年頃のことである。そして普通の学問研究からみれば，邪道と思えるようなことに邁進し始めたのが，大阪大学に移って数年後の2000年からであった。この時点から一貫して思っていたことは，人の怒りや行動にはワケがあり，その背後に何があるかを見定めることが重要であること，とはいえ要求が正当なものか理不尽なものかの見定めも必要であるということだった（小野田，2006）。

たとえ子どもの親が医者や弁護士や大学教師や議員であったとしても，無茶な要求はダメなものであり，正しい要求は誰が言っても受け入れられるべきものであるはずだ。だからこそ行為や行動に焦点をあてようではないか，というのが筆者の一貫した姿勢であった。親はモンスター（化け物）ではない。ごく一部に過激な言動を繰り返す人がいたとしても，それはその言動の当否を議論すべきであって，人間性そのものを否定すれば，関係構築が不可能となっていく。そして本当は，学校の側にも多くの間違いや直さなければいけない点もあるのに，都合の悪い保護者を一方的に批判する傾向が生まれ，教職員自らの態度やミスに無反省になっていく怖さがある。

　確かにいくつかのトラブルの中には"解決が難しいケース"もあることは否定できない。学校側に幾分の落ち度があるにしても，現状の学校システムではどうにもならない要求に発展していくことや，教職員の市民生活を脅かすような形で要求を繰り返し，学校全体の機能がマヒしていく行動をとる人も，ごくごく少数だが確かに存在している。その場合には「距離をおく」あるいは「適切な関係性を保持する」ことが必要だ。医療や福祉あるいは法律の専門家のアドバイスを受けながら，どのように「接するか」を「学校全体としての共通の方針」としてとることも大事である。それは，排除とか敵視ではない。

　私が「イチャモン」（無理難題要求）という言葉を使っているのは，人の行為や行動について，それぞれの背景を見据えながら，共通の議論の土俵にあげることを目的としているのであり，人を否定してはいない。特定の人々を「モンスター」などとレッテル貼りすることは，そのような要求をする人々の思いや背景をも抹殺し，なぎ倒していくことになること，そしてそれを学校や教職員が使い始めるときに，感性が摩耗し，かかわることの大事さや努力の気持ちすら消し去り，何もしないことで自らを正当化していく意識が生まれていくことにもなる。

　もちろん筆者が使ってきているイチャモンという言葉も，地域によっては相当に衝撃的に感じるかもしれない。そして誤解を招くこともある危険性を孕んでいることは自覚している。イチャモンという言葉は，関西では"因縁"よりは軽い意味で，普通の人たちも使用するものとなっている。関東では"因縁をつける"と同じようなニュアンスで受けとめる人が多いだろう。ある現象を説

明するものとして、むろん言葉には語感を含めたインパクトがあることは間違いない。長らく筆者は"無理難題要求"という言葉を使ってきたが、2003年からの論稿では、このカタカナにした"イチャモン"という言葉を意図して使ってきた。それは社会全体に対して、問題提起をする覚悟から発している。

なお、クレームという言葉についても、注意を喚起しておきたい。日本では、自分にとって都合の悪いやっかいな要求という意味合いが強いが、一般企業の中では、ごく普通に顧客からの問い合わせだけでなく、製品に対する苦情や意見もひっくるめて使うことが多い。1994年のPL法（製造物責任法）制定以後、大企業だけでなく、中小の企業も「お客様相談室」を設けるようになった。あなたの食べているポテトチップスの袋にも、「お問い合わせはお客様相談室まで。フリーダイヤル0120……」と裏面に必ず記載されているはずだ。

本章では、あえて善し悪しの価値判断をせずに、正当な要望も、苦情も、無理難題要求もひっくるめて、親から学校側に出される要求一般を指してクレームという用語を使うことにする。

3 本当に「増えて」いるのか

(1) 客観的データはない

本章の課題は「モンスターのような親は増えたのか？」に答えることにある。第1節と第2節で述べたことをまとめれば、まず次のようになる。モンスターという言葉を筆者は否定するので、増えたかどうかの回答はできない。しかし、この第3節で展開する中身を踏まえて、最初に結論を明確にしておこう。

いわゆる無理難題要求（イチャモン）が増えているかどうかということについて、そもそも客観データは存在しない。単純にいうと"学校や教職員が対応に苦慮する事例、あるいは学校が誠心誠意を尽くしてもそう簡単には解決しないというケースが増えている"という実感を持つ教職員が増えている、ということである。つまり、正当なクレームや要求もあれば、苦情のレベルのものもある、八つ当たりもあれば、無理難題、イチャモンもあるなかで、"苦情が増えた""無理難題要求が増えた"と思っている教職員が増えた、ということだけは明確である。

この学級の中に男子が何名いるか，あるいは身長 150 センチ以上の女子が何人いるかといったのと同じような客観データはそもそも存在しない。イチャモンかどうかは，受け手の側の主観と感覚によるからである。学校を相手取っての訴訟がどの程度増えているのか，あるいは訴訟になることを心配して，教職員賠償保険に加入する者が急増しているという数値は一つの目安にはなるだろうが，それもある部分の傾向を物語るものに過ぎない。今では学校や教育委員会が，クレームの記録をストックするようになってはいるが，それでも何を記録するかは，主観に左右される部分が大きい。クレームを申し立てる側としては，正当性のある要望だと思っている場合だってある。

　筆者は，インタビュー調査の他に，学校関係者に対して，数度にわたる質問紙調査も行ってきた。そこから浮かび上がってくることは，①保護者から学校に対する無理難題要求（イチャモン）が増えてきた，と実感している教職員は 8 割近くに及んでいること，②それは 15 年ほど前（1990 年代後半）から増加傾向にあること，③これにより多くの学校の教職員は，保護者との関係づくりに困難を抱えていること，④そして大都市部を抱えた地域にその割合は高いが，農山村部のある地域においても，相当の困難を感じている，ということであった（小野田，2005; 2008b; 2008c）。ほぼ同様の結果は，教員を対象とした 2006 年の東京大学の金子元久教授や，ベネッセ教育研究開発センターの調査でも示されている（金子，2006; 鈴木，2006）。

(2) 世代論には無理がある

　筆者だけではなく，さまざまなアンケート調査をしてきた人たちの評価も総合すると，学校現場で無理難題要求の問題に悩み始めるようになったのは，1990 年代半ばのように思われる。ただ，問題は突然起こるわけではなく，それ以前にも必ずポツポツとした事例はいくつもある。散発的にあったことが一つの数の塊となり，あるいは質的な変化を伴って，学校現場で教職員がある程度，共通項として実感し始めたのが 90 年代半ば頃からだと筆者は考える。

　なぜ 90 年代半ばなのか。親の世代で見ると，1979 年，80 年ごろに中学校や高校の校内暴力がピークとなり，そのときに 15 歳だった子どもが親になっている。それが原因にあるかもしれないと当初は考えていた。しかし，実態をつ

ぶさにみていってみると，30歳代の親も，40歳代も，そして50歳代の年齢の親も，時として学校に対して拳をあげる実態は多くある。そして，祖父や祖母といった戦前の教育を受けてきている人たちも，同じように無理難題要求をすることがみてとれる。つまり親の世代論で議論するのは，相当に安直で乱暴なやり方であり，むしろ社会構造的な変化に規定されて，この90年代半ば頃に広まっていったとみることの方が適切なように思っている。

　ある時期に急に増え始めると，「昔はそんなことはなかったはずだ」という意識が先に立ち，それを世代の議論にすることがよくなされる。しかし90年代半ばに小学生や中学生を持つ親の世代で「そうなった」と切り捨てることはできず，たまたまその時期に重なったとみた方がいいように思う。

　誰もがかなり自由にモノが言える時代を迎えた。インターネットで手軽に情報を得るだけでなく，ブログやメールでも自分の意見を匿名で発信することができるようになった。筆者は5年前の最初の公刊書である『悲鳴をあげる学校』(小野田，2006)で，「学校に残る権威主義と思い上がり」「他者に無関心で不寛容な社会」「孤立する子育てと自子中心主義」の3つが，今の学校と保護者の関係を読み解くキーワードではないかと指摘した。

　「自子中心主義」というのは，わが子のことしか考えない，あるいはわが子の言うことを100％信じるということであり，わが子が批判される状況が起きると徹底的に擁護することを指す。それは子どものことを考えているようにみえながら，実は子ども自身を親のミスリードで台無しにしてしまう意味を込めて，筆者が創り出した造語である。

　それは少子化ということと，経済状況の激変によってわが子に寄せる期待の持ち方が変動していることによる。子どもの数が減ると結果的に親の関心は高まり，失敗のない子育てをしたいという感覚は非常に高くなる。学校の内と外の安全神話は崩れている。わが子のためには，障害物となるものは取り除いてやるのが親のつとめだと意識する傾向は強くなる。他方で，経済的にも精神的にも余裕のない家庭では，親が自分の生活を守ることだけで精一杯で，子どもの動向に無関心を装わざるを得ない傾向が進む。

　どちらにも共通するが，わが子のことを非難されると「ウチの子だけが悪いわけではない」と一方的にかばい，親である自分が責められていると感じる

傾向は強くなる。学校に対する一方的な依存と，時として生じる不信のはざまに，現代の親は置かれている。

(3) 教育というサービスの特殊性と苦悶

1990年代に入って，社会全体の満足基準と要求水準が急激に高まってきた。以前はたとえば，道路は舗装がされていないから雨が降ればぬかるみがあちこちにできる。傘が無かったら，タオルでも何でもいいから被って帰ればすんだことが，今ではどうして道路にぬかるみがあるんだ，どうして傘を貸さないんだということになる。ごく普通に要求していい水準が確実に高くなっており，それに伴って，推し量るとか我慢できる度合いが減ってきている。そして，期待値に合わないものがあると容赦なく叩くし，叩いてもいいという雰囲気ができあがっている。

『となりのクレーマー』（関根，2007）で有名な関根眞一氏は，大部の『日本苦情白書』（関根，2009）を刊行し，筆者も教育編の分析を手伝った。人は不満に思ったときに，どのぐらいで苦情を申し立てるのかという研究は，1984年の米国の統計学者ジョン・グッドマンによるものでは，いやな思い26件につき1件が企業に届くとされてきた。しかし関根氏の研究によれば，現代の日本社会では4.63件につき1件の割合であるとされる。「許せない」と感じ，そのための行動を起こすことが増え，逆にちょっとしたことで文句を言われる経験が高くなっている（関根，2010）。

この背景にはもちろん，1994年のPL法の制定や2001年の消費者契約法施行，2004年の消費者基本法施行など，法制度の整備が急速に進んだということがある。そこで人々はよりサービスのいいところ，より早い，安い，きめ細かいところへと突き進んでいった。要求には際限がない。needよりwantの時代，つまり何々が必要だからこれが欲しいのではなくて，さらに追加したいwantが先，needは後，という時代になってきたことが背景にある。

ところが，医療，福祉，教育という3つの人相手のサービスは，wantに合わせたサービスがうまく立ちゆかないという面が多い。医療行為や福祉や教育では，同じ値段を払っても得られる成果は無形のものであり，結果として享受される価値には明らかに差が生じる。生育歴や環境はもちろん，能力やその日

の体調もさまざまに異なる人間が加わることによって，サービスの提供のされ方も受け取り方も随分異なってくるのが，人相手のサービスの決定的な特徴ではあるが，その差が我慢できない，許せない。モノの売買とまったく同じように，払った金に見合うものが必要だということになってくる。

　学校の場合は，カスタマー（消費者）が二重構造になっていることも他にはみられないものである。学校で教育を受けるのは子ども，しかしその教育の結果に満足か不満かを決めるのは親である。そして教職員は1人の子どもを相手にするのではなく，集団づくりの中で個の成長をどのように図っていくかに注意を払わなければいけない。

　医療・福祉と教育を比べた場合，もう一点言えることは，学校では苦情対応のためのシステムづくりが遅れているということである。現在では少しずつ，県や市レベルの教育委員会で，苦情処理のための機関として第三者機関が設けられているが，法制度上，国のレベルでは何もない。ADR法（裁判外訴訟解決）の対象にも入りにくい。

　加えて，子どもの人口は今，1700万人であるが，その背後に二倍の数の親がいるとすると，膨大な数の関係当事者になる。しかも医療のように一時的なものではなく，保育園・幼稚園から大学までとすると，10数年と長い。これが学校現場のしんどさの一つの背景であり，医療や福祉とは違うところでもある。

　たとえば100人の親がいて，無理難題要求を出すというのは，数でみればそれほど多くはなく，せいぜい1人か2人ぐらいといえる。ただ学校現場として抱える辛さは，問題が長引くということにある。数か月で終われば良いほうで，年をまたいで発展し，その間に次の問題がまたさらに起きて，解決できないまま複雑化していくという状況の辛さの中にある。

4　トラブルを大きくさせない，長引かせない

　今も，そしてこれからの時代も，残念ながら学校に限らず，クレームもトラブルも増え続けることは間違いない。大事なことは，それを大きくさせない，長引かせないことにある。トラブルの解決を願っているのは，その受け手である教職員だけではない。そのクレームを申し立てた親も何とかしてもらいたい

と思っている。何より，その子どもも願っているのである。学校と親が対立していて，その子どもが学校へ来るのが楽しいはずはない。

　では，どうすればいいのか。筆者は，こういった問題の打開の道を具体的に探り，展望を提示するためには，教育学という狭い範囲を超えて，社会問題として整理しなおすことが必要であると考え，弁護士・精神科医・カウンセラー・ソーシャルワーカーを交えた「学校保護者関係研究会」を組織してきた。その成果の一部を，『イチャモン研究会〜学校と保護者のいい関係づくりへ』（小野田，2009a）として刊行してきた。加えて研究会は，社会還元を果たすために，全国各地でシンポジウムを開き，各種のワークショップを開催してきている。

　筆者は，親のキーワードは「孤立」と「冷静さ」だと考えている。親同士がある程度支え合いながら，「あんたねえ，そんなこと言うもんじゃないよ」とか「何をバカなこと言ってるの」などと言うことができれば止まる可能性が高いが，無理難題な要求をするケースの多くに，親の孤立している背景が透けてみえることがある。地域から孤立していたり，家族の中でその親が孤立していたり，親子のコミュニケーションがとれていなかったり，職場で孤立している場合もある。子育てのつらさと焦り，孤立感という寂しさから，ストレスを受け止めてくれるところを探していったときに，学校に行き当たる。

　子どもの育ちとはどういうものか。学校ができることできないことは何か。その冷静さを取り戻してもらう必要があり，このために親向けのメッセージとして刊行したのが，『ストップ！自子チュー〜親と教師がつながる』（小野田，2010）であった。

　他方で教職員に向けてのキーワードは「身構えるな」「適切な関係性」「最低限の共同性」の3点である。

　学生のレポートに次のような一節があった。「私の母も"モンスターペアレント"という言葉を気にしていたものの，妹のことで学校に足を運んでいるのを思い出しました。母は小学校のPTA会長の経験があり，PTA活動にも頼まれたら参加していて，私が言うのもおかしいのですが，常識のある人だと思います。父も学校の教員をしていて，学校の事情もよく理解している方だと思います。それでも妹の担任に話をしにいったとき，いやな顔をされたとこぼして

いました」

　これがトラブルになったかどうかはさておき，学校側の姿勢の最大の問題は，この「いやな顔をされた」と親に感じさせたことにある。身構える姿勢が，表情に，時に言葉に出る。それが壁をつくり，単純な質問や正当性ある要望を，不必要に大きくこじれさせ，トラブルへ発展させていく発端となることは多い。そしてそれが不信感として蓄積するのである。

　問題が発せられる段階が第１次対応だとすれば，第２次対応はトラブル状態であり，紛争状態という第３次段階に入れば，もはや学校という範囲を超えた扱いにならざるを得ない。しかし，不安や不満あるいは孤立や孤独や生きづらさを抱えていて，まずは担任にと０次の接触をしてくるときがポイントだということは多くある。ほんの些細な言葉の行き違いを見過ごしたり，丁寧な説明を欠いていいかげんな処理をしてしまったり，相手の立場を推し量る力（イメージ力）の不足と，自己の立場の絶対視という悪い傾向が，個々の教職員にとって最も肝に銘じておかなければいけないことだといえる。

　むろんクレーム対応には，人による得手不得手がある。１人の人間の目に映るもの，耳に聞こえてくるものには限りがある。だからこそ，学校という場では「みんな仲良く」といった非現実的なお題目ではなく，困難に陥っている者がいたら，それを自分は助けることができなくても，その現状を校長や教頭，あるいは養護教諭や学年主任などの，適切な関係者に通報するという「ギリギリの共同性」が必要である。「通報」というと，児童虐待の際の通報のように思われるかもしれないが，保護者との関係性に困難を生じている実態は，傍目にはわかりにくいのである。だからこそ，気付いた者がまずは行動を起こすことが，事態をより深刻化させない第一歩であることは間違いない。

　そして残念なことに，学校に対して違法行為や不当要求がなされる場合もあるし，親の中に相当な精神的な不安定さを抱えていて，それが時に激しいクレームとなって教師に浴びせられ続けることもある。こういった場合には，適切な距離のとり方を学校側が保持することが大切であり，必要に応じて専門家（弁護士，警察，児童相談所，保健所，カウンセラーなど）の的確なアドバイスを受けることも肝要である。

　これらについて紙面が尽きているので詳しくは触れられないが，共同性や向

き合う気持ちの育成については，拙著『イチャモンどんとこい！〜保護者といい関係をつくるためのワークショップ』（小野田，2009b）を参照するほか，後者の難しいケースについては，東京都や大阪府，また横浜市の教育委員会による「手引き」が参考になる（東京都教育委員会，2010；大阪府教育委員会，2010；横浜市教育委員会，2010；東京と大阪のものはホームページで全文をダウンロード可能）。

　学校に対するクレームや苦情は昔からあり，それなりに対応できていたけれども，今できなくなっているというのは，明らかに学校が疲弊している状況があることが大きく関係している。学校がしなければいけないことが，あまりに増え過ぎている。どんなにやっても追いつかず終わらないと，多忙感にさいなまれてゆとりをなくしてしまい，親が言ってきた事柄について普通に聞いていれば対応できるのに，失敗してしまう。

　その背景には，筆者が10年以上前から「教育改革病」と名づけている，無茶で無節操な教育改革のオンパレードがある。教育に対する関心が不必要なまでに高まり，学校に対する要求が多すぎる。その傾向は2000年代に入って，さらに目立ってきたといえる。教育の成果というのは，もっと長い時間をかけて見守るべきであるのに，人間の成長も促成栽培的に何もかもうまくいくはずだし，むしろやらないヤツが問題だ，と思ってしまう怖さがある。

　たとえば，いじめ問題があったときに，教師が事実関係を確認し，子どもが何に不満を抱えてその行動に出ているのか，一つひとつのプロセスが常にあるはずなのに「そのテンポでは遅い」「だったらうちの子どもは学校に行かせません」がすぐに出てくる。丹念さをすっ飛ばして，ポンと何もかもがうまくいくはずだ。そういうことを求めている今の風潮があり，世間もそのような目で状況をみるようになってしまうために，トラブルを受け止める側が体力や時間的余裕やゆとりをなくしてしまっていることも，一つの大きな問題といえる。

◆引用文献

金子元久（2006）．学力問題に関する全国調査　p.12.
向山洋一（2007）．教室ツーウェイ　2007年8月号　明治図書
小野田正利（2005）．学校現場における保護者対応の現状に関するアンケート調査　教育アンケート年鑑（2005年・下）　創育社
小野田正利（2006）．悲鳴をあげる学校～親の"イチャモン"から"結びあい"へ　旬報社
小野田正利（2008a）．親はモンスターじゃない～イチャモンはつながるチャンスだ　学事出版
小野田正利（2008b）．〈連載〉悲鳴をあげる学校23　都市部でも農村部でも　月刊高校教育　2008年2月号　学事出版
小野田正利（2008c）．学校に対する無理難題要求の急増　教育と医学，第656号，慶応大学出版会
小野田正利（編著）（2009a）．イチャモン研究会～学校と保護者のいい関係づくりへ　ミネルヴァ書房
小野田正利（2009b）．イチャモンどんとこい！～保護者といい関係をつくるためのワークショップ　学事出版
小野田正利（2009c）．耕論：モンスターどう対処　朝日新聞大阪版朝刊　1月25日付
小野田正利著（2010）．ストップ！自子チュー～親と教師がつながる　旬報社
大阪府教育委員会（2010）．『保護者等連携の手引き』
関根眞一（2007）．となりのクレーマー　中央新書ラクレ
関根眞一（2009）．日本苦情白書　メデュケーション
関根眞一（2010）．苦情対応実践マニュアル　ダイヤモンド社　p.25.
鈴木尚子（2006）．教員勤務実態調査報告　ベネッセ　p.52.
多賀幹子（2008）．親たちの暴走～日英米のモンスターペアレント　朝日新書
東京都教育委員会（2010）．学校問題解決のための手引
横浜市教育委員会（2010）．保護者対応の手引き（「理不尽な要求」対応ガイド）

3

日本の子どもの学ぶ意欲は低いのか
―学習意欲を巡る3つの「思い込み」を吟味する―

村山　航

　「学ぶ意欲」を育てることが教育にとって大切だということには誰も異議がないだろう。研究授業などでも，学ぶ意欲の向上を目標に掲げていたものは非常に多い。ここで重要なのが「学ぶ意欲」をどのように捉えるのかという点である。「学ぶ意欲」をどう捉えるかによって，その人が学ぶ意欲を向上させるためにどういった授業プランを立て，指導をしていくのかが変わってくる。たとえば，「子どもは誉めることで意欲を発揮する」と考えている人と，「子どもはあまり誉めすぎると意欲が下がってしまう」と考えている人では，指導のあり方がぜんぜん違ってしまうだろう。残念なことに，こうした学習意欲に対する捉え方のどれが正しくて，どれが間違っているかを一概に決めることは往々にして難しい。上記の例であっても，教育心理学では数多くの実証研究が行われたが，状況によって誉める方がいい場合と，そうでない場合があることが示されている（Henderlong & Lepper, 2002; 村山, 2007）。

　しかし，こうした学習意欲に関する捉え方のなかには，妥当だという根拠が弱いにもかかわらず，多くの人が（時として研究者でさえも）信じているものも数多く存在する。いうなれば，「学習意欲に関する思い込み」のようなものである。こうした思い込みは厄介である。多くの人が信じているので，その正誤どころか存在すら意識されないときもある。なんとなくおかしいな，と思う人はいるかもしれないが，それ以上は深く追求されない。しかし，授業のプランや指導方針には確実に大きな影響を与え，結果として思い込みは授業の成果にも大きなインパクトを与える。

　本章の目的は，子どもの学習意欲に関する思い込み（言説）を3つ取り上げ，教育心理学や他領域の研究を踏まえながら，批判的な吟味をすることである。

こうした思い込みは，部分的には正しいときもある。しかし，多くのものがそうであるように，思い込みというものは得てして単純化されやすく，極端になりやすい。筆者が危惧するのはそうした単純化された形の思い込みであり，批判的な吟味を通して，学習意欲に関してバランスの取れた考え方をすることが大切だと考えている。最後に，こうした思い込みを批判的に吟味することで，実践にどういった意味があるのかを少し議論したい。

1 日本の子どもは国際的にみて意欲が低いのか

経済協力開発機構（OECD）が 2006 年に実施した国際学力テスト「学習到達度調査」（PISA）の結果を覚えている人も多いだろう。日本の数学・理科学力（「数学的活用力」「科学的活用力」）の低下とともに，理科に対する関心・意欲の低さがメディアで大きな話題になった。実際，この調査が発表された当時，新聞では『日本理数離れ深刻,「意欲」最下位』の見出しが紙面を飾った（毎日新聞 2007 年 12 月 5 日朝刊）。意欲の低さが問題になるのは，今回に限ったことではない。2003 年の学力到達度調査でも，日本の生徒は数学に関する関心・意欲が低いということが指摘された（表 3-1）。「日本の生徒は，国際的にみると学力は（低下傾向にあるものの）高いが，意欲は低い」というのは，教育に携わる人間の間では半ば常識になりつつある。しかし，このことは実情を反映しているのだろうか。

そもそも理科に対する関心・意欲は PISA 調査でどのように測定されているのかを考えてみよう。PISA 調査では，関心・意欲の得点は生徒の質問紙に対する回答をもとに算出される。具体的には，生徒は「理科の問題を解くことは楽しい」のような項目に対して，「まったくそう思わない」から「とてもそう思う」といった選択肢（通常は 4 つ）から 1 つを選んでいく。どの選択肢を選んだかで，その生徒の理科への意欲が判断される。「とてもそう思う」を選んだ場合には「理科に興味がある」と判断され，「まったくそう思わない」を選んだ場合には「理科に興味がない」と判断されるといった具合である。実際には，統計的な処理によってもっと具体的な得点が算出される。

こうした得点は，生徒の興味をある程度は反映しているだろう。そうでな

表 3-1 数学に対する興味と楽しさを尋ねた質問項目に関する国際順位（2003 年 PISA 調査から）

順位	国名
1	チュニジア
2	インドネシア
3	タイ
4	メキシコ
5	ブラジル
…	
36	ハンガリー
37	フィンランド
38	ルクセンブルク
39	オーストリア
40	日本

注）全 40 カ国である。途中は省略してある。

ければ，PISA もわざわざこういった質問を入れたりしない（ただし第 3 節参照）。しかし，こうした項目で「国際比較」ができるかというと，そこには大きな疑問が残るのである。1 つは，文化的な規範の問題である。日本は「謙譲の文化」といわれるが，極端にポジティブな反応を嫌う傾向にある。実際，日本人が北米の人たちに比べて，上記のような質問に対して，極端な反応をしにくいという実証研究もある（Chen, Lee, & Stevenson, 1995）。したがって，本当は十分な意欲があっても，生徒は控えめに回答し，その結果全体としての得点が低かった可能性がある。

より大きな問題が社会的比較の問題である。「あなたは今幸せですか」といわれたとき，あなたはどのように自分の「幸せ度」を判断するだろうか。おそらく，暗黙のうちに他の人と比較して答えを出すのではないだろうか。意欲や幸福といった概念を判断するとき，人は絶対的な度合いを判断できるわけではない。人は周りにいる他者との社会的比較を通して，判断を下すのである（Festinger, 1954）。したがって，たとえある生徒が世界トップレベルの意欲を持っていたとしても，その国の生徒が全体として意欲に満ち溢れていると，こうした社会的比較のプロセスを通して，自分の意欲の高さを過小評価するかもしれない。逆に，世界レベルでみたらそれほど意欲の高くない生徒でも，意欲

のまったくない国に住んでいるならば，自分の意欲を過大評価するかもしれない。違う国に住んでいればまわりに住んでいる人も違う。したがって，「理科の問題を解くことが楽しい」という項目に「とてもそう思う」と答えることの意味も変わってくるのである。そのため，国際学力調査において，意欲の得点を国際比較することには，実際にはほとんど意味がない（村山，2005，2006）。

実は PISA の報告書を詳細に読むとわかるが，PISA は学習意欲の質問に対して国際比較をすることを（一部の項目を除いて）奨励していない（OECD, 2007）。特に 2006 年の調査では，報告書に国際順位も明示しないようになっている（ただしグラフからある程度読み取ることは可能である）。それにもかかわらず，日本では（おそらくグラフから結果を読み取り）「日本の生徒は意欲が国際的にみて低い」ということが強調して喧伝され，それがあたかも絶対の真実のように受け止められているのである。「日本の子どもは意欲が低い」という言説は昔からあったが，その言説が PISA の結果の誤った解釈を生み出し，自己増殖しているような印象を受ける。表3-1をもう一度見てほしい。PISAで好成績をあげ，「よい教育をし，子どもが自発的に学んでいる国」の手本として数多く取り上げられたフィンランドも，関心・意欲を順位づけすると最下位から4番目なのである（逆に上位は成績下位の国が占める）。質問紙によって測定した意欲を国際比較することが，いかにあてにならないかを示しているといえよう。もちろん以上の議論は「日本の子どもは意欲がある」ことを意味するわけではない。また，日本国内だけを経年的にみると，意欲が下がっているというデータもある（市川，2002）。そういった意味では，学習意欲を高めることが，日本の教育において大きな課題だということは間違いないだろう。しかし，「日本の子どもは国際的にみて意欲が低い」というのは，根拠に欠ける議論だといわざるを得ないだろう。

2　相対評価は意欲に悪影響を与えるのか

1993年，文部大臣（当時）鳩山邦夫の指導により中学校における業者テストが廃止された。もともとは埼玉県教育委員会が「業者テストの偏差値を私立校に渡してはならない」という指導をしたことが発端だが，こうした動きに並行

して，数多くの「偏差値」批判が飛び交ったものである。曰く，偏差値は諸悪の根源であり，人間を画一化し，学校教育をダメにする，と。相対評価（偏差値）への教育界の不信は根強く，2002年の学習指導要領では，指導要録における評定が相対評価から絶対評価へと変化することになった。こうした言説の背後には，「相対評価は子どもの意欲に悪影響を与える」という考えがあるだろう。相対評価では全員が努力しても全員が1番を取れるわけではない。したがって学習者のやる気を削いでしまうというわけである。筆者も基本的にはこの考え方には賛成である。やはり過度の相対評価というものは学習者のやる気を低下させてしまうだろう。しかし一方で，こうした一面的な見方が，相対評価の大切な機能・役割を見失わせてしまっているのではないかとも思える部分がある。「相対評価は悪だ」という言説をもう少し深く考えてみよう。

　面白いことに，教育における相対評価の捉え方とは対照的に，社会心理学では，相対評価を人間が社会生活を営むうえで必須の情報だとポジティブに捉えることが多い。なぜなら，社会的比較の情報がないと，自分がどういう人間であるかを判断しようがないからだ。これは社会的比較過程理論と呼ばれる（social comparison theory; Festinger, 1954）。「自分は頭がよい」と思えるのは，他の人が自分よりも成績が悪いことを知っているからである。社会比較の情報は，いわゆる「自己イメージ」を作るために必須なのである。自己イメージは他者をあたかも鏡のようにみなして形成されるという意味で，鏡映的自己（looking-glass self）という専門用語を使うときもある。したがって，相対評価というのは，生徒が「自分の学力はこれくらいなのだ」と自分の能力をある程度正確に・客観的に把握するための大切なリソースだと考えることができる。

　重要なのは，自分の能力を把握することが，自分の将来像を描くのに大きな役割を果たしているという点である。小さい頃他の人に比べて理科が得意だったから理数系に進んだというのは，よく聞く話である。英語が非常に得意な人は，通訳の仕事につきたいと思うかもしれないし，逆に数学がすごく苦手な人は理数関係には進もうと思わないだろう。相対評価は自己イメージの形成に寄与し，形成された自己イメージは自分の将来像を描き出し，その将来のためへの努力を動機づける。相対評価は，そういった意味で間接的に，人間の将来への動機づけを適切に形作る役割を持っていると考えることができる。逆に，正

確な自己イメージを持っていなければ，将来像もみえにくくなるし，場合によっては適性にあわないような将来像に固執してしまって長期的には不適応に陥ることもありうる。実際，苅谷（1986）やRosenbaum（1980）は，相対評価が日本ほど顕現的ではないアメリカでは，子どもたちが実現不可能に近い将来の期待を強く持ちすぎてしまい（over aspiration），その結果長期的に不適応に陥ってしまうことを示唆している。自分にあった職業を選ぶためには，自分を知ることが大切だとは就職活動のハウツー本でもよくいわれることであるが，相対評価は自分を知るために（自己イメージを把握するために），暗黙にではあるが私たちの将来を導く大切な情報源になっているのである。もちろん，相対評価によって自分が他人より劣っていることを知ることは辛いことであり，意欲には悪影響を与えることもあるだろう。しかし，自分の劣っているところを含めて自分を知るということは，長期的な目で見れば利益になることも多いのである。

　また，心理学の実証研究では，相対評価がそれほど動機づけに悪い影響を与えるわけではないということがわかってきている（村山, 2007）。実際，学業場面を離れて考えてみると，相対的な評価構造が人を動機づける場面はまま見受けられる。たとえば，非常に極端な例になるが，多くの人が感動し，テレビに釘付けになる全国高等学校野球選手権大会（夏の甲子園）も，システムの構造は相対評価である。基本は競争であり，どんなに努力をしても1位になれるのは一校だけである。それにもかかわらず，多くの高校球児たちは（弱小校であったとしても），勝ちたい気持ちで野球に動機づけられているのではないだろうか。

　Rawsthorne & Elliot（1999）やKluger & DeNisi（1996）は，相対評価が人に与える影響についての数多くの実証研究を統計的にまとめ，相対評価が場合によっては動機づけや課題成績にポジティブな影響を与えると結論づけている。また，Elliot & Harackiewicz（1996）は，心理学実験を通して，競争場面になると「勝ちたい」という気持ちと「負けたくない」という気持ちの両方が顕現するが，「勝ちたい」という気持ちに焦点をあてる限り，課題への動機づけが維持されることを示した。

　こうしたことを総合してみると，「相対評価は動機づけに悪影響を与える（か

らやめるべきである）」といった考えが，それほど強い根拠を持たないことがわかる。繰り返しになるが，筆者は相対評価に負の側面があることを否定する気はまったくない。また，絶対評価も適切な基準設定さえできれば，学習者がうまく自己イメージを形成することも可能であろう（田中，2002）。しかし，相対評価には正の側面があることも認めたうえで，教育の場面では状況に応じた，バランスある評価設計が重要ではないかと感じる。教育には本質的に選抜がつきものであり，程度の差こそあれ，どの国も，学力によって学習者を選抜するシステムを持っている。これは現実的な教育問題を語るうえでの大前提であり，相対評価を完全に排除するのは難しいのである。そうであるならば，いかに相対評価を排除するかというより，いかに相対評価とうまくつきあっていくか，そういったことを考えることが現実的に重要ではないだろうか。

3 意欲の評価は不可能なのか

　観点別評価の一環として，関心・意欲・態度の評価が教育現場に導入されることになって久しい。学力による画一的な捉え方ではなく，多面的に子どもを評価しようというのは喜ばしい流れである。しかし，残念なことに，筆者の知る限り，多くの教師がこの評価の妥当性に疑問を抱いているようである。知識などと違って，生徒の意欲を評価するのは難しく，評価している教師自身も自分の評価が妥当なのか自信がないということがままある。実際，関心・意欲・態度の評価に関する批判的論考は枚挙に暇がない。「子どもの本当の意欲を正しく知ることなんてできないのだから，意欲の評価はやめるべきだ」という声も聞く。私も，その考えには賛同するところが多い。しかし，ここであえて考えてみよう。子どもの「意欲」は本当に評価・把握できないのだろうか。そもそも，なぜ私たちはそのような評価が難しいと考えるのだろうか。

　考えてみると「意欲」とは不思議な概念である。手にとってみることができない。だから，それを評価するのが難しいといわれると非常に納得してしまうし，実際に意欲の評価にかかわったことがある教師ならば尚更だろう。しかし一方で，たとえば課題に熱心に打ち込んでいる生徒をみると，この子どもが意欲を持って課題に取り組んでいるという確信を持つ教師も多いのではないだろ

うか。たとえ黙々としており，外見的には他の生徒とそんなに変わらない生徒がいたとしても，その人と直に接してみたならば，意欲があるかないか判断できるような気もする。この矛盾した気持ちはどこからくるのだろうか。

　こうした「意欲」の捉えどころのなさを示した筆者のデータを，議論の出発地点として示そう（未発表；関連研究として Murayama, 2007 参照）。筆者は，中学校の教師に，その教師が受け持っている生徒の意欲の高さ（例：「○○君は数学の授業に意欲を持っていると思います」）や学習行動を 1 人 1 人評定してもらった。そして，生徒にも同じ内容の質問紙を渡し，自分自身の意欲や学習行動を評定してもらった。そして，この教師評定と生徒評定の関係を調べてみたのである。結果はどうだったであろうか。何と，意欲に関しては，教師による評定と生徒の自己評定の間にはほとんど関係がみられなかった。具体的には，教師の評定は生徒の自己評定の個人差を 10％も説明できていなかったのである（うまく捉えることができていなかった）。一方，目にみえる学習行動の方は，ある程度教師評定と生徒の自己評定は一致していた。意欲を完全に捉えることが難しいのだとしても，10％未満というのは予想よりもかなり低い数字である。この結果は，一見したところとても残念な結果である。これが事実であるならば，今目の前にいる子どもが「意欲を持っているようにみえる」というのも幻想だということになってしまう。あれだけリアリティと実感が伴っていても，である。

　筆者が思うに，こうした実際の「生の感覚」とこの調査結果とのズレを解く鍵は，動機づけを人に内在する特性と捉えるかどうかにある。私たちは，人の意欲を捉えるとき，つい「あの子は意欲がある」「あの子には意欲がない」といったように，状況や文脈を超えて，一般化してしまいがちである。しかし，人間の意欲というものはそんなに単純なものではない。確かにそういった一般的な動機づけもあるかもしれないが，状況に応じて，異なった側面が発現することも多い（鹿毛，2004）。数学の計算問題にはまったく興味を示さないけれど，図形の授業になると急に積極的になる子ども，1 人だとぜんぜん勉強をしようとしないが，友だちといると勉強をするようになる子ども，といったように，学ぶ意欲の発現は多分に文脈依存的なところがある。こうしたことを踏まえて，Mischel & Shoda（1995）は，人間の性格や動機づけ・感情というもの

は，状況とセットにして考えなければいけないことを強く主張している。ただし，彼らが強調しているように，「文脈依存」だからといって，人の意欲が文脈によってランダムに発現するというわけではない。友だちといるとやる気がでる子どもは，友だちがいるという状況なら一貫して高い意欲を示すと考えられるだろう。ここでいう文脈依存的とは，文脈によって反応は変わるが，文脈が決まっているならばその反応は一貫しているという意味である。

　そこで筆者の質問紙調査に戻ってみよう。今の議論に照らし合わせてみると，この質問紙調査はちょっと生徒や教師には意地悪だったことがわかるだろう。「○○君は数学の意欲があると思いますか」と聞かれても，ある状況ではそうかもしれないし，別の状況でまったくそうでないかもしれない。生徒にとっても同じである。こうした質問紙は，先に述べた PISA でも使われているが，意欲が個人に内在する安定した特性でない限り，これでは生徒の意欲をうまく捉えられるとは限らない。状況によって違うものを，状況を無視した一般的な質問で尋ねているからこそ，教師と生徒の解答にもズレが生じてしまったのだと考えることができよう。実際，筆者の別の研究では，動機づけの特性的な面だけに着目すると人の内発的意欲をうまく予測できないが，環境と特性との交互作用を考えることで初めてうまく予測できることを示している（Murayama & Elliot, 2009）。

　関心・意欲・態度の評価は難しい。残念なことに，その難しさが多くの教師の懐疑を招き，「意欲の評価は不可能だ」という思いこみが生まれてしまったように思う（少なくとも暗黙のレベルで）。こうした思い込みができてしまうと，意欲の評価はただの作業になってしまう。どうせ適切に評価できないのなら，手を抜いて学力テストの結果などから評価してしまえ，というわけである。しかし，ここで論じたように，意欲の評価が難しいのは文脈に支えられているからであり，逆にいえば，文脈を考慮しながら，直に生徒と接していれば，生徒の意欲を瞬間にみてとることは可能かもしれない（それを数値に落とす作業が何よりも難しいのは事実だが）。大切なのは，学ぶ意欲を個人に内在する安定的な特性だと捉えず，文脈によって支えられ，発現するダイナミックな概念だと捉えることである。そうした意識の持ち方1つで，学習意欲を評価するときの視点が，大きく変わることになるであろう。

4 思い込みを捉えなおすことで変わること

　ここまで学ぶ意欲に関する3つの思い込みを批判的に吟味してきた。筆者は，このような言説の批判的検討が，教育実践をただちに改善するとは思わない。何らかの処方箋を提出しているわけではないからである。しかし，多くの心理学の研究が実証してきたように，こうした暗黙の信念というものは，人間の考えや行動に確実にそして長期的に影響を与える（Dweck, 1999; Ross, 1989）。教師の行動や授業プラン，子どもたちの行動を解釈する枠組みなどさまざまな側面にも影響を与えるだろう。そして，教育実践の改善に，間接的に寄与していくと筆者は考えている。

　たとえば「日本の子どもの意欲は国際的にみて低いのか」を考えてみよう。教育に関する議論を聞いてみると，海外の教育制度がポジティブに語られ，「日本の教育制度もそれに見習うべきである」といった論調がときおりある。ステレオタイプ的な例をあえて挙げれば，欧米はディスカッション中心の授業であるのに対して，日本は詰め込み式だから，学力は高くなるかもしれないが授業はつまらなく意欲も低くなりがちだ，といった類のものである。しかし，本章で論じてきたように，日本の子どもが欧米の子どもたちよりも学習意欲が低いという前提は甚だ怪しい。そうであるならば，欧米の教育制度を取り入れるべきだという議論は説得力も持たないことになる。

　もちろん，他の国の教育システムと自国の教育システムを比較することには大きな意義があるし，そうした批判的検討を行ったうえで，何らかの改善策を講じることは効果的だろう。しかし，「日本の子どもは国際的に意欲が低い」という思い込みから，日本の教育システムを必要以上に自虐的に捉え，海外の教育システムを無批判に取り込もうとする姿勢が生まれるならば，それは危険である。自国の教育の欠点だけでなく「良さ」を再認識し，その土台の上で次のステップを考えていくことこそ必要だろう。皮肉でかつ面白いことに，学力や学習意欲の低下はアメリカでも問題になっており，日本型の授業をむしろ手本にしようとしている動きもあるのである（Stevenson & Stigler, 1992; Stigler & Hiebert, 1999）。

「相対評価は悪である」という言説が危険なのは，相対評価の悪い面のみがクローズアップされ，良い面を見失いがちになることである。繰り返しになるが，相対評価が学習意欲をはじめ，子どもに悪影響を及ぼす可能性があることは間違いない。しかし，教育システムが本質的に選抜を内包している以上（社会システムとして選抜のない教育システムは非常に非現実的であり，教育社会学などにとってはこれが大前提である），そこから相対評価を追い出してしまうことは，教育現場にいる者にとって，激しいジレンマを生じさせてしまうように思う。実際，建前としては絶対評価を行わなければいけないが，入試を考えると相対評価も加味する必要がでてきてしまうため，そこに違和感や罪悪感を覚えているという教師も筆者はみてきた。そういうときに，相対評価が悪であるという言説を批判的に吟味できたなら，そして相対評価と絶対評価が相互補完的な価値を持っていることに自覚的になることができたなら，ジレンマを抱えたまま教育実践に向かうことも少しは減るのではないだろうか。

　関心・意欲・態度の評価が難しいのは，そもそも学習意欲というものがどういったものであるかという枠組みが，評価する側に意識化されていないことが大きいだろう。学習意欲が何かというのは非常に大きなトピックであり，心理学でもまだ十分に解明されていない。しかし，少なくとも人に内在する安定した特性のように，単純なものではないことは確実である。状況によって発現したり抑制されたりもする，ダイナミックな概念であり，ある特定の場面を切り取って「A君はやる気がある」「B君は逆にぜんぜんやる気がない」のように簡単に判断できるものではない。そういった意識を明示的に持つだけでも，意欲の評価に大きな深みが増してくるだろう。学ぶ意欲が安定的な特性ではないというのは，現場で子どもたちと接している教師にとってはある意味当たり前のことであり，暗黙にそれに気づいている教師も多いかもしれない。しかし，暗黙に気づいていることとそれを明示的に意識することには大きな違いがある。実際，心理学の研究では，人間は他人の行動をみたとき，それが明らかに状況に依存するものであっても，その人の内的な特性とみなす傾向にあることが数多く示されている。これを対応バイアス（correspondence bias; Gilbert & Malone, 1995）と呼び，かなり頑強に人間の対人認知を規定していることが明らかになっている。いろいろな状況要因があるにもかかわらず，「やっぱりあ

の子は○○だから」といったようについその子の特性に帰属してしまう傾向というのは，よほど意識的に注意しない限り，自然に出てきてしまうのである。日頃から学ぶ意欲とはどういったものなのかを明示的に意識化することが，こうしたバイアスから脱出する近道であろう。

5　おわりに

　人間は対象に「動機」を見出す天才である。発達心理学の実験では，人間は乳児の段階から人間の行動に何らかの意図を見出していることが示されている（Woodward, 1998）。大人になっても，他人の行動には，何とか動機を推測して当てはめようとする。事件が起きたとき，メディアが犯人の背後にある動機を，さまざまなエピソードから推論し報道しようとするのはその典型だろう。このことは人間が対象に動機を「捏造」する天才であることも物語っている。人間は無意識のうちに，他人がある行動を起こした理由を推測するとき，強い証拠もない段階でさまざまなストーリーを作り上げてしまいがちである。自分の起こした行動にさえ，人間は自動的にさまざまな動機や理由を捏造することも明らかになっている（Nisbett & Wilson, 1977）。これは，動機や意欲といった概念が，主観的にはリアリティを伴っているにもかかわらず，実際には曖昧で捉えどころがないことに起因する。曖昧だからこそ捏造されやすく，捉えどころがないからこそ思い込みが生じやすいのである。そして，リアリティを持っているからこそ，できた思い込みは一度形成されるとなかなか変えるのは難しい。

　本章では，学ぶ意欲にまつわるいくつかの思い込みを取り上げ，批判的検討を加えてきた。繰り返しになるが，このようなことは直接的に実践を変化させる力はないかもしれない。しかし，考え方の枠組みを再検討することは，これからの実践を組み立てていくとき，そしてこれまでの実践をふりかえるとき，その景色に違った「色」を与え，より視野の広い実践を導いてくれるだろう。

◆引用文献

Chen, C., Lee, S. Y., & Stevenson, H. W. (1995). Response style and cross-cultural comparisons of rating-scales among east-asian and north-american students. *Psychological Science*, **6**, 170-175.

Cooley, C. H. (1902). *Human nature and the social order*. Charles Scribner's Sons; reprint, New York: Schocken Books, 1964.

Dweck, C. S. (1999). *Self-theories: Their role in motivation, personality, and development*. Philadelphia: Taylor & Francis.

Elliot, A. J., & Harackiewicz, J. M. (1996). Approach and avoidance achievement goals and intrinsic motivation: A mediational analysis. *Journal of Personality and Social Psychology*, **70**, 461-475.

Festinger, L. (1954). A theory of social comparison processes. *Human Relations*, **7**, 117-140.

Gilbert, D. T., & Malone, P. S. (1995). The correspondence bias. *Psychological Bulletin*, **117**, 21-38.

Henderlong, J., & Lepper, M. R. (2002). The effects of praise on children's intrinsic motivation: A review and synthesis. *Psychological Bulletin*, **128**, 774-795.

鹿毛雅治 (2004). 動機づけ研究へのいざない　上淵　寿（編）　動機づけ研究の最前線　北大路書房　pp.1-28.

Kluger, A. N., & DeNisi, A. (1996). Effects of feedback intervention on performance: A historical review, a meta-analysis, and a preliminary feedback intervention theory. *Psychological Bulletin*, **119**, 254-284.

市川伸一 (2002). 学力低下論争　筑摩書房

苅谷剛彦 (1986). 閉ざされた将来像―教育選抜の可視性と中学性の「自己選抜」教育社会学研究, **41**, 95-109.

Mischel, W., & Shoda, Y. (1995). A cognitive-affective system theory of personality: Reconceptualizing situations, dispositions, dynamics, and invariance in personality structure. *Psychological Review*, **102**, 246-268.

村山　航 (2005). PISAの"基本"を確認する－調査の枠組みや得点解釈の方法に関する素朴な疑問－　指導と評価, **51** (6), 13-17.

村山　航 (2006). PISAが示すもの：求められる評価リテラシー　東京大学基礎学力研究開発センター（編）　日本の教育と基礎学力：危機と展望　明石書店　pp. 70-91.

村山　航 (2007). 評価と子どもの意欲　中谷素之（編）　学ぶ意欲を育てる人間関係作り：人間関係からの動機づけ論　金子書房

Murayama, K. (2007). Inferring students' intrinsic motivation in the classroom: Paradoxical effect of long observation. 3rd International conference on self-

determination theory. Toronto, Poster Session.
Murayama, K., & Elliot, A. J. (2009). The joint influence of personal achievement goals and classroom goal structures on achievement-relevant outcomes. *Journal of Educational Psychology*, **101**, 432-447.
Nisbett, R. E., & Wilson, T. D. (1977). Telling more than we can know: Verbal reports on mental processes. *Psychological Review*, **84**, 247.
OECD (2007). *PISA 2006: Science competencies for tomorrow's world*.
Rawsthorne, L. J., & Elliot, A. J. (1999). Achievement goals and intrinsic motivation: A meta-analytic review. *Personality and Social Psychology Review*, **3**, 326-344.
Rosenbaum, J. E. (1980) Track misperceptions and frustrated college plans: An analysis of the effects of tracks and track perceptions in the national longitudinal survey. *Sociology of Education*, **53**, 74-88.
Ross, M. (1989). Relation of implicit theories to the con- struction of personal histories. *Psychological Review*, **96**, 341-357.
Stevenson, H. W., & Stigler, J. W. (1992). *The learning gap: Why our schools are failing*. (北村晴朗・木村　進（監訳）(1993). 小学生の学力をめぐる国際比較研究：日本・米国・台湾の子どもと親と教師　金子書房)
Stigler, J., & Hiebert, J. (1999). *The teaching gap*. New York: The Free Press. (湊　三郎（訳）(2002). 日本の算数・数学教育に学べ：米国が注目する jugyou kenkyuu 教育出版)
田中耕治（編）(2002). 新しい教育評価の理論と方法（Ⅰ）：理論編　日本標準
Woodward, A. L. (1998). Infants selectively encode the goal object of an actor's reach. *Cognition*, **69**, 1-34.

4

「全国学力・学習状況調査」は学力の現状を客観的に知るための科学的な調査か
――「初期状況」にみるポリティクス――

森田英嗣

1　はじめに

本章で検討の対象にする言説は次のとおりである。

> 「全国学力・学習状況調査」は，児童・生徒の学力の現状を客観的に知るための科学的な調査である。教育委員会，学校，教員はこの調査結果を真摯に受け止め，各々の持ち場において結果の改善に向けて努力することが求められる。

　これは，特定の人の言説ではないが，おおかたの人に受け入れられている考えではないだろうか。とりわけ前半の「科学的な調査である」という部分を疑問に考える人は少ないだろう。実際，年間57億円（抽出調査になった平成22年は33億円）を投じて大々的に行われる調査なのだから，綿密な準備と科学的根拠に基づいて行われる調査だと推測するのは，むしろ当然であろう。また，日本が過去においても全国的な学力調査を設計・実施した経験を持つ国であることからすれば，優秀な調査技術が蓄積されていると考えても，不思議ではない。そしてそうした「科学的調査」の結果に基づいて教育をつくっていくことは，これまた至極当然のことだと考えられよう。

　本章では，2007（平成19）年度から始まった「全国学力・学習状況調査」の設計やそこに至る議論の「初期状況」を検討し，上記の言説を受け入れることの意味を検討してみたい。ここで「初期状況」とは，調査の在り方を議論した

「全国的な学力調査の実施方法等に関する専門家検討会議」[1]（以下，「検討会議」と略記）の「議事概要」（全国的な学力調査の実施方法等に関する専門家検討会議，2005-2006）と，「検討会議」によってとりまとめられた「全国的な学力調査の具体的な実施方法等について（報告）」（全国的な学力調査の実施方法等に関する専門家検討会議，2006）（以下「報告書」と略記），そして実際に形になった最初の3年間の調査設計にみられる諸状況である。

　最初の設計が将来も変化しないとはむろんいえないし，実際に4年目（2010年度）からは最初の3年間行われた悉皆調査が抽出調査に変わり，将来的には科目数を増やすなどの計画も発表され（全国的な学力調査の在り方等の検討に関する専門家会議，2010），すでに変化も現れつつある。しかしながら同時に，「初期状況」は一貫性という点からいうと将来の設計に制約を与えるものでもある。そこで，「全国学力・学習状況調査」の基本設計を「初期状況」において確認しておくことは今後の学力や学力政策にかかわる言説を読み解くうえで，あるいはもっと積極的にそれらについて発言を行っていくうえでの重要な礎になる。またそれとともに，私たちが日々の教育実践を紡ぐ足場になるとも思われる。

　以下ではまず，「全国学力・学習状況調査」の「意義・目的」を「報告書」に探り，それらが挙げられる社会的背景を確認したい。次に，それらの「意義・目的」が「検討会議」のなかでどのように議論され，結果として調査設計にどう実体化されたかを，「議事概要」に基づきながら検討したい。この作業を通して最初に挙げた言説を受け入れることの意味を検討してみたいと思う。

　1）「全国的な学力調査の実施方法等に関する専門家検討会議」は，「経済財政運営と構造改革に関する基本方針2005について（平成17年6月21日閣議決定）」や中央教育審議会答申「新しい時代の義務教育を創造する」において実施の方向性が示された，児童生徒の学習到達度・理解度を客観的に把握するための全国的な学力調査の具体的な設計のために，設置された。平成19年度の実施が計画されるなか，平成17年（2005年）11月～平成18年（2006年）4月までに，足早に計12回が行われ，そのうちの1回～7回までの議事概要を文部科学省のwebで閲覧可能である（http://www.mext.go.jp/b_menu/shingi/chousa/shotou/031/index.htm#shiryo）。

2 「全国学力・学習状況調査」の「意義・目的」，そしてその出自

　「検討会議」による「報告書」には，40年ぶりに国レベルでの学力調査として行われることになった「全国学力・学習状況調査」の「意義・目的」として次の二点が挙げられている。すなわち，
　(1) 国の責務として果たすべき義務教育の機会均等や一定以上の教育水準が確保されているかを把握し，教育の成果と課題などの結果を検証する。
　(2) 教育委員会及び学校等が広い視野で教育指導等の改善を図る機会を提供することなどにより，一定以上の教育水準を確保する。
である（全国的な学力調査の実施方法等に関する専門家検討会議，2006）。
　これらの「意義・目的」はいずれも，特に2000年以降に起きた社会変化への対応の必要から設定されたとみることができる。すなわち，「全国学力・学習状況調査」は抽象的な意味での「科学的調査」である前に，特定の具体的な社会的状況の中で生まれた「時代の子」でもあるのである。そこでまず，このようにして行われるようになった「全国学力・学習状況調査」の背景を，過去の学力調査をふりかえるとともに，今日の「意義・目的」に対応する変化が何であったかをみることで，以下に簡単にふりかえっておきたい。

(1) 40年ぶりの調査

　荒井（2008）は戦後の学力調査の歴史を3期に分けて捉え足跡をたどっている。表4-1（p.56）に，戦後の全国的な学力調査の実施の歴史を，荒井（2008）の区分けを参考にしたうえで「全国学力・学習状況調査」の行われ始めた2007年から現在までを4期として付け加えて示した。
　ここに示されるように，第1期は1948-1955年で，経験主義的な「新教育」下で児童生徒の学力が低下しているとの指摘がなされたことを背景にして始まった時期である。この学力低下論は必ずしも客観的な資料に基づいた議論でなかったために，さまざまな組織が学力調査を行っている。すなわち，1948年には教育研修所（現：国立教育政策研究所）が，1950年には日本教職員組合と文部省（現：文部科学省）が，1951-1952年には日本教育学会，1952-1955年には

国立教育研究所（現：国立教育政策研究所）が立て続けに調査を実施している（戸澤，2009）。

第2期は1956-1966年で，1期の資料が小規模で学力論争の資料として不十分だったとの理由で文部省による「全国学力調査」が小，中，高等学校において行われだした。それは「直接行政的に，学習指導要領その他の教育条件の整備改善に寄与しようという目的」（文部省調査局調査課（1957），「序文」より）で行われ，11年間にわたってさまざまに変形しながら毎年続けられた。しかし，憲法や教育基本法の精神との整合性が取りざたされるとともに経済戦略との関連が指摘されて，政治的対立を招き，1966年を最後に中止された。

その後の1967-1980年までの間，全国的な規模での学力把握は行われなかったが，1981年からは「教育課程実施状況調査」（1995年までは「教育課程実施状況に関する総合的調査研究」）が，「学習指導要領における各教科の目標や内容に照らした学習の実現状況を把握し，今後の教育課程や指導方法等の改善に資する」（国立教育政策研究所教育課程研究センター，2005）ために行われてきている。これが第3期である。

「教育課程実施状況調査」は学習指導要領の改訂に対応させて今日まで大きくは4回行われているが，いずれも改訂の実施後数年の内に調査されており，指導要領の習得状況の把握の時期として適切性に欠けるとの疑問が提示されている（荒井，2008）。また，苅谷（2009）は，第3期を含めた2期後の時代を，「学力テスト忌避の時代」と呼び，「全国的な教育政策の評価も，学力の変化やその分布の変化もとらえられないまま，楽観的な見込みや印象論に基づいて，教育改革のメニューが決められる」時代であったと述べて，「教育課程実施状況調査」の意義を限定的に捉えている。

こうした捉え方に従うならば，1966年に「全国学力調査」が最後に行われてから今回の「全国学力・学習状況調査」が2007年に行われるまで，実に約40年もの間，＜学力＞は表だって測定されずにきたことになる。

(2) ニュー・パブリック・マネージメントの影響

2007年に再び文部科学省による「全国学力・学習状況調査」が開始されたのには大きく二つの理由が考えられる。

その一つには，2002年から施行された「行政機関が行う政策評価に関する法律」（以下「政策評価法」と略記）の影響が挙げられる（小野，2009）。この法律にはニュー・パブリック・マネージメント（以下「NPM」と略記）の考え方が大幅に取り入れられ，行政機関に対して，実施された政策（インプット）の引き出した成果（アウトカム）の評価と管理を強く求めている。

大住（1998）によれば，NPMは直接的には「経済成長の鈍化，財政赤字・公的債務の拡大，経常収支赤字の拡大，これに伴う通貨危機などマクロ経済の停滞による『政府機能』の見直しを契機としているが，同時に，経済の成熟化に伴う行政サービス需要の増大・多様化への経営形態の刷新である」とされる。すなわち，そこには法令に基づいてインプットを計画していくだけでは財政赤字がふくらむ一方であること，また成熟した社会にあって国民のニーズは多様化し，行政の仕事は肥大化する一方であるため，やがては政府自体が持続不可能になってしまうという危機感がある。

この考えは，2005年10月の中央教育審議会答申である「新しい時代の義務教育を創造する」（中央教育審議会，2005）に取り入れられ，そこでも義務教育行政は「国の責任によるインプット（目標設定とその実現のための基盤整備）を土台にして，プロセス（実施過程）は市区町村や学校が担い，アウトカム（教育の結果）を国の責任で検証し，質を保証する教育システムへの転換」（第Ⅰ部総論，(3) 義務教育の構造改革）が求められるとされた。

「政策評価法」は，その本旨から，文部科学省の政策に対して，インプットに対応するアウトカムを把握し，検証結果の説明を求める。この中で，＜学力＞は体力とともに，教育行政のアウトカムを計測する指標とみなされるようになっていく。政策評価法の第3条2項の一は「政策効果は，政策の特性に応じた合理的な手法を用い，できる限り定量的に把握すること」とされているが，それに合致した指標の筆頭は誰の目からみても＜学力＞なのであった。

先に述べた「全国学力・学習状況調査」の1番目の「意義・目的」，すなわち，「(1) 国の責務として果たすべき義務教育の機会均等や一定以上の教育水準が確保されているかを把握し，教育の成果と課題などの結果を検証する」は主としてこのような社会背景から設定されたと考えられる。

(3) 低学力論

「全国学力・学習状況調査」が行われるようになった2つ目のきっかけは，『分数ができない大学生』（岡部ら，1999）の出版を契機にした低学力論争であった。ここでは有名大学の学生の中に分数の計算ができない者が紛れ込んでいる事実が示された。その原因は高校での選択幅の拡大（それに対応する大学入試の多様化），大学における教養教育の崩壊があると考えられ，学力低下というアウトカムが，教育課程にひそむインプットの課題をあぶり出した形となった。

その後，大学生の学力低下問題は小，中学生の学力低下論に拡がった。そのきっかけとなったのが，国際学力調査で日本の児童生徒の成績が，当時すでに落ち込んでいくようにみえたことだった。

表4-2に国際学力到達度学会のTIMSSの結果を示す。1995年当時の第3回

表4-2 TIMSSにみる日本の小中学生の国際順位（括弧内は参加国数）[1]

		第1回[2]	第2回[3]	第3回[4]	第4回[4]	第5回[4]
小学生	算数	—	—	3 (26)	3 (25)	4 (37)
	理科	1 (16)	1 (19)	2 (26)	3 (25)	4 (37)
中学生	数学	2 (16)	1 (20)	3 (46)	5 (46)	5 (50)
	理科	1 (18)	2 (26)	3 (46)	6 (46)	3 (50)

1) http://www.mext.go.jp/a_menu/shotou/gakuryoku-chousa/sonota/07032813.htm より作成
2) 第1回調査は中学数学が1964年，理科は小・中学校とも1970年実施
3) 第2回調査は中学数学が1981年，理科は小・中学校とも1983年実施
4) 第3回調査以降は小中学校ともいずれの教科でも同じ年に行われ，第3回は1995年，第4回調査は2003年，第5回調査2007年

表4-3 PISAにみる日本の15歳児の国際順位（括弧内は参加国数）[1]

	2000年	2003年	2006年
読解力	8 (31)	14 (40)	15 (56) [2]
数学的リテラシー	1 (31)	6 (40)	10 (57)
科学的リテラシー	2 (31)	2 (40)	6 (57)

1) http://www.mext.go.jp/b_menu/toukei/data/pisa/index.htm より作成
2) 2006年の読解力調査については，調査実施後，評価問題の冊子の組み方に不備が明らかとなった国が1ヵ国あったため，結果の分析から除かれている。

調査の順位をみれば下落傾向を読み取ることも可能であったし，その後も第4回（2003年），第5回（2007年）と，参加国も増えたが，順位も下落し，「やはり」という感覚が社会に充満していった。

同様の傾向は表4-3にまとめたOECDによるPISAの結果にも現れていた。

こうした中で，学校週5日制へ完全移行，教科時数の3割削減，選択幅の拡大を掲げ，詰め込み教育や受験教育の弊害を指摘し，創造性と自主性を育てる学習へのシフトを目論んだ2002年実施（1998年の公示）の新しいインプットとしての学習指導要領は，実施前から疑問視され，「ゆとり教育批判」の標的となった。そしてその実施初年の2002年には遠山文部科学大臣（当時）が緊急アピール「学びのすすめ」（文部科学省，2002）を発表し，それまで「標準」であった学習指導要領を「最低基準」と位置づけなおし，すべての子どもが到達すべき基準とするとともに，指導要領の内容を超えた発展的学習を促していく。

こうした学力低下論は，表4-2, 4-3にみたその後の国際学力調査での「低下」も受け，教育委員会による施策の不備の指摘，学校や教員への不信につながり，人々を教育改革へと動機づけていった。これが先にも述べた「全国学力・学習状況調査」の2番目の「意義・目的」，すなわち，「(2) 教育委員会及び学校等が広い視野で教育指導等の改善を図る機会を提供することなどにより，一定以上の教育水準を確保する」の主たる動機となったと考えられる。

3　調査の設計とそこに至る議論

(1) 政策評価としての「全国学力・学習状況調査」

さて，教育政策において学力にかかわる直接的インプットは，「学びのすすめ」（文部科学省，2002）において最低基準とされた学習指導要領であると考えられる。そこから政策評価のツールとして「全国学力・学習状況調査」を素直に構想するならば，1番目の「意義・目的」が重視され，指導要領に設定されている学習内容が，全範囲において隈無く学ばれているか，その習得の程度はいかほどであるか（最低基準に行き着いていない児童生徒はどのくらいの割合でいるのか），を確認することがまずは期待されたであろう。

全米学力調査（National Assessment of Educational Progress；以下「NAEP」

と略記）も参考にすれば，アウトカムを把握するには少なくとも次の3条件を満たす調査設計が求められるであろう（荒井・倉元，2008）。

A. 学習指導要領に準拠し，対象学年で学んでいるはずのすべての内容の学習状況をチェックするのに十分な数の問題を開発すること（NAEPでは，マトリックス標本抽出法，項目応答理論，推算値法等の専門技術が多数開発され，悉皆調査をしなくても，また被調査者がすべての設問に答えなくても集団の特徴がわかるような設計がなされている［村木・斉田，2008］）。

B. 目標に準拠した評価規準に則った評価を行うことで，十分な習得の程度に至っていない児童・生徒の割合を知るとともに，その経年変化を把握できるように設計すること（NAEPでは経年変化を追跡し，時差をもって現れるインプットの効果を把握しようとしている）。

C. 児童生徒の置かれた社会経済的状況との関係で，インプットの効果を測定すること（NAEPでは人種，性別，保護者の卒業した学校種など十数項目にわたる要因から児童・生徒の属性を捉え，そうした属性ごとにインプットの効果を測定し，不利に働くのはどのような属性を持っているときなのかを把握し，埋め合わせる政策づくりに活用している）。

しかしながら，「全国学力・学習状況調査」の設計はこれとは大きく異なって，むしろ低学力論争から生まれた2番目の「意義・目的」により親和性を持ち，低学力，とりわけPISA調査での国際的な順位の下落の克服が主目的にみえる設計になっていた。それを上の各点に即して記述すると以下のようになる。

a. 「全国学力・学習状況調査」はA問題とB問題という異なった種類の学力調査からなっている。A問題は「身に付けておかなければ後の学年等の学習内容に影響を及ぼす内容や，実生活において不可欠であり常に活用できるようになっていることが望ましい知識・技能など」を示し，B問題は「知識・技能等を実生活の様々な場面に活用する力や，様々な課題解決のための構想を立て実践し評価・改善する力などにかかわる内容」と説明されている（全国的な学力調査の実施方法等に関する専門家検討会議，2006）。学習指導要領の習得状況の把握を目指すようにみえるA問題はごく少数であり，指導要領の範囲をカバーできる設計になっていな

い。その一方でむしろ、実施時においてまだ学習指導要領に組み込まれておらず、一見して PISA テストの内容に強く影響を受けていることが明らかな B 問題が出題されており、国際学力テストでの順位低下への対応策になっているようにみえる。いずれにしても、学習指導要領との関係で＜学力＞の状況を捉えるという設計になっていないことがうかがえる。

b. 結果は、問題の難易度によって変化する"素点"で処理され、その平均点が公表された。それは、目標に準拠した評価よりも集団に準拠した評価を指向しており、経年変化の把握にとって不都合であった。すなわち調査からわかるのは、平均点の相対的順位の変化であり、各教育委員会や学校は、相対的順位に依拠して教育効果を想像する以外に自分たちの教育活動の成果やその変化を知るすべがなかった。そのため、順位の改善ないし維持を動機とする学力向上策が行われ出した。

c. 「全国学力・学習状況調査」も、学力だけでなく個々の児童生徒のおかれた社会状況を把握しようとする質問紙からなっている。しかし、それと学力との関連については単純集計程度に留まっており「沈黙」（苅谷、2009）が続いている。学力低下の原因は学校外の要因よりも、まずは各教育委員会や学校、教師（授業）に求められるべきだということのようであった。

4 「専門家検討会議」の「議事概要」にみる調査設計

　しかし、先に示した「全国学力・学習状況調査」の1番目の「意義・目的」は「政策評価法」で定められている文部科学省の義務であり、決して軽んじられてよいようなものではない。それにもかかわらず、2番目の「意義・目的」によりシフトした設計になったのはなぜであろうか。

　調査のあり方を議論した「全国的な学力調査の実施方法等に関する専門家検討会議」の「議事概要」を読むと、「全国学力・学習状況調査」は、上記の1番目の「意義・目的」方向性を模索しつつも、実現できないもどかしさの中で構想されていったようにみえる。

(1) 議論の前提

その議論は以下の4つの事項を事実上の前提として展開していた。すなわち，
① 学力調査の2007年度の実施に向けて，2005年11月16日から2006年3月31日までの4ヶ月という短期間で具体的な設計を行うという時間的制約があること（実際には最終回が2006年4月20日となっている）。
② NPM的行政への変革に伴い「インプットとアウトカムについて国が責任を持ちつつ，プロセスについては現場の裁量に任せていくという流れの中で，アウトカムの検証という視点で国が全国的な学力調査を実施していく」こと。[2]
③ 悉皆の調査であること（悉皆で行うことに関しては，第1回会議の最初にある委員から「これまでの中教審教育課程部会等においても議論があったが，悉皆調査で行うからには，悉皆調査で行う意味のある調査，学校が受けたがる調査を行ってほしい」という意見が出された。それ以降，これに対して目立った反対意見はみられず，事実上の議論の前提になっていく）。
④「教育課程実施状況調査」は継続して実施すること（第2回会議である委員から「全国的な学力調査と教育課程実施状況調査は継続していくことが前提なのか」との質問があり，事務局が「両者を継続していくことが前提であるが，教育課程実施状況調査の実施時期や規模については，今後検討していきたい」と答弁している）。

こうした前提によって，実際に検討できる事柄は制約を受け，大きくは前提②を重視する立場，すなわち，「全国学力・学習状況調査」が学習指導要領というインプットを設定した政策のアウトカムを検証する調査として設計されるべきであるとする立場と，④を重視し，「教育課程実施状況調査」とは異なる独自の意味を持たせる必要を強調する立場から議論が展開していった。いうまでもなく，前者は「意義・目的」の1番目，後者は2番目を強調することになる。

---

2) 第2回会議に提出された「問題作成と質問紙調査に関する意見の整理（案）」より（http://www.mext.go.jp/b_menu/shingi/chousa/shotou/031/shiryo/05122001/001.htm）。

(2) 政策評価としての全国学力調査論

　前提②を重視する立場からは，米国の全国学力調査の例なども引きつつ，調査は指導要領の習得の程度を調べるもので，目標に準拠した評価が重要であること，結果は教育委員会や学校，教員でなく，政策にフィードバックされるべきであることが主張されている。これは，大筋において上にみた理想的な政策評価あるいは米国型の学力調査を実現させようとする意見であると捉えることが可能で，いわば「政策評価としての全国学力調査論」とでも呼べる主張である。

　しかし，経年比較のためには「難易度が設定された問題をプールする体制」（第1回会議）が必要であるなどの技術的難問が指摘されるとともに，この調査を実施すること自体が＜学力＞を測る技術開発の機会としての期待できる（第2回会議）などの意見もみられた。また，「報告書」（全国的な学力調査の実施方法等に関する専門家検討会議，2006）にも，データの処理と公表の方法については，「何らかの形で期待される到達水準の達成状況を公表することも大切ではあるが，現時点においては技術的な課題等があるため，試行などを行いながら，更なる研究や検討が必要である」という記述がみられ，目標に準拠した評価を行うことの技術的困難が指摘されている。これらのことは，学力政策のアウトカムを評価するに相応しい調査を設計する技術が十分に開発されてこなかったことを意味している。結果として，この方向での調査設計は十分準備時間がないこと（前提①）もあり，失速せざるを得ない展開となった。

(3) 教育政策としての全国学力調査論

　これに対して前提④を重視する立場からは，これからも存続する「教育課程実施状況調査」との差異化を行うべきであり，それと同じ内容の問題や，それまでの調査で達成が確かめられている問題を出題する必要はないなどの考えが提示される。加えて悉皆調査（前提③）であれば，個々の学校，市区町村にフィードバックできるメリットがあり，そのことを加味するならば，「例えば国語で言うと，PISA型の読解力の分野で取り上げられた熟考や評価における課題…（引用者中略）…を意図的に学力調査に取り上げ，学校や地域で意識化させることが必要ではないか」（第2回会議）という考えが提示される。すなわち，

その時点での学習指導要領に準拠する調査とするよりも，将来においてより重視するべき＜学力＞を測定し，それがどういう力であるかを問題とともに公表することで，今後の政策の方向性についてのメッセージを発することの方が大切だという主張である。そして，「学力調査自体が教育施策であり，これを利用した評価が存在することによって現場を動かすという行政手法として捉えること」（第4回会議）ができるという，「教育政策としての全国学力調査論」とでも呼べる主張が展開された。この点についても「報告書」には以下の文言がみられる。

> 「このような調査問題により調査を実施することによって，各教育委員会や各学校に対して，…（引用者中略）…重視される力を子どもたちに身に付けさせるといった国としての具体的なメッセージを示すこととなる」
> （全国的な学力調査の実施方法等に関する専門家検討会議，2006）

　この考えはNPMの流れからするときわめて奇妙な主張である。なぜなら，インプットした政策（学習指導要領）に対応するアウトカム（学力）を評価しようとしている筈であったにもかかわらず，その評価活動自体が実施するべき政策，すなわちインプットだと位置づけられているためである。[3]
　事実，この考えは「政策評価としての全国学力調査論」との間に摩擦を生んだ。その後の議論は「議事概要」がないため不明であるが，現象的にはそれがA問題，B問題という二種類の＜学力＞調査を構想することで着地点を見出したと理解できよう。そして，技術上の問題から，データの尺度化とそれによる経年比較をあきらめ，素点の平均と分布に留めざるを得ず，そのことが結果的に序列化と競争を促すようになったのではないだろうか。
　こうして，政策評価のツールであったはずの「全国学力・学習状況調査」は，

---

3) そうだとすると，この政策を評価するには別の調査を行いそのアウトカムを把握する必要に迫られることになる。実際，「平成23年度以降の全国的学力調査の在り方について（中間まとめ）」（全国的な学力調査の在り方等の検討に関する専門家会議，2010）では，文部科学省と国立教育政策研究所による「平成22年度全国学力・学習状況調査　調査結果概要」において調査結果が授業や学校に影響を与えた学校の割合が増加していることがアウトカムとして示されている。

時間的,技術的問題に阻まれて,低学力問題解決のため,教育委員会や学校を改革する政策のツールとしての意味づけを強くしていったと考えられる。[4]

5 「全国学力・学習状況調査」の今後

　以上が「全国学力・学習状況調査」の「初期状況」である。ここで最初にあげた言説をふりかえってみよう。おそらくそれは,当初とは異なった印象で読めるのではないだろうか。以上の考察が明らかにしたことは,「全国学力・学習状況調査」は単に「児童・生徒の学力の現状を客観的に知るための科学的な調査である」というよりも,行政府が教育委員会,学校,教員に向けてこれから重要視される「PISA型学力」が何かを示し,その育成を目指した教育の推進の必要というメッセージを発する手段としても捉え得る,ということである。そしてもしそうであるとするなら,「この調査結果を真摯に受け止め,各々の持ち場において結果の改善に向けて努力すること」を主張するということは,「PISA型学力」への賛否にかかわらず,そのメッセージを受け入れたことを意味してしまう。あるいはまた,この主張に対して沈黙することはその政治的手法に賛同するということを意味してしまわないだろうか。

　すなわち,「PISA型学力」はヨーロッパを中心にして多くの国々にも受け入れられている国際的スタンダードでもある。筆者自身もその内容の革新性,有意性について認識しているつもりであるし,それを国内に導入することの意義も少なくないと考えている。しかし「『PISA型学力』はあらゆる国の学校教育

---

4) 国立教育政策研究所による調査報告書である「全国学力・学習状況調査結果のポイント」を平成19年〜22年までを見てみると,調査の目的の記述も変化していることが分かる(http://www.nier.go.jp/kaihatsu/zenkokugakuryoku.html)。平成19年の「調査の目的」は「報告書」の「意義・目的」に準拠して次のように記述されている。すなわち,「ア全国的な義務教育の機会均等とその水準の維持向上の観点から,各地域における児童生徒の学力・学習状況を把握・分析することにより,教育及び教育施策の成果と課題を検証し,その改善を図る」「イ各教育委員会,学校等が全国的な状況との関係において自らの教育及び教育施策の成果と課題を把握し,その改善を図り,併せて児童生徒一人一人の学習改善や学習意欲の向上につなげる」。しかし,平成20年度からは「そのような取組を通じて,教育に関する継続的な検証改善サイクルを確立する」との文言が加わり,教育委員会や学校に「検証改善サイクル」を持たせることも目的に含まれ,教育改革の政策としての意味合いが強まったように見える。

に妥当なグローバルスタンダードとして認識すべきではない」(佐藤, 2009) との指摘もある。その中で，その普及を，「全国学力・学習状況調査」という，内容も方法も考え尽くされている科学的調査であるような名称を借りながら行っていくことが，一つの政治的手法として意識されていたのであれば，筆者はそこに一種の危険性を感じざるを得ない。私たち自身が持ってきた学力観と格闘させずに外国産の学力観をこうも無批判に受け入れてしまってよいものなのだろうか。

いずれにしても，40年の時を経て全国学力調査の時代が再び始まった。その「初期状況」は，幾分単純化してみてきたにしても，以上みてきたとおりと考えて大きなズレはないであろう。

今後は大きな変化もあり得る。2010年度から抽出調査となった以降も，「教育課程実施状況調査」と平行して行われるという「全国学力・学習状況調査」は，「政策としての調査」として新しい学力が何かを示すメッセンジャーであり続けるのか，あるいは「政策評価の調査」としての位置づけのほうに舵が切られていくのか。私たちの教育実践がそれによって大きく影響を受ける以上，今後の展開を注意深く見守り，必要とあらば意見表明を行っていく必要もあるだろう。本章が私たちの教育の将来を考える市民的営みの足場の一つになるとしたら幸いである。

◆引用文献

荒井克弘（2008）．戦後日本の大学入試と学力調査　荒井克弘・倉元直樹（編）　全国学力調査日米比較研究　金子書房　pp.2-10.

荒井克弘・倉元直樹（編）（2008）．全国学力調査日米比較研究　金子書房

中央教育審議会（2005）．新しい時代の義務教育を創造する<http://www.mext.go.jp/b_menu/shingi/chukyo/chukyo0/toushin/05102601.htm>

苅谷剛彦（2009）．学力調査と格差問題の時代変化　東京大学学校教育高度化センター（編）　基礎学力を問う：21世紀日本の教育への展望　東京大学出版会　pp.81-130.

金馬国晴（2004）．戦後初期に「学力」の「低下」が意味したこと—＜学力調査＞から戦後新教育批判へ　苅谷剛彦・志水宏吉（編）　学力の社会学　岩波書店　pp.237-265.

国立教育政策研究所教育課程研究センター（2005）．平成15年度小・中学校教育課程実施状況調査結果の概要<http://www.nier.go.jp/kaihatsu/katei_h15/index.htm>

文部科学省（2002）．確かな学力向上のための2002アピール<http://www.mext.go.jp/a_menu/shotou/actionplan/03071101/008.pdf>

文部省調査局調査課（1957）．全国学力調査報告書：国語・数学―昭和31年度―　文部省

村木英治・斉田智里（2008）．調査デザインの考え方と方法　荒井克弘・倉元直樹（編）全国学力調査日米比較研究　金子書房　pp.66-80.

岡部恒治・西村和雄・戸瀬信之（1999）．分数ができない大学生―21世紀の日本が危ない　東洋経済新報社

小野方資（2009）．「全国学力・学習状況調査」政策の形成過程：政策評価制度との関わりで　東京大学大学院教育学研究科教育学研究室紀要，**35**, 9-21.

大住壯四郎（1998）．New Public Managementの展望と課題　神戸大学経済学研究，**44**, 33-81.

佐藤　学（2009）．学力問題の構図と基礎学力の概念　東京大学学校教育高度化センター（編）　基礎学力を問う：21世紀日本の教育への展望　東京大学出版会　pp.1-32.

志水宏吉（2009）．全国学力テスト―その功罪を問う（岩波ブックレットNo.747）　岩波書店

戸澤幾子（2009）．「全国学力調査」をめぐる議論　レファレンス，5月号，33-58.

全国的な学力調査の在り方等の検討に関する専門家会議（2010）．平成23年度以降の全国的な学力調査の在り方について（中間まとめ）<http://www.mext.go.jp/b_menu/shingi/chousa/shotou/074/toushin/1297046.htm>

全国的な学力調査の実施方法等に関する専門家検討会議（2005-2006）．「議事概要」（第1回～第7回）<http://www.mext.go.jp/b_menu/shingi/chousa/shotou/031/index.htm#shiryo>

全国的な学力調査の実施方法等に関する専門家検討会議（2006）．全国的な学力調査の具体的な実施方法等について（報告）<http://www.mext.go.jp/b_menu/shingi/chousa/shotou/031/toushin/06042601/all.pdf>

表 4-1 戦後の全国的な学力テストの実施状況

	実施機関	実施年	学年	教科	対象地域	規模
第1期[1]	教育研修所	1948-1949	小5〜高3	国	東京, 長野, 香川	2700人
	日本教職員組合	1950	小・中・高	国, 算	東京	2675人
		1953	小6, 中3	国, 算, 数	全国	
	文部省	1950	小・中	国	長野, 千葉	7708人
		1951	小・中	国	福島, 茨城, 静岡, 和歌山	4030人
	日本教育学会	1951-1952	中3	国, 数, 社, 理, 社会的態度, 知的操作力	全国	7000人
	国立教育研究所	1952	小6, 中3	国, 算, 数, 社, 理	15都道府県	約10,000人
		1953	小6, 中3	国, 算, 数, 社, 理	全国	
		1954	小6, 中3	国, 算, 数, 社, 理	全国	
		1955	小6, 中3	国, 算, 数, 社, 理	東京, 茨城, 千葉, 埼玉, 神奈川, 富山	(小6): 4615人・(中3): 5186人
第2期[2]	文部省（全国学力調査）	1956	小6, 中3, 高3・4[5]	国, 算, 数	全国	(小6): 4%抽出, (中3): 4%抽出, (高3・4): 20%抽出
		1957	小6, 中3, 高3・4[5]	社, 理	全国	(小6): 4.5%抽出, (中3): 4.5%抽出, (高3・4): 12%抽出
		1958	小6, 中2・3, 高3・4[5]	小6(音・図・家), 中2(職・家), 中3(英), 高3・4(英・保)	全国	(小6): 4-4.5%抽出, (中2・3): 4-4.5%抽出, (高3・4): 10%抽出
		1959	小6, 中3, 高3・4[5]	国, 算, 数	全国	(小6): 4%抽出, (中3): 4%抽出, (高3・4): 10%抽出

	年			
	1960	小6, 中3, 高3・4[5]	社, 理	全国	(小6):4-4.5% 抽出, (中3):4-4.5%抽出, (高3・4):10%抽出
	1961	小6, 中2・3, 高3・4[5]	小6(国, 算), 中2・3(国, 英, 社, 理), 高3・4(英)	全国	(小6):4%抽出, (中2・3):悉皆, (高3・4):10%抽出
	1962	小5・6, 中2・3, 高3・4[5]	小5・6(国, 算), 中2・3(国, 英, 社, 理), 高3・4(数I)	全国	(小5・6):20%抽出, (中2・3):悉皆, (高3・4):10%抽出
	1963	小5・6, 中2・3	小5・6(社, 理), 中2・3(国, 英, 社, 理)	全国	(小5・6):20%抽出, (中2・3):悉皆
	1964	小5・6, 中2・3	小5・6(国, 算), 中2・3(国, 英, 社, 理)	全国	(小5・6):20%抽出, (中2・3):悉皆
	1965	小5・6, 中2・3	小5・6(社, 理), 中2・3(国, 英, 社, 理)	全国	(小5・6):20%抽出, (中2・3):20%抽出
	1966	小5, 中1・3	小5(国, 算, 音), 中1(国, 数, 技家), 中3(国, 数)	全国	(小5):20%抽出, (中1・3):20%抽出
文部省（教育課程実施状況に関する総合的調査研究） 第3期[3]	1981	小5・6	国, 算	全国	(小5・6):1%抽出
	1982	小5・6, 中1・2・3	小5・6(社, 理), 中1・2・3(国, 数)	全国	(小5・6):1%抽出, (中1・2・3):1%抽出
	1983	中1・2・3	中1・2・3(社・理・英)	全国	(中1・2・3):1%抽出
	1993	小5・6	国, 算	全国	(小5・6):1%抽出
	1994	小5・6, 中1・2・3	小5・6(社, 理), 中1・2・3(国, 数, 英)	全国	(小5・6):1%抽出, (中1・2・3):1%抽出
	1995	中1・2・3	中1・2・3(社・理・英)	全国	(中1・2・3):1%抽出

実施機関	年	学年	教科	範囲	抽出率等
国立教育政策研究所(教育課程実施状況調査) 第3期[3]	2001	小5・6, 中1・2・3	小5・6(国,算,社,理,中1・社,理) 2・3(国,数,英,社,理)	全国	(小5・6):8%抽出, (中1・2・3):6%抽出
文部科学省(教育課程実施状況調査)	2002	高3	国,数,理,英	全国	(高3):8%抽出
	2003	高3	地歴,公民	全国	(高3):8%抽出
	2003	小5・6, 中1・2・3	小5・6(国,算,社,理,中1・社,理) 2・3(国,数,英,社,理)	全国	(小5・6):8%抽出, (中1・2・3):8%抽出
	2005	高3	国,数,理,地歴,公民,英	全国	(高3):13%抽出
文部科学省(全国学力・学習状況調査) 第4期[4]	2007	小6, 中3	国(A・B),算・数(A・B)	全国	(小6):悉皆, (中3):悉皆
	2008	小6, 中3	国(A・B),算・数(A・B)	全国	(小6):悉皆, (中3):悉皆
	2009	小6, 中3	国(A・B),算・数(A・B)	全国	(小6):悉皆, (中3):悉皆
	2010	小6, 中3	国(A・B),算・数(A・B)	全国	(小6):約3割, (中3):約3割

1) 金馬国晴 (2004). 戦後初期に「学力」の「低下」が意味したこと―〈学力調査〉から戦後新教育批判へ 苅谷剛彦・志水宏吉 (編) 学力の社会学 岩波書店 pp.240-241 より作成 (一部改変)
2) 志水宏吉 (2009). 全国学力テスト―その功罪を問う (岩波ブックレット No.747 岩波書店 pp.10-11 より作成 (一部改変)
3) 戸澤幾子 (2009). 「全国学力調査」をめぐる議論 レファレンス 5月号 p.38 より作成 (一部改変)
4) 全国的な学力・学習状況調査 (全国学力・学習状況調査等) <http://www.mext.go.jp/a_menu/shotou/gakuryoku-chousa/index.htm> より作成
5) 「高4」は定時制高校生を示す。

5

授業は誰のために行われているのか
―「子どものため」といえる授業実践を考える―

岸　俊行

1　授業は誰のために行われているのか

　日々学校現場では，教師による授業実践が行われている。ところで，この教師によって行われている授業実践は，誰のために行われているのだろうか。
　この問いに答える前に，一つのレポートを紹介したい。私が担当している「教育学」の講義で学生に「現在の自分の人間関係」というテーマでレポートを書いてもらった際のある学生のレポートの冒頭である。

> 　私は今まで，人と接して，コミュニケーションをとり，人間関係を築くことがとても苦手だった。小学生の頃，ある先生は，「間違えても良いから，積極的に発言しなさい。」と言っていたが，私が間違えた答えを言ったら，その先生に笑われた。そのとき，恥ずかしくて，嘘つきだとさえ思った。それが原因で，友達と話をしていても，自分の考えは正しくない，おかしいと思い，友達と意見が違うときに，自分の言ったことを否定されたり，笑われることがとても嫌になった。それからは，あまり自分から人に話しかけることをしなくなった。そして，人と接し，コミュニケーションをとり，人間関係を築くことが苦手になり，いつも一人でいるようになり，周りから一匹狼といわれるようになった。

　このレポートの冒頭から，小学校時代の教師のちょっとした対応がこの学生の以降の人間関係に大きな影響を及ぼしていることがうかがえる。このレポー

トに出てくる教師にとって,「笑った」という行為は決して悪意によるものではなく,学生の答えが自らの意図していた答えから大きく外れていたために,ついしてしまった行為だったのかもしれない。しかし,この学生のように授業の中での教師の何げない言動が,今後の人格形成に非常に大きな影響を与えていることも事実である。この教師の「笑った」という行為は,結果としてレポートを書いた学生のためにはなっていなかったといえる。

　もう一つ,私の体験談からの事例を紹介したい。私は,これまで実際に行われている授業を見学させてもらう機会に多く恵まれた。たくさんの授業を見ていて思うことは,その授業の進め方からクラスの雰囲気まで本当に多様であるということである。ある小学校におじゃまして,3ヶ月間,2年生の2クラスの授業を見させてもらった際に,非常に驚いたことがある。それは同じ単元を同じ進行で行っているのに,その2クラスの授業がまったく別物のように感じたことである(同じ教科書の同じ素材を使って授業がなされているとはとても思えなかったほどである)。一方のクラスでは,教師による統制がしっかりととれており,子どもは手を挙げない限り発言すらしないということが徹底されていた。授業の展開も非常に厳格で,教師がしっかりとタクトをふるい,そのタクトに従って子どもがそれぞれの役割を担って授業が進行しているように感じた。もう一方のクラスは,教師と子どもの垣根をまったく感じさせない授業であった。授業の中で子どもたちは自由に発言をし,その発言を適宜教師が受け取り,時に脱線したり時に駆け足になったりしながら,授業を終結させていくという感じであった。たとえるならば,ある一つの仲間集団の中で教師がリーダー役に徹して,授業という一つの空間をクラス全員で創っているという感じがした。

　私が非常に驚きを感じたのは,このまったく異なるスタイルを有する二つの授業実践が隣り合ったクラスで,同時期に同内容で行われていたということである。ここで間違っていけないことは,どちらの教師の実践が優れているのかを考えるのではないということである。ともすると授業研究や教育方法学の分野ではこのような問いかけばかりがクローズアップされてしまう。しかし,重要なことは,それらの実践が子どもにどのような影響を与えているのかを,子どもの立場に立って考えることである。どちらの教師も,「子どものために」

1 授業は誰のために行われているのか　61

授業を行っているということは間違いないだろう（実際，見学していた私は，どちらの教師にも強くそう感じた）。しかし，授業のスタイルが異なるのであれば，当然，子どもへの影響も異なってくることが予想される。教師による授業実践を考えるうえで大事になってくるのは，その"教え方"ではなく，その"教え方が子どもに与える影響"である。その影響を検討することもなく，「子どものための授業」とは決していえないだろう。

　これまで紹介した二つの事例からもわかるように，教育や授業はそれを実践している教育者側（教師等）にとっては，「子どものために行っている」ということは疑いない事実なのかもしれないが，その教育活動が実際に「子どものためになっているのか」という点では，とても自明のことであるとは言い難い。つまり，「子どものために行っている」ということと「子どものためになっている」ということが，必ずしも同義ではないということをしっかりと認識する必要がある。

　そこで本章では，多くの教師が日々，「子どものために」教育実践を行っているという前提のもとで，では，本当にその実践が子どものためになっているのだろうかという点に関して疑問を持つことから始めていく。このような疑問に対してどのように明らかにしていけばよいのだろうか。先に私の考えを述べると，その唯一無二の回答（方法）はないように思う。教育は常に一対一で行われているわけではない。むしろ，向かい合って行われている教育実践のほうが少ないであろう。学校教育などに代表される教育実践の場合，一人の教師に対して多数の子どもという形で行われる場合が非常に多い。その多くの子どもたち，一人ひとりの満足感を検討することは不可能である。また，先に示したレポートからもわかるように，教育の結果はすぐに顕在化するようなものでもない。長い間かけて，その子どもの考え方や行動・人格にじわじわと影響を及ぼすものである。そのような影響のすべてを網羅的に検討することも不可能である。しかし，検討する方法がないからといって，その疑問自体をないものとしてしまうのであれば，現状の教育を変えていくことにはつながらない。「子どものため」とはどういうことなのかという点に正面から向き合い，考えていくことでいくつかのヒントはみえてくるのではないだろうか。次節では，子どもにとって身近な教育実践の一つである学校現場の授業実践を取り上げ，従来の

授業研究とは少し異なる視点でなされたいくつかの実践研究を紹介し,「子どものための授業とは」という問いの答えにつながるヒントを考えていきたい。

2 授業を捉える視点と測定

「子どものため」といっても,その切り口にはさまざまある。「子どものための教育」を考えるということは,すなわち,子どものためになされた教育が,子どもにどのような変化をもたらしているのかを考えることに他ならない。そこで本節ではまず,学校教育が子どもにどのような影響をもたらしているのかという点から考えてみたい。

この問いに答える研究として藤田(1995)が行ったある県の同じ小・中学校に在籍した子どもの9年間の追跡調査がある。表5-1は同じ小・中学校に9年間在籍した子どもの主要4科目(国語,社会,算数・数学,理科)の学年成績の合計点を子どもごとに算出し,学年間相関係数をまとめたものである。表5-1より明らかなように,学年間相関は非常に高い数値を示している。特に隣り合った学年の相関は0.9を超えている。学年間の間隔が開くほど相関は低くなるが,それでも小学校1年と中学校3年の成績の間には0.74の相関がある。この結果は,小学校1年時の成績が,それ以降の成績をある程度規定しているとい

表5-1 小・中学校9年間の学業成績の学年間相関 (藤田, 1995)

学年	2	3	4	5	6	7	8	9
1	.90	.87	.84	.80	.76	.78	.77	.74
2		.91	.88	.85	.82	.82	.80	.78
3			.91	.89	.84	.86	.84	.82
4				.91	.87	.85	.83	.82
5					.91	.85	.86	.83
6						.90	.87	.87
7							.93	.91
8								.94
9								

うことを示している。つまり，小学校1年時にすでに"できる子"は中学校3年時においても"できる子"である可能性が高いということである。この藤田 (1995) の行った研究は，9年間の学校教育が子どもにどのように影響を及ぼしているのかという点で非常に興味深い。小学校に入学したての子どもの学力が，すでに中学校卒業時の子どもの学力の規定因になっているという事実は，別の視点から考えると，小学校・中学校を通して行われてきた学校教育が子どもの学力の序列にあまり影響を与えていないということを意味する。この事実は同時に，学校での教育とは関係なく子どもの学力がある程度固定化されているともいえるのである。このような学力の固定化の背景には，Bloom (1964) によって指摘されている相対的評価の安定性の問題や家庭環境の問題などさまざまな要因が考えられ，学校教育のみの問題として取り上げるには少し無理があるかもしれない。しかしそれでもなお，この結果は私たちに学校教育（特に学校における授業）が何を生み出し，そして子どもにとってどのような意味のあるものとして機能しているのかという問題について考えるきっかけを与えてくれる。この学力固定化に関する藤田の研究は，学校教育を1つのシステムとして捉え，そのシステムが何を生産しているのかに着目したところに特徴がある。

　それでは，そのシステムの内部に目を転じてみるとどうだろうか。学校教育という大きなシステムの内部では，どのようなことが行われているのだろうか。さまざまな教育的営為が行われているが，教師と子どもという関係で考えるならば，その中心は教師による日々の授業であることは間違いないだろう。次にこの日々繰り返し行われている教師による授業実践がどのような特徴を有しているのか検討してみよう。

　岸・野嶋 (2006) はある小学校の1年から6年までの各学年2クラス計12クラスの国語科の授業を3〜6回，連続して記録し，教師と子どもの授業内での発話の分析を行った。具体的には，授業内での教師・子どもの全発話を記録し，教師発話8カテゴリ（説明，発問…等），子どもの発話4カテゴリ（指名応答，自発応答…等）に分類を行った。次に同じクラスの授業ごとの発話カテゴリをもとに教師と子どもそれぞれ別々に授業日間の相関を算出した。つまり，1回目の授業の各発話カテゴリの総数と2回目の授業の各発話カテゴリの総数

がまったく同じであれば相関は1となる。教師と子どもそれぞれに相関を算出しているため,マトリックスは24できることになる。教師発話の相関は全クラスとも非常に高い数値を示した。相関係数は0.69〜0.99の範囲であり,全体の90％以上が0.80以上の相関であった。反対に,子ども発話の相関は0.01〜0.99まで幅広い値であった。一例として表5-2に2年の1クラスの教師と子どもの相関マトリックスを載せる。このクラスの教師の授業内発話カテゴリの相関は0.97〜0.99と非常に高い数値を示している。これは,授業で教師が用いる発話カテゴリのバランスが毎授業ほぼ同じであるということである。反対に子どもの授業内発話カテゴリの相関は0.08〜0.92と一貫性はみられない。つまり授業によって発話カテゴリのバランスが異なっていることがわかる。この2つのマトリックスより,子どもは授業ごとに異なるカテゴリの発話をしているにもかかわらず,教師は毎授業同じカテゴリの発話で授業を進行していることがうかがえる。今回は全12クラスあるうちの1クラス分のみのデータを紹介したが,他の11クラスにおいても同様の傾向が見て取れる。これらの結果は,教師の授業内での教授方略が教師の内面においてかなり固定化されていることを示している。それに対して,子どもの発話は,授業ごとに異なっていることがうかがえる。以上の結果より,教師の日々の授業実践をその発話という観点から捉えると,非常に高い安定性を有していることがわかる。この事実は,教師が日々,同様の授業実践を繰り返しているということに他ならない。しかし,表5-2からも明らかなように,同じクラスの子どもの発話に関しては,日々の相関は決して一貫しているわけではない。つまり,子どもは授業ごとに

表5-2 2年のあるクラスにおける教師発話,子ども発話の授業日間相関

	【教師発話】						【子ども発話】			
	1日目	2日目	3日目	4日目	5日目		1日目	2日目	3日目	4日目	5日目
1日目						1日目					
2日目	.99**					2日目	.88*				
3日目	.98**	.98**				3日目	.92**	.74*			
4日目	.99**	.98**	.99**			4日目	.63	.66	.76*		
5日目	.97**	.97**	.99**	.99**		5日目	.08	.23	.35	.49	

**: $p<.01$ **: $p<.01$, *: $p<.05$

多様な反応を示しているのである。このように，授業に応じて多様な反応を示す子どもたちに対して，教師は日々同じような，ある意味で安定した授業を展開していることがわかる。

次に，授業内の特定の行動に焦点をあてた研究をみてみよう。授業場面において特徴的な行動の1つに子どもの挙手行動が挙げられる。多くの教師が，授業内で子どもが発言をするときには挙手をするように促している。では，子どもの挙手に対して，教師はどのような対応をとっているのであろうか。澤邉ら（2008）はある小学校の1年から5年までの各学年1学級を対象に，7月と12月の2つの時期のそれぞれ3授業（計30授業）において，対象授業内での教師の指名行動に関する調査を行った。具体的には，対象授業において子どもごとに教師から指名された回数をカウントし，時期ごとに集計を行い，7月と12月での子ども別の指名回数の相関を算出した。結果を表5-3に示す。この表の値は，7月の3回の授業で教師からあてられた回数と12月の3回の授業で教師からあてられた回数を子ども別に算出し，それをもとに相関係数を求めたものである。7月と12月の子どもの指名回数がまったく同じならば相関係数は1となる。表5-3を見ると，すべての学年において中程度の相関が認められる。特に2年のクラスにおいては，0.71という高い相関を示している。これらのことより，教師は授業内で指名する子どもをある程度固定している，つまり，7月期によく指名された子は12月期にもよく指名されているということがわかる。

しかし，この結果は教師の指名行動の特徴を示したものにすぎない。教師の指名行動は当然，子どもの挙手行動との関連で考える必要がある。あまり子どもが手を挙げないクラスにおいては，教師の指名が特定の子どもに偏るのは当然のことといえる。そこで次に澤邉ら（2006）が行ったある小学校の3年の授業において子どもの挙手の回数と教師の指名行動との関連を分析したものを紹介する（表5-4）。この結果は，1授業のみのデータであることから，授業内で

表5-3　学年ごとの指名児童に関する7月期と12月期の相関

	1年	2年	3年	4年	5年
相関係数	.62**	.71**	.45**	.56**	.945**

**: $p<.01$

5 授業は誰のために行われているのか

表 5-4　あるクラスにおける子どもの挙手回数と指名回数

		挙手回数																				
		0	1	2	3	4	5	6	7	8	9	10	11	…	13	…	15	16	…	19	…	21	…	26	…	29	30	計
指名回数	0	4	5	2	1	0	0	0	0	0	0	0	0		0		0	0		0		0		0		0	0	12
	1	0	0	2	0	2	2	0	1	0	2	0	1		0		0	0		0		0		0		0	0	10
	2	0	0	0	0	0	1	1	1	1	0	0	1		1		0	0		0		0		0		0	0	6
	3	0	0	0	0	0	0	0	0	0	0	1	0		0		0	0		1		0		0		0	1	3
	4	0	0	0	0	0	0	0	0	0	0	0	0		1		1	1		0		1		0		0	0	4
	5	0	0	0	0	0	0	0	0	0	0	0	0		0		0	0		0		1		0		0	0	1
	6	0	0	0	0	0	0	0	0	0	0	0	0		0		0	0		0		0		1		0	0	1
	計	4	5	4	1	2	3	1	2	1	2	1	2		2		1	1		1		1		1		1	1	37

の教師の指名傾向を読み取ることや，まして一般化できるものではない。しかし，一斉授業の中での教師の指名行動の特徴の一端をうかがい知るための参考資料としては興味深い。この表は，横軸が子どもが挙手をした回数で，縦軸が教師から指名された回数を示している。クラスのすべての子どもが授業中の挙手回数と教師からの指名回数に応じて表のいずれかのセルに入ることになる。表 5-4 より，教師による発問回数が 58 回で，30 回挙手して 3 回指名された子や 21 回挙手して 5 回指名された子がいることがわかる。また，2 回挙手して 1 回指名された子が 2 人いる反面，3 回挙手して 1 度も指名されなかった子も 1 人いる。この結果は，教師が意識しているものではないと思われる。この 3 回挙手をして，一度も当てられなかった子どもは教師が意図的に避けたわけではないだろう。限られた時間の中で，教師はその都度意思決定を行いながら，指名を行っている結果，このような偏りが生じてしまうのだと思われる。

　本節では，教師の授業実践がどのような特徴を持って行われているのかを，授業の数量的分析をもとに明らかにした研究を紹介した。一般的に今日の授業研究では，主に実践記録をもとにした事例研究的要素の強いものが主流である。確かに教師と子どもとの相互交渉をもとに展開される授業が数量化になじまないという指摘もある。しかし，本節で検討してきたように，授業内での教師の行動を数量化し検討することによって，教師の授業内での意識していない行動の特徴を，顕在化することも可能になる。そうすることにより，教師の授

業内での行動が，子どもの活動に寄り添って行われているというよりも，教師個人の授業のくせとでもいうべき教授方略によって行われているのではないだろうかということもみえてくる。確かにこれまでにみてきた研究結果のみから，安易に教師の授業実践が子どもの活動を度外視して行われていると結論付けることは当然できないし，するべきではないだろう。しかし同時に，子ども側の反応を教師がくみ取り，子どもに合った（合わせた）授業が展開されているとは，必ずしもいえないことも事実である。

わが国の公立学校で行われている一斉授業という形態は，教師1人につき40人前後の子どもで実践がなされている（近年は科目によっては，習熟度別学習や少人数学習がなされるようにはなってきている）。そのような状況の中で実践を行うことを考えると子どもに合わせた授業を行っていくことは非常に難しいのも事実である。子どもたちは1人ひとり個性が異なり，授業内での教師の言動に対して思うところ，考えるところは1人ひとり異なる。そのような異なる思考形態や行動様式を持った子どもたちを教師は1人で相手する必要があるため，すべての子どものニーズや行動形態に合わせた授業実践を行うことは，ほとんど不可能に等しい。これまで検討してきたことを考慮したうえで，私が大事にしなければいけないと思うことは，日々の授業が"子どものために行われている"ということを無批判に受け入れるのではなく，常に立ち止まり，自らの（または目の前で行われている他者の）実践を，それが"子どものためになっているのか"という視点でふりかえることだといえる。

3　子どものための授業を行うためには

前節で検討してきたように，教師は日々の授業を繰り返し行っていく中で，自分でも気づかないうちに自らの教授方略とでもいうべき授業のくせを内面に形成するようになってくるのではないだろうか。この事実は決して悪いことではなく，むしろそれこそがその教師の個性ともいうべきものであると私は考えている。しかし，この教師の持っている授業のくせが日々の実践の中で繰り返し出現することで学校教育という大きなシステムにも影響を与えていることが推察される。そしてそれが結果として，前節でみてきたような子どもたちの学

力の固定化の要因の1つになっているとも考えられる。

　ここで問題となるのは，教師がその事実に気づいていないということだろう。教師は日々，さまざまな工夫を凝らして授業案を作成し，しっかりとした準備を行って授業に臨んでいる。そして多くの教師が自らの授業内容に関して，ふりかえりも行っている。しかし，教師自身の無意識に身についてしまった教授方略までふりかえることはなかなか難しい。そのため，授業内容や教える子どもが変わっても教師個人の内面に根づいている授業スタイルを変えるところまではなかなかたどりつけないのではないだろうか。

　自らの教授方略を見直すためには，前節で検討したような自分の授業を対象とした数量的な分析を行ってみるのも非常に有益なことではある。数量的分析を行うことで，なかなか，自覚することの難しい無意識な授業のくせがみえてくるということも多く，またそれを明らかにすることで自らの授業を変える契機にもつながる。しかし近年，校務分掌が多岐にわたり，種々の研修が非常に多く教師の日常は多忙をきわめているのが実情である。そのような状況の中で教師が，さらに自らの実践をふりかえるための研究を日々行っていくというのは，時間的にも精神的にも厳しいと思われる。このような自らの実践のふりかえりを過度に求めることは，かえって教師のモチベーションの低下にもつながるおそれがあるとさえ思う。

　ではどうすれば，教師は自らの授業方略を見直し，また授業スタイルを変えていけるのであろうか。それを実現するために考えなければいけないキーワードの1つに，私は授業の閉鎖性が挙げられると思う。もともと，小学校の教室は"学級王国"という言葉でも表現されるように，非常に閉じられた空間である。そのため教師の学級でのさまざまな教育的活動を，保護者はもとより他教師が知る機会は非常に少ない。授業という場を劇場にたとえるならば，教師は日々同じ聴衆を相手に"教師"という役割をただ演じているということになる。そこには，教師のふるまいをいつもとは異なる視点から眺める聴衆も，批判的観察眼で眺める聴衆も存在しない。教師のふるまいを基本的にはすべて受容する"子ども"という聴衆がいるだけなのである。そのような教室内の状況が，教師の授業スタイルを固定化させる要因の1つになっているのではないだろうか。教師の授業実践をより変化に富んだ多様なものへと改善していく手段

として,まず学校,教室,授業をより,開かれたものにするということを考えていく必要がある。近年,"開かれた学校づくり"の重要性が叫ばれて久しいが,同時に,学校のセキュリティの問題もあり思うように進んでいないのが現状である。

　文部科学省が全国の小中学校に対して行った学校質問紙調査の中で,学校開放に関する項目がある。授業参観など学校開放をする日を設けているかという質問項目に対して,81.6%の学校が【はい】と答えている。このデータからもわかるように,授業参観や学校開放日を設けている学校は確かに多い。では,授業参観日や学校開放日を多く設ければ,それは"開かれた学校"へとつながるのであろうか。私は決してそうは思わない。なぜならば,それらの日は教師にとっても子どもにとっても"ハレの日"であり,決して日常ではないからである。反対に,それらの機会を設けることにより,日々の教室での教師の実践や子どもの様子をみる機会を失しているようにも思われる。学校の授業は特別なものではなく,子どもたちにとっては,日常の一場面である。そのことを,保護者も含めた地域の人々がしっかりと認識し,子どもたちの日常を知るためにも学校に足を運び,気軽に授業をみることが重要なのではないだろうか。また,学校側も授業参観日や学校公開日等の特定の日を設けるだけではなく,常に学校を開放し,教室や授業を公開するような風土を養うことが重要になってくる。学校を開放し,教室の中に常に誰かしらいる状況が作られるようになれば,当然,教師の授業実践も変わってくるだろう。それが結果として,教師の持っている非常に安定した,別の表現を借りるならば非常に固定した授業スタイルを変容させ,子どもによりそった真に"子どものため"といえる授業実践へのきっかけになるのではないかと私は期待している。

◆引用文献

藤田恵璽 (1995). 学習評価と教育実践　金子書房
Bloom, B. S. (1964). Stability and change in human characteristics. New York: Wiley.
岸　俊行・野嶋栄一郎 (2006). 小学校国語科授業における教師発話・児童発話に基づ

く授業実践の構造分析　教育心理学研究, **54** (3), 322-333.

澤邉　潤・岸　俊行・野嶋栄一郎 (2008). 教室授業場面における教師の指名行動に関する一検討, **32** (Suppl.), 165-168.

澤邉　潤・野嶋栄一郎 (2006). 教室における教師の指名行動特性に関する研究　日本教育工学会第 22 回全国大会講演論文集, 621-622.

6

今の子どもを指導することは難しいのか
―子どもの力を引き出す学級経営―

龍野聡平

1　今の子どもを指導することは難しいのか

　今の子どもたちについて話すとき，「素直じゃない」「生意気だ」「大人びている」など，マイナスのイメージで表現されることが多い。教育現場においても「昔の子どもは素直だった」などの言葉がよく聞かれ，「今の子どもを指導することは難しい」という考えが暗黙の了解として存在しているように思われる。もちろん，不景気による共働き家庭の増加や，インターネットを中心とする情報過多の問題など，社会環境の大きな変化に伴って，子どもたちを取り巻く生活環境は日に日に変化し，子どもたちの様子は以前とは異なるものに映る。家の中でパソコンやゲームばかりして外で遊ばない子どもが増え，コミュニケーション能力の欠如が叫ばれている。それゆえか，「今の子どもはあいさつができず，礼儀を知らない」という言葉もよく聞かれる。また，最近は子ども向けのファッション雑誌が注目され，幼いときから服装や化粧など，容姿に関心を持つ子どもが増えている。「家でゲームばかりしていて，元気がない」「礼儀しらずで生意気だ」「大人びている」など，社会がイメージする子ども像は正当性のあるもののように思える。これは，環境の変化に伴って，子どもの内面にある素直さや純粋さが変化したり，失われたりしたということなのだろうか？過去から現在，未来に至るまで社会は変化し続けていく。そう考えると，子どもたちを指導することはどんどん難しくなっていくということなのであろうか？

　違う角度から考えてみよう。社会環境とともに，ライフスタイルも変化して

いく中で，子どもたちが興味を持つものが変わっていくことは至極当然なことといえる。「今の子どもは外で遊ばない」というが，家庭にゲームやパソコンがあれば遊び方は必然と変わってくる。同様に，身のまわりに雑誌があれば容姿に興味を持つのは当然の成り行きといえる。また，大人社会でも近所づきあいの希薄さが叫ばれている中で，子どもがあいさつをする機会は減少し，不審者に声をかけられる事例が日々起きている中では，人づきあいができる環境ではなくなってきているといえる。このように考えると，子どもの内面にあるよさが失われたのではなく，環境ゆえにみえにくく，また出しにくくなっているのではないだろうか。今の子どもを指導することは難しくなっているといえるのだろうか？

　本章は，教師自身の見方や考え方，指導のあり方をふりかえり，指導の原点を確認したり，発問や指示，授業展開などを少しでも工夫したりすることで，子どもたちが持っている純粋さや素直さなどを中心とした力を引き出すことができることを論じる。また，それらの指導を行うことで教師自身の気持ちにゆとりが生まれ，やりがいが出てくることを証明したい。

2　子どもの力を引き出す教育とは

　「良い学級経営をしているクラスの子どもは素直である」という言葉を教育界ではよく耳にする。このことは，教える側の指導によって子どもが変わることを示唆している。つまり，良い学級経営を行い，子どもたちが安心し，のびのびできる環境を作ることが，子どもが持つ力を引き出すポイントであるといえる。筆者は，現在小学校の教師として教壇に立ち，子どもたちと過ごす毎日を送っているが，失敗も数多くしてきた。そこで，自身の経験をもとに，学級経営の2本の柱である学習指導と生活指導を中心に，子どもの力を引き出す指導法について提案する。同じ場面における2つの実践例を提示し，結果を比較しながら検証していくことにする。

(1) 学習指導の実践例

①授業中，学級の2～3人しか手を挙げていないときにどうするか

　小学校では，担任教師が45分間の授業を毎日ほぼ6時間行う。教える専門家といっても，すべてを良い授業にすることは不可能である。また，子どもたち自身も常に集中力を持続させて学習することは難しい。授業の中で子どもたちの手があまり挙がらないときがある。そのようなとき，教師はどのような言葉がけや指示をすればよいのだろう？

　●「どうしたのかな？　もっと授業に集中し，がんばって手を挙げましょう」

　教師は，手が挙がらないことに焦りと不安を感じる。このようなとき，上のような言葉がけをする。この言葉により手を挙げる子どもが増えるときもある。しかし，このような言葉がけでは授業の最後まで学習意欲を持続させることは難しい。なぜなら，自分が出した発問が悪いという教師自身の指導を問題として捉えるのではなく，子どもたちに問題があると捉え，責任を転嫁してしまった言葉がけだからである。何を答えればいいのかわからない子どもたちに対して，さらに求めるような指導を行えば，学習は考えるものではなく，「答えなければならない」と責任を負うような受動的な学習となり，学習意欲は必然と下がる。手が挙がらないとき，このような言葉がけを行い続けると，勉強好きな一部の子どもだけが手を挙げ，発言する学級になってしまう。

　私自身も新任のとき，「あれ？　手が挙がってないな。さあ集中してがんばろう」という言葉がけを度々していたものである。自分の指導の拙さより，子どもの集中力不足を嘆くという勘違いをしていたのである。

　○「今，手を挙げている人はすごいね。間違ってもいいと勇気を出して手を挙げているんだね」

　たった2～3人でも手を挙げていることをまず認める。これは，手を挙げていない子どもに問題があると捉えた言葉がけではなく，挙げていないことよりも少数でも挙げていることに重きを置いた言葉がけである。このことにより，手を挙げた子どもの意欲を評価するとともに，他の子どもたちの学習意欲を刺激することができる。この後，何人かが手を挙げたとしよう。それを見逃さずに「勇気を出して手を挙げる人が増えたね」と，さらに認めの言葉をかけるようにする。最初は教師に誉められたいという外発的動機づけであったとして

も，このような言葉がけを継続していくことにより，子どもたちは自然と教師から出される発問や指示に集中して耳を傾けるようになる。安藤ら（2008）でも，挙手・発言と内発的動機づけとの関連性が示されているが，挙手しようと授業に集中することで知識・理解面の向上につながり，「もっと学びたい」という内発的動機づけへと変化していくのである。「少ない」ことより「少しでもいる」こと，つまり「できていない」ことより「できている（できる）」ことに重きを置く指導を継続して行うことで，学習意欲は変わり，積極性という子どもの力を引き出すことができるのである。そして，マイナス面よりプラス面の評価を行い，「間違ってもいいから手を挙げよう」などの言葉がけを行うことで，子どもたちは安心してのびのびと学習できるようになるのである。プラスの言葉がけとともに，教師自身が指導力を高め，少しずつでも良い授業を展開していくようになれば，双方にとって授業は楽しいものへと変化していくのである。

②主体的に学ぶ子どもを育てるためにはどのような授業を行えばよいか

教師であれば誰でも「子どもが主体的に学ぶ授業をしたい」と思っているはずである。しかし，教材研究をはじめとする日々の授業の準備や，校務に追われ，教材を開発したり，新たに資料を作成したりする余裕のないのが現状である。その中でも指導を少し工夫するだけで，子どもの学習意欲を高め，主体性を育てていくことは可能なのである。社会科の第4学年「火災」の学習の導入時を例にして考えよう。

●資料の読み取りから始める導入

火災の原因についてのグラフを黒板に提示する。「原因で一番多いものは何でしょう」と発問する。子どもたちはグラフから読み取り「1番多いのは○○です」，続けて「2番目は○○です……」と発表していく。次に「これらの火災による被害状況を調べよう」と指示し，教科書などを使って調べる学習を行う。これは基本的な流れといえる。しかし，子どもが主体的に学習しているかといえば疑問符がつく。

○予想することから始める導入

「火災って何が原因で起きていると思いますか」と発問する。子どもたちは自分たちの生活と結びつけて予想して考える。ここで，隣や前後で自由に話し合わせる。他の子どもの意見から考えが広がるからである。子どもたちは（原

因は何だろう）と興味・関心を募らせていく。1，2分話し合った後，予想を発表する。その際，①で論じたように「手を挙げている人はすごいね。予想だからわからなくていいんだよ」とプラスの言葉がけを行うと，積極的に手を挙げる。子どもたちは，さまざまな意見を聞いて自分の予想と比較したり，疑問を持ったりして，さらに興味・関心を高めていく。そこで，黒板に火災の原因についてのグラフを提示する。子どもたちは食い入るようにグラフを見る。「原因で一番多いものは何でしょう」と発問し，「1番多いのは○○です」「2番目に多いのは○○です……」と確認していく。「では，みんなの住む○○市では，1年間でどれぐらいの火災が起きているんだろう」と発問し，「火災による被害状況を調べてみよう」と指示する。子どもたちは教科書を開けて必死に調べるようになる。

　特別な準備をしなくても，予想したり，簡単に話し合ったりするだけで子どもの学習意欲は上がり，自ら学ぼうとする力，主体的な態度を引き出すことができるのである。このような発問や指示を中心とした指導の工夫を継続して行うことで，学校は楽しく学べる場所になり，子どもたちはのびのびと学習するようになるのである。

③どのような方法で，子ども一人一人を評価すればよいのか

　子どもたちにとって教師からの評価は大変重要なものである。それゆえ，教師は明確な評価基準を持って日々の指導にあたることが求められる。小学校の1学級の定数は40人である。教師は40人の子どもたちの学習・生活面での指導を毎日行うとともに，一人一人の学習理解度を把握し，それを評価していかなければならない。日々の生活の中で，一人一人を評価していくのは難しく，テストを中心とした総括的評価に頼りがちになってしまっているのが現状である。ここでは，どの学級においても出しているであろう漢字の宿題を例にして，学習意欲を高めるとともに，子どもたち一人一人を評価する方法（個人内評価）と評価基準を提案する。

●教師の主観を規準とした認定評価

　教師は，宿題として提出された漢字ノートを，①出された宿題どおり書いているか，②正しく漢字を書いているか（誤った漢字を書いていないか）を評価の規準としてチェックすることが多い。つまり，宿題を忘れずに提出し，漢字

を正確に書いているかが評価の対象となる。その規準をクリアすれば目標が達成されたことになる。教師はチェック（多くの場合赤ペンで花丸をする）して，子どもたちにノートを返却する。この評価方法を毎日続けることで，本当に子どもたちの意欲を高め，一人一人を評価できるのかといわれれば，難しいといわざるを得ない。「宿題を出せばいい」という教師の主観が評価の規準となっているからであり，丁寧に書いたり工夫して書いたりする子どもの評価が他の子どもと変わりなく，評価の対象となりにくいのである。

○一人一人の取り組みを重視する個人内評価

　上記の①②に加え，③として自分なりに丁寧に書くことができているかを評価の規準とすることで，子ども一人一人の規準を設定し，日々比較することにより，個人内評価を行うことができる。たとえば，ある子どもが丁寧に書いた字を規準とし，次の日，さらに丁寧に書いてきたとする。教師はそれを個人内評価するのである。評価方法は，学習意欲を高めるために教師が行うノートのチェック（丸つけ）を丸，花丸，花丸に葉っぱをつける，花丸と葉っぱに蝶を書くなど，子どもにとってわかりやすい方法で評価するのである。子どもたちは，毎日のノートの返却を楽しみにするようになる。「今日は蝶がついてたよ」「あ〜，今日は丸だけだった」など，一喜一憂する姿が見られるようになる。さらに丁寧に書いたり，文を作ったり，意味調べをしたりする子どもがいれば，それを評価基準とし，教師は一人一人を個人内評価していく。この方法を行うことにより，「今日，とても丁寧に書いていたね」と誉めるきっかけにもなれば，「最近，ずっと字が雑だから何かあったのかな」と，字や意欲をみて，子どもの心理状態を知るきっかけとすることもできる。たとえ一人一人に声をかけることができなくても，ノートを通して教師からのメッセージを伝えることができるのである。「先生は，がんばって書いたのをちゃんとみてくれているんだ」と子どもたちは感じ，信頼関係を構築する手助けとなるのである。このような評価方法を行うことにより，子ども一人一人の学習意欲だけでなく，書く力，工夫する力をも引き出すことができるのである。

（2）生活指導の実践例

①けんかが起きたときにどのように対応すればよいのか

大人（教師）でも意見が対立したり言い争いになったりすることがある。しかし，子どもたちには「みんな仲良くしなさい」という指導をしているのが学校現場である。もちろん，集団の中での仲間づくりや協調性を育てる指導は学齢期の子どもたちにとって大変重要である。しかし，実際にけんかになったときでも「けんかはだめでしょ。仲良くしなさい」という指導は適切といえるのであろうか？　自我が芽生え，自分の考えが明確になってくる小学校高学年になっても，そのような指導で子どもたちは納得し，教師に理解されていると思うのだろうか？

●けんかを否定する指導

けんかが起きたときに当事者（二人とする）を呼び，「けんかをしてはダメだよ。お互い悪いと思ったことを相手に伝えて，謝ろうね」という指導が一般的である。そのときは教師の前でお互い謝り，けんかは終わる。後日，またその二人がけんかをしていた。そして，けんかやもめごとが多くなると，教師は学級活動や道徳の時間などに「けんかをして何もいいことはないんだよ。やっぱりお互い仲良くすることが一番だね」と指導する。このようなことは学校現場ではよくある。なぜ，けんかが続くのか？　それは，子どもたちはけんかしたことから何も学んでいないからである。「けんかは絶対にダメ。仲良くしましょう」という教師からの一方的なメッセージでは，子どもの心は育ちにくいのである。

○けんかしたことから考える指導

けんかが起きたときに当事者（二人とする）を呼び，一人ずつ話を聞くようにする。気持ちが高揚し，話に口を挟んできた場合は「順番ね」と声をかけて必ず一人ずつ話すようにする。次に，「お互いの気持ちはよくわかりました。お互いが思っていることを話し，自分たちがしたことをふりかえってみてどうだった？」と聞くと，子どもは自分なりに気持ちを整理しはじめるようになる。そこで，落ち着いてきたことをほめる。さらに，「もう一度同じような場面になったらどうしたい？」と尋ねる。子どもは「からかうような言葉をかけないようにする」「すぐにかっとなって言い返さないようにする」など自分な

りの対処法や考えを述べる。そのときに「大切なことに気づいたね。心が1つレベルアップしたね」と言って，けんかをした事実ではなく，けんかを通して気づいたことや感じたことを大切にする指導を行う。もちろん，けんかが起きないように，平素から他者を認め合えるような指導をすることが大前提ではあるが，起きたことを収拾させる指導ではなく，起きたことをきっかけにして考える指導を行えば，子どもたちなりに考えるようになるのである。私は，学級活動や道徳の時間などに「一人一人顔や体が違うように，考えていることも性格も違う。だから，いつも同じ意見にはならないし，全員が納得する答えなんてない。大切なのはけんかをしないことではなく，けんかをしてもいいことはないという気持ちや仲良くするためにどうするかを考えること，けんかをしてしまったときにどうするかを考えることが大切なんだよ」ということを伝えるようにしている。また，一人一人が考えたことを伝え合えるような話し合いの場を設けることは，さらに有効な指導となる。このような指導を行うことにより，子どもが持つ正直さに加え，相手の気持ちを考える力を育てることができるのである。子どもたちの思いを受容し，共感したうえで指導することにより，子どもと教師との間に心の結びつきが生まれるようになり，子どもたちは自分の気持ちや考えを素直に話すようになるのである。

②問題のある子がいる学級経営をどのように行えばよいのか

文部科学省（2009）の調査結果では，問題行動を起こす子どもは増加の傾向にある。しかし，問題行動を起こす子どもといっても，その状況はさまざまである。家庭環境が原因で不適応を起こしている子どももいれば，学校での友人関係や個人の発達上の問題などさまざまである。ここでは一例として，学習に無気力で授業中立ち歩いたり，宿題を毎日のように忘れてきたりするタイプの子どもがいる場合の学級経営について考えてみよう。

●問題のある子を中心にする学級経営

問題のある子どもが授業を妨げたり，まわりの子どもに悪影響を及ぼしたりすることがある。教師はその子どもの対応に追われ，問題のある子どもが宿題をやってきたときに「○○さんがんばってきたね」と声をかける。また，真面目に座って授業を受けていたら「○○さん，よく集中しているね」と声をかける。この指導自体悪いことではないが，問題のある子どもを中心にした学級経

営を行うことで，まわりで真面目に取り組んでいる子どもへの評価がないがしろにされ，その子どもたちの対応が粗雑になってしまうことがある。問題のある子ども中心の学級経営をすると，良くも悪くもその子どもに振り回され，まわりの子どもが無気力になったりふざけたりするようになると，学級経営が難しくなり，学級崩壊に至るケースも時として出てくる。

〇まわりの子を認めながら，問題のある子を動かす学級経営

　問題のある子ども中心ではなく，まわりで真面目に取り組んでいる子どもを中心に評価するようにする。つまり，がんばる子どもを誉めることにより，やる気のある子どもを増やしていく学級経営といえる。まわりにいる大多数の子どもたちへの評価を正当にすることで，子どもたちは教師への信頼を深めていく。もちろん，問題のある子どもへの声かけも行う。学級の中にがんばる子どもたちが増えることにより，問題のある子に「一緒に宿題がんばろう」などの声かけが生まれ，子ども同士で問題のある子を動かすのである。問題行動は個人の要因と環境の要因とのかかわりの中で生まれるといわれる（加藤・大久保，2006）。個人の要因に対する指導ではなく，環境の要因に目を向け，まわりの子どもを中心に据え，良い雰囲気を学級の中に作り上げることで，問題のある子どもの環境を良いものにし，「みんなと同じようにがんばろう」と自発的に思えるよう間接的に働きかけるのである。このようにして，教師は，問題のある子どもと真面目に取り組んでいる子どもの両者を評価しながら学級経営を行うことが可能になるのである。学級経営が安定すると，教師自身にもゆとりが生まれ，休み時間や放課後に子どもと遊ぶようになるなど，より良い関係が強化されるようになるのである。

③お互いを認め合える学級にするにはどうすればよいのか

　小学校も高学年になると，ギャングエイジという言葉があるように，グループでかたまったり，男女に分かれて遊ぶようになったりして，より小さな世界をつくるようになり，その中で過ごす傾向が出てくる。それも成長の一つではあるが，グループの中でけんかになると，いじめが発生したり，グループから追い出され一人になったりするという問題が出てくる。お互いを認め合える学級であれば，問題は起こりにくく，雰囲気も良いものになる。どのようにしてお互いを認め合える学級にすればよいのだろう？

●お互いの良さに気づく機会がない，対処法の指導

「男女仲良くしよう」「いろんな人と話し，友だちになろう」と教師は言うが，高学年にもなると具体的な指導や働きかけ，きっかけがなければ，自然と自分たちのグループで過ごす。具体的方策を講じないまま，何か問題が起きると，教師はそこでようやく気づき，話し合う機会を設ける。さらに，別のグループでも同じように問題が起きると，いじめなどについての話し合いが学級で続くようになり，指導は常に後手にまわってしまう。教師が出す「みんな仲良くしよう」というメッセージは一方通行のものとなってしまう。お互いのよさに気づく機会がなければ，問題が起きたときの対処法を考えるだけの指導になってしまうのである。

○お互いの良さに気づく機会を設けた，他者を理解する指導

お互いの良さや良い言動を発表し，交流する機会を設けることで他者を理解できるような指導を行うことができる。ここでは，「きらりさん」と名付けた指導を一例として取り上げる。「きらりさん」とは，終わりの会のときに一日を振り返り，他の子どもに助けてもらったことや，言われて嬉しかったことなどを発表する活動のことである。「今日のきらりさんは○○さんです。なぜなら，一緒に黒板を消すのを手伝ってくれたからです」というような発表が一つの例である。教師は「良かったね。親切な人がこのクラスにはいるんだね。そして，それを発表して伝える人もいるんだね。すばらしいです」などの言葉がけを行い，そっと支援するようにする。また，男子が女子の良いところ（もちろん逆でもよい）を発表すると，見逃さず誉めるようにし，男女間の交流も大切にする。「きらりさん」を見つけるためには，いろいろな人と話したりかかわったりしなければならない。終わりの会などを活用し，毎日の習慣として行うことにより，発表された子ども，発表した子どももお互いに良いイメージを持ち，自分から話しかけたりかかわったりする動機づけとなる。その他にも，道徳の時間などを活用し，「友だちの良いところを伝えよう」と題して，一人一人の良いところを書き，クラス全員からのプレゼントとして手紙にして渡すなど，良さを見つけ，それを伝える活動もある。このようにして，お互いの良さに気づく機会を設けるとともに，教師が一声かけるなど，そっと支援することで，他者を理解する力，他者に働きかける力を引き出すことができるのであ

る。このような活動を継続して取り組むことにより、「このクラスが好きだ。このクラスで良かった」など、子どもが毎日楽しく登校できるような学級風土をつくることができるのである。

3 今の子どもを指導することは難しいことではない

　学習指導・生活指導について、2通りの指導の実践例を提示したが、これらはほんの一例である。子どもたちは、学校生活が楽しく安心できる場であると認知すると、のびのびと過ごすようになる。望ましい結果を生み出すのに必要な行動をうまく実行できるという確信を、自己効力感（Bandura, 1977）というが、子どもの自己効力感を高めるような指導を平素から行うことにより、素直さや純粋さといった子どものよさが出てくるのである。素直さや純粋さを土台として、積極性や主体性が引き出される。学習意欲を高めるような言葉がけをしたり、発問や指示を工夫したりすることで「間違ってもいいから手を挙げよう」「もっとたくさんのことを知りたい」と子どもたちは感じるようになるのである。また、けんかしたことから考える指導により「先生は私たちの気持ちを受け止めてくれる」と子どもが感じるようになり、教師との間に信頼関係が生まれたり、「友だちの気持ちをもっと大切にしよう」という相手の気持ちを考える心が育ったりするのである。お互いを認め合えるような機会を設けることで「○○さんに言われた言葉がとても嬉しかった」と相手に感謝したり、それを返そうと働きかける力を引き出したりするができるのである。これらの指導を行うことにより、子どもたちが持つさまざまな力を引き出すことができ、それとともに子どもたち自身が「学校に行くのが楽しい」と実感できるようになるのである。

　このことから、学習指導・生活指導を通して、子どもたちが持つ力や自分らしさを発揮できるような環境をつくることが教師の役目であるといえる。そして、これらの指導や取り組みを継続して行うことが最も重要なことである。つまり、日々の積み重ねが、安心し、のびのびできる環境を作り、子どもの力を引き出すポイントであると言える。私自身、教師生活を通して一番重要であると感じたのは「継続性」である。その場だけの指導、一貫してしない指導では

子どもは育たず，良い学級風土は築けないのである。

　今も昔も変わらず，子どもたちは素直さや純粋さなどを中心としたたくさんの力を持っている。したがって，今の子どもを指導することは難しくないのである。力を引き出す指導は，発問や指示，教師自身の見方や考え方を少し変えるだけで誰もができる指導なのである。そして，それらの指導を行うことで，教師自身の気持ちにゆとりが生まれ，やりがいが出てくるのである。

◆引用文献
───────────────────────────

安藤史高・布施光代・小平英志（2008）．授業に対する動機づけが児童の積極的授業参加行動に及ぼす影響　教育心理学研究，**56**，160-170．

Bandura, A. (1977). Self-efficacy: Toward a unifying theory of behavioral change. *Psychological Review*, **84** (2), 191-215.

加藤弘通・大久保智生（2006）．＜問題行動＞をする生徒および学校生活に対する生徒の評価と学級の荒れとの関係　教育心理学研究，**54**，34-44．

7

問題児と向き合うことが生徒指導なのか
—荒れる学校とどう向き合うか—

加藤弘通

1 指導力がある教師とは

　とある地方都市の中学校。3年生の男子生徒十数名を中心に，ひどく荒れている。校内での喫煙，授業放棄が常態化し，服装の乱れも度を超している。校舎内を自転車で走り回る者もいれば，火をつけたホウキを振り回して走る者，教室の壁やロッカーを破壊する者もいる。そして，教師が注意しようものなら悪びれることさえなく，逆に反抗してくる。学校はさながら無法地帯と化している。そこへ元暴走族の総長という異色の経歴をもつ男が，外部支援員として乗り込んでくる。その男は，他の教師とは異なり，荒れている生徒たちと同じ目線に立ち，正面から真剣勝負でかかわる。一方的に説教をたれたりもしないし，一緒になって遊ぶ。生徒のほうも彼に対して「教師の言うことは聞かないけど，〇〇さん（支援員）のいうことは聞く」，あるいは「（彼が言うことには）説得力がある」と評する。そうするうちに問題児たちも彼には次第に心を開き，信頼関係を築いていく……。そして卒業の日。最後の合唱が響く中，さんざん悪さをしていた生徒たちこそが真っ先に涙を流し，彼らが式場を後にするところで番組は終わる。

　これは筆者が「学校や学級の荒れ」についての授業をするときに，学生に見せるドキュメント番組の概要である。これを見た教員志望の学生は，この支援員のやり方に感動して，彼のように「同じ目線で生徒と向き合うことが大切だ」とか「正面から向き合うことでわかり合える」，「荒れる生徒たちの心をしっか

り理解できる教師になりたい」などという感想を口々に述べる。つまり，彼らは「正面から向き合い本音でぶつかれば，こうした荒れる生徒たちの気持ちが理解でき，それによって信頼関係を築け，最終的には荒れを解決できる」と思っているようなのである。ちなみに筆者が教えている学生の中に，元暴走族の総長はいない。にもかかわらず，問題児と正面から向き合い，自分の方から心を開けば，相手も心を開き，学校も落ち着くと考えているようなのである。

　しかし，このような「問題生徒の心の理解」に重点を置いた指導観には少なくとも2つの点で問題がある。1つは，原因と結果が転倒した解釈が生じる可能性があるということである。どういうことかというと，私たちはふつう「子どもの心を理解した指導」だったから効果的であるというよりも，実際は効果的な指導だったから，逆にその指導は「子どもの心を理解した指導だった」とみなすことが多い。つまり，本当に子どもの心を理解できているかどうかは，実際のところはわからない。しかし，多くの場合，私たちは指導がなされ，生徒がそれに素直に，あるいは嫌がらずに従えば，事後的に「その指導（をした教師）は，子どもの心を理解していた」と評価するのである。言い換えるなら，「心が理解できているから指導が有効だ」というよりも，私たちは「指導が有効だったから，心が理解できていたと考えている」といえるのである。こうした解釈の転倒が自覚されていないと，教育現場では次のような問題が生じる可能性がある。すなわち，指導がうまくいかないとき，その指導の内容や方法よりも，「子どもの心を理解できていないからだ」と教師の姿勢や態度，人間性が問題視されるということである。これは広田（2010）が指摘しているように，さまざまな要因が複雑に絡んだ結果，生じている問題を，教師－生徒関係の問題に矮小化し，その原因を教師個人の資質にのみ帰する危険性がある。また，そうなると，どんなに教師の側で，生徒の心を理解しようと努めていたとしても，結局，効果が上がらなければ，それはできていないとみなされ，教師自身が消耗する結果を生む可能性もある。

　実際，荒れている学校の教師たちは，問題を起こす生徒たちのことを実によく理解している，あるいは，理解しようとしている場合が多い。たとえば，学力，家庭背景，生育歴，仲間関係，生活リズムなど，問題を起こす生徒が置かれた状況をよく理解したうえで，「本当はあの子が一番しんどいと思うんです

よ」ともらす教師も多いのである。しかし，それでも指導の効果が上がらないときには，「子どもの理解がまだ足りない」と周囲の者ばかりか，教師自身が自分を責めることにさえしばしば出会う。そして，ここで問題視されているのが，「人間性」といった曖昧かつその個人にとってはきわめて本質的なものであるため，その修正には困難が伴うと同時に，それを問題視されることで受けるダメージも非常に大きい。したがって，「問題生徒の心の理解」に重点を置いた指導は，うまくいけば，「指導力がある教師」というアイデンティティの形成につながる一方で，失敗すれば教師を消耗させ，結果的に問題に対応するどころか，彼らを苦しめてしまうリスクを持っているということである。

　もう1つの問題点は，問題行動をしない一般生徒への視点の欠如である。当たり前の話であるが，問題生徒たちがやりたい放題に問題を起こしている間，授業や行事を妨害されても，一般生徒は問題行動も起こさず，表向きには通常の学校生活を粛々と続けているのである。ある意味で一般生徒こそ，一番の被害者といえるだろう。にもかかわらず，問題行動に対する現場での実践および研究においては，問題生徒たちの心の理解の重要性や彼らとのかかわりの見直しを説くような話はよく聞くが，一般生徒の心の理解の重要性を説いたり，彼らとのかかわりの見直しを迫るような話はあまり聞かない。先のテレビ番組の例でいえば，確かに問題生徒たちと元暴走族総長の支援員との間には良好な人間関係が形成されていたようにみえる。しかし，一般生徒たちはその関係をどのようにみていたのだろうか。また卒業式の合唱で，問題生徒たちは涙を流したが，その周りで涙を流さなかった生徒たちは，その涙をどのようにみていたのだろうか。このような一般生徒の心に焦点があてられることは少なかった。つまり，従来の問題行動に対する社会のまなざしは，学級や学校の大部分を構成するこうした一般生徒への視点を欠いていたといえるだろう。

　そこで本章では，問題行動を起こさない一般生徒に注目し，「問題生徒の心の理解」とは異なった視点から学校や学級の荒れという現象をみていきたい。それによって，問題行動に効果的な指導のあり方を，教師の「人間性」だけに頼るのではなく，これまでとは異なる視点から捉え直していきたい。

2 「荒れる学校」の問題行動をしない生徒がもつ問題

いわゆる問題児といわれる生徒が多数いる学校でも，全体としては崩れない学校もあれば，反対にそうした生徒が少数であっても，全体として崩れてしまう学校もある（深谷，2000）。それでは荒れている学校（以下，困難校）と落ち着いている学校（以下，通常校）では，どこに違いがあるのだろうか。

実は，困難校と通常校で生徒の意識を比較すると，問題行動を起こす生徒ではなく，問題行動を起こさない生徒に違いがあることがわかっている（加藤，2007）。図7-1は，生徒タイプを問題生徒と一般生徒に分け，学校生活への感情と不良少年（問題行動を起こす生徒）への評価を尋ねたものである（加藤・大久保，2005）。少し補足しておくと，生徒タイプの分類は，過去1年以内の問題行動の経験を尋ね，「全くない」，「1つだけある」とした者を一般生徒，それ以上の経験がある者を問題生徒とした。また学校生活への感情については，学校ぎらい感情（古市，1991）を尋ねており，得点が高いほど，学校生活を否定的に捉えていることを表している。不良少年の評価については，「彼らがやって

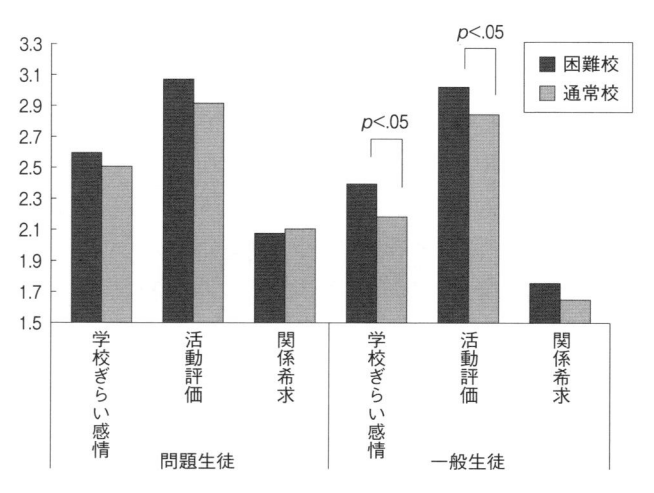

図7-1 困難校と一般校による生徒の意識の比較
（p<.05は5％水準で統計的に有意な差があることを示している）

いることへの評価」である活動評価と「彼らと関係を求める程度」を示す関係希求という視点から尋ねた。これも得点が高いほど，彼らの活動を肯定的に評価し，関係をより求めていることを表している。

その結果，明らかになったことは，全体として困難校には，問題生徒がやっていることを肯定的に評価し，学校生活を否定的に評価するような雰囲気があること，そして，その違いは問題生徒ではなく，一般生徒にみられるということであった。つまり，通常校に比べ，困難校のほうが，より学校生活を否定的に捉え，問題生徒がやっていることを肯定的に捉えるような雰囲気があるのだが，それは一般生徒によって担われているということである。具体的には，困難校の一般生徒には「自分たちは問題行動をしないし，問題生徒と仲良くなろうとも思っていないが，学校生活はつまらなく，問題生徒がやっていることは面白いと思う」というような雰囲気があり，こうした意識が，問題が特定の生徒に止まらず，学校全体へと波及していくことを支えていると考えられるのである。加藤・大久保（2005）は，このような困難校の生徒が持つ雰囲気のことを「反学校的な生徒文化」と呼び，学校や学級といった集団が荒れることには，問題生徒の問題だけでなく，むしろ一般生徒が持つ問題が関係している可能性を指摘している。つまり，困難校では，問題生徒たちが行う行動は，一般生徒によって支持される行動であり，生徒文化という視点からみると，周囲の期待に応える適応的な行動になってしまっていると考えられるのである。

このように学校の荒れを捉え，その解決を目指すなら，冒頭の事例でみたような「問題生徒の心」を理解するだけではなく，むしろそれ以上に周囲の「一般生徒の心」を理解する必要があるのではないだろうか。それでは，困難校の一般生徒になぜこのような反学校的な生徒文化が形成されるのだろうか。以下では，生徒指導という視点からそのことについて検討していく。

3　学校の荒れと生徒指導のダブルスタンダード化

生徒が問題行動を起こせば，教師はそれに対応せざるを得ない。ましてや，学校や学級といった単位で問題が起きれば，何とか問題を収めようと，あるいはそれ以上，問題が広がらないように，特別な指導がとられることになる。し

かし，こうした指導のあり方は，問題生徒と一般生徒で基準が異なる，指導のダブルスタンダード化を引き起こす（加藤・大久保，2004）。具体的には，以下に示すような指導である。

【ほめる指導】文化祭や体育祭のような学校行事を思い浮かべて下さい。みなさんは1ヶ月前から放課後のこって準備をしていましたが，Pはさぼって来ませんでした。ところが，行事の当日，Pは，はりきって行事に取り組みました。すると，それを先生がみてPだけをほめました。

【しかる指導】そうじをしている場面を思い浮かべて下さい。みんなでそうじ中に遊んでいたら，先生がやってきて叱られたけど，一緒に遊んでいたPだけはしかられませんでした。

どちらの指導もPと周囲の生徒で同じような行動をとっていても，Pだけがほめられたり，周囲の生徒だけがしかられたりするという意味で，Pと周囲の生徒で指導の基準が異なっている。すなわち，ダブルスタンダード化しているといえる。吉田（1997）や志水（2002）が報告しているように，困難校においてはしばしば，問題生徒に対しては甘く，一般生徒に対しては厳しい指導がとられるようである。このことが一般生徒の教師への不信感を引き起こしているのではないか。そこで上記に示したような指導の頻度を困難校と通常校で調べ比較してみた。その結果，図7-2に示したとおり，明らかに困難校のほうがダブルスタンダード化した指導の頻度が高いことがわかった。つまり，学校が荒れると，教師の指導がダブルスタンダード化すると考えられる。

さらに加藤・大久保（2004）はこうした指導を受けた際に，Pと教師どちらにより不満感を向けるかを比較するために，次のような手順で比較を行っている。まずこうした指導が行われたとき，Pと教師それぞれについてどれくらいずるいと思うかを評価してもらい教師への不満感と生徒Pへの不満感得点を求めた。その後，教師への不満感得点からPへの不満感得点を引き，その差（つまり，「（教師への不満感）—（Pへの不満感）」得点）を算出した。その差の値がプラスであれば，教師へより不満を向けているということであり，マイ

3 学校の荒れと生徒指導のダブルスタンダード化   89

ナスであれば，Pにより不満を向けていることになる。そして，この差について通常校と困難校で生徒タイプごとに比較した（図7-3）。その結果，わかったことは，この場合も，反学校的な生徒文化と同様に，問題生徒には違いはみられないが，一般生徒において違いがみられるということである。具体的には，通常校に比べ，困難校の一般生徒のほうが，こうした指導を受けた際に，より教師に対して不満を向けるということである。特に文化祭でほめる場面については，通常校の一般生徒が生徒であるPのほうがよりずるいと考えているのに

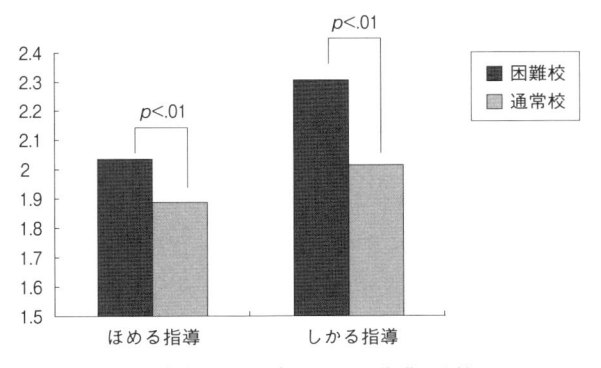

図7-2　ダブルスタンダード化した指導の比較
（$p<.01$ は1%水準で統計的に有意差があることを示している）

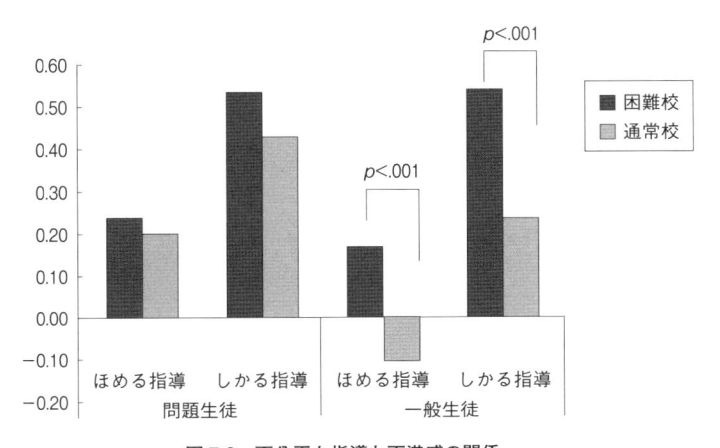

図7-3　不公平な指導と不満感の関係
（$p<.001$ は0.1%水準で統計的に有意差があることを示している）

対し，困難校の生徒は教師のほうがよりずるいと考えているというように対照的である。

　以上のことをまとめると，学校の荒れが悪化するとき，そこにはこの問題をめぐって，次のような悪循環が働いていることが推測される。すなわち，学校が荒れると，問題生徒に何とか対処しようとするあまり，生徒指導がダブルスタンダード化する。しかし，ダブルスタンダード化することで，一般生徒の教師への不満感が高まり，彼らに反学校的な生徒文化が形成される。こうした一般生徒が持つ反学校的な生徒文化が，問題生徒たちの問題行動を支え，荒れをさらに助長する……，あとはこの繰り返しである。
　このように考えるなら，学校の荒れを解決するためには，「問題行動をする生徒にどうかかわるか？」ということから，「問題行動をしない一般生徒にどうかかわるか？」，あるいは指導が「問題生徒に対して持つ意味」から「（問題生徒への指導が）一般生徒に対して持つ意味」というような視点の変更が必要であると思われる。こうした点を踏まえ，次節では，具体的に荒れを解決した学校の取り組みをみていく。

4　直接的な指導から間接的な指導へ

　加藤・大久保（2009）は，荒れが問題化したA中学校への縦断的な調査から，それが収束へと至る過程において，生徒指導のあり方が，直接的な効果を狙ったものから間接的な効果を考慮したものへと変化することを指摘している。どういうことかというと，荒れが問題化している時点では，問題行動を起こす生徒に対して，「どんな指導をしたら問題を起こさないか？」ということを考えていた。それに対し，以下の校長の発言にみられるように，荒れが収束へと向かう際には，「問題行動を起こす生徒に対する自分たちの指導が，他の生徒にとってどのような意味を持っているのか？」ということが考えられるようになっていた。

　　校長：（以前は）教師が（問題行動をする）子どもに負けちゃうっていうか，

ぶつからないようにするっていうか，そういう印象が非常に強かった。で，さらに悪く言えば，人気取りしちゃうっていうか，迎合しちゃうっていうか，特に問題がある子に対して。で，私は子どもへの対応が正反対だと思った。こういう対応を中心でやっている限り，良い意味での指導や叱るっていうような雰囲気が生まれない。とにかく「悪い」と言われる子や（授業を）かきまわす子を呼んではなだめるという形の指導を毎日やっていましたね。……（問題を起こす子たちが）駄々をこねると，教師は駄々こねをずっと相手している。そうすると普通の子たちも，『先生は授業をきちんとやってくれないし，ああいう子たちには怒らないし』という状況になってくるわけです。根底からそれを変えていかなきゃいけない。

　そこでA中学校では，問題生徒と教師がきちんと「ぶつかる」姿を他の生徒に見せるような指導の形がとられるようになった。その成果を，校長は次のように語る。

　　校長：はじめて（教師と生徒が）ぶつかれるような状況になってきて，もちろんそれはもう，元には戻らないけど，その子たち（＝問題生徒）はそんな様子（＝問題を起こす状態）だったけど，ただ，そういう雰囲気が見えてきたら，普通の子たちや親たちが，段々と学校に対して支持してくれるっていうか，本音を言い出した。

　この語りから，「ぶつかる」姿を見せる指導は，問題生徒の問題行動を止めるという直接的な意味では効果を上げていないが，一般生徒や保護者の支持を取り付けたという意味では間接的な効果を上げていること，また校長がそれを指導の成果だと考えているということがわかる。このような指導の間接的な効果を活かした取り組みは，一般生徒に対するものだけでない。たとえば，以下に示すようにA中学校の場合，学校の状況についての情報を積極的に外部に公開することで，PTAの協力を取り付け，それによって教師集団のやる気を引き出している。

7 問題児と向き合うことが生徒指導なのか

教頭：あとPTAの方たちに正直に言って学校の現状を理解してもらいましょうと。これははっきり言って隠しても仕方ないことなので、授業はこうですよ、学校のものはこれだけ壊されてますよ。で、(生徒が)先生方にもこれだけ罵声を発して、……言葉の暴力は、子どもたちのほうが教員に対する暴力がかなりある。そういう実態をPTAの役員会等でお話しして、PTAの役員、会長さん始め、すごくそれを理解してくれまして、挨拶運動を仕事前に、必ず休みの時はやってくれたりとか。……校長さんと私が一緒にそれをやろうと、やっぱりそうすると他の先生も見てますから、それでやっぱり（学校が良い方向に）変わってきているというのが分かって、(他の先生も前より)子どもと接するようになった。

ここで起きていることも、PTAの会長が挨拶運動に参加することで、挨拶をされた子どもに直接何か影響があるというのではなく、それを見ている他の教師に影響を与えているということである。学校が荒れると、生徒だけでなく、教師にも影響し、教師間のやる気にも差が出ることがしばしばある。実際にA中学校においてもそうであった。そのような状況の中で、PTAの会長や管理職が毎朝、校門に立って子どもに挨拶をする姿は、他の教員たちに「自分たちも何かやらなければ」という形で間接的に作用し、子どもとのかかわりを増やす方向に影響したと考えられる。

まとめると、荒れの収束過程における指導に共通しているのは、自分とある者との関係を第三者に可視化することで、さらにその第三者と自分との関係を作っていくということである。たとえば、教師が問題生徒とぶつかり、きちんと指導する姿を一般生徒に見せることで（図7-4の(a)）、一般生徒と教師との

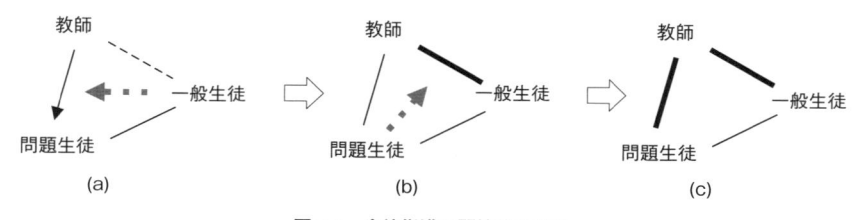

図7-4 生徒指導の間接的な効果

関係が強化される。また一般生徒と教師との関係が深まることは，教師と問題生徒の関係にも影響を与えると考えられる（図7-4の（b））。なぜなら，以下の教頭の発言にみられるように一般生徒からも軽視されている教師は問題生徒からも軽視されるだろうが，一般生徒から一目置かれている教師は，問題生徒からも一目置かれるからである（図7-4の（c））。

> 教頭：（一般生徒を含め）子どもたちに毅然と臨むと，見えない迫力っていうのは，子どもたちには分かるんですよね。だから，先ほど話したけど，うちの30代（の教員）で3年生の担任が，今まではもう，ほんとにね，（問題生徒から）バカにされるようなあだ名で呼ばれて，「おまえ，こっち来いよ！」とか言われていた先生が，最後には全然（言われなくなった）。指導している時に分かるんですよ，子どもたちも。それを感じるんですよね。気迫っていうのを。それで，そういう子どもが出てこなくなる。

こうして教師と問題生徒の関係が深まることで，さらに一般生徒と教師の関係が深まり……，あとはこの繰り返しである。学校の荒れが収束する過程では，このような指導の間接的な効果による良循環が形成されると考えられる。

5 再び指導力がある教師とは

このように考えると，効果的な指導とは，単に「生徒と正面から向き合う」だけではないことがわかる。むしろ，学校の荒れや学級崩壊のような集団的な問題の場合，「ある生徒と正面から向き合う指導が，他の生徒にとってどのような意味を持つのか？」ということを考える必要がある。つまり，学校現場において指導の意味や効果は，指導をする教師とその対象となる生徒という二者の関係だけでは決まらないということである。たとえば，教師からの指導が，自分にとってはどんなに良い指導であったとしても，その教師が他の生徒から否定的にみられているなら，その指導の意味は変わってくるだろう。つまり，その教師の指導に従うことは，「あんなヤツ（教師）の言うことを聞いてるよ」という形で，他の生徒から否定的な評価を下される可能性が高い。したがって，

従わないでおこうという具合にである。また逆のパターンも考えられる。たとえば，自分自身としてはそんなに響かない指導であっても，その指導をした教師が，他の生徒たちからは一目置かれている教師であれば，それに従うこともやぶさかではないというようなことである。これは冒頭の元暴走族総長支援員と問題生徒との関係にもあてはまるだろう。すなわち，学校を荒らす問題生徒たちにとって，教師からの指導に従うことは，他の生徒たちから否定的に捉えられる（たとえば，「教師にびびっている弱いヤツだ」というように捉えられる）可能性が高い。しかし，それが「元暴走族の総長」からの指導とあれば，それに従ったとしても，「まぁあの人の言うことだからしょうがないな」という形で，他の生徒たちからも納得してもらえる，つまり，面子が保たれるということである。

　このように考えるなら，私たちは生徒指導を捉える枠組みを「指導する者／される者」という二者関係から，「指導する者／される者／それを見る者」という三者関係に拡張する必要があるだろう。そして，さらに重要なのは，そこでは「指導力のある教師」のイメージが変わることである。すなわち，三者関係の枠組みからみた場合，単に問題行動を起こす生徒の心が理解できたり，問題生徒とうまくかかわることができたりする教師だけが，「指導力のある教師」ではないということである。「指導力のある教師」とは，自らの指導の意味を直接の指導対象でない生徒との関係の中でも考えられる教師，そして，荒れている状況の中であっても，一般生徒から信頼され，一目置かれる教師ということになる。

　それでは一般生徒から信頼され，一目置かれる教師とはどのような教師だろうか。それはたとえば，本章の冒頭で紹介した元暴走族総長の支援員のような人もそうかもしれない。しかし，当たり前であるが，すべての教師にこのような特異な経歴を求めることはできない。それよりも実際の荒れている学校をみてみると，その中で一目置かれる教師とは，やはりその困難な状況の中でも，わかる面白い授業を意識し，展開する先生，問題を起こさなくても，普段から生徒の話をじっくり聴いてくれたりする先生である場合が多いように思われる。このように考えるなら，私たちは，学校が荒れたときこそ，「問題生徒にどうかかわるか？」ばかりを考えるのではなく，改めて「わかる授業，あるいは

面白い授業とは何か？」を考えたり，問題行動を起こさない生徒の声に耳を傾ける努力をする必要があるのかもしれない。

◆引用文献

深谷昌志　(2000)．徹底解剖「学級の荒れ」　学文社
古市裕一　(1991)．小・中学生の学校ぎらい感情とその規定要因　カウンセリング研究，**24**，23-27.
広田照幸　(2010)．「原因の説明」「評価の仕方」は大丈夫？　広田照幸・伊藤茂樹　2　教育問題はなぜまちがって語られるのか？　日本図書センター　pp.143-168.
加藤弘通　(2007)．問題行動と学校の荒れ　ナカニシヤ出版
加藤弘通・大久保智生　(2004)．反学校的な生徒文化の形成に及ぼす教師の影響：学校の荒れと生徒文化の関係についての実証研究 平成14年度研究助成報告書（若手研究助成）（財団法人社会安全研究財団），35-48.
加藤弘通・大久保智生　(2005)．学校の荒れと生徒文化の関係についての研究：〈落ち着いている学校〉と〈荒れている学校〉では生徒文化にどのような違いがあるか　犯罪心理学研究，**43**（1），1-16.
加藤弘通・大久保智生　(2009)．学校の荒れの収束過程と生徒指導の変化：二者関係から三者関係に基づく指導へ　教育心理学研究，**57**（4），466-477.
志水宏吉　(2002)．学校文化の比較社会学：日本とイギリスの中等教育　東京大学出版会
吉田順　(1997)．校内暴力から何を学ぶか　永野恒雄・柿沼昌芳（編著）　校内暴力：戦後教育の検証2　批評社　pp.150-174.

8

いじめられる側にも問題があるのか
―いじめ現象の理解といじめ対策実践の再考―

戸田有一

　「いじめ」という現象とともに、そこに、「いじめをめぐる言説」という現象がある。本章では、「いじめられる側にも問題がある」とする被害者責任論をめぐる言説、いじめの実態を把握するための被害等の報告数、いじめ対策が効果的であったかどうかを考える際の問題について考えたうえで、具体的ないくつかのいじめ対策実践を紹介しながら、学校でいじめ対策をするうえで考えなくてはならない実践の機微を示していく。

1　いじめられる側にも問題があるのか

　かつてのいじめ体験をふりかえって、「いじめは、いじめられる側にも問題がある」「いじめられたことで、自分は学んだこともある」など、加害側も被害側も、いじめを正当化・意味づけすることがある。いじめに限らず、被害者の落ち度をあげつらって加害者への責めを低減しようとする言説がある。

　弱点や欠点がまったくない人以外、「あなたにも悪い点がある」という指摘に反論することはできない。「どのような子がいじめられやすいのか」というような観点での研究やアドバイスは、予防のためには無意味ではないが、事後に言うと被害側に追い打ちをかけることがある。また、被害回避だけに焦点化しても、ターゲットが変わるだけであり、本質的な解決にはならない。ある個人特性といじめ被害の連関を実証したとする論文を読む際には、その個人特性が、いじめの原因なのか結果なのかを考える必要がある。調査が一時点の場合は特に、因果方向の断定は難しい。むしろ、場合によっては、被害者責任論を助長することにもなりかねないため、いじめ被害と個人特性の関連研究には注

意が必要である。よりすべきことは，加害側の思考・行動の習慣への着目と，加害が容易な環境を変えていくことだろう。

　Gibbs（2003）は，攻撃的な行動の要因として，大きく，発達の遅れ（Delay）・認知の歪み（Distortion）・社会的スキルの欠如（Deficiency）の3つがあると指摘し，頭文字をとって3Dと称している。Gibbsは，このうち対人関係における認知の歪みに着目し，一次の歪みは「自己中心性」で，二次的歪みには①他者への非難，②最悪を想定，③最小化／誤ラベルの3種類があるとする。その診断手法としてHow I Think Questionnaire（HIT）を開発し，EQUIPという対処プログラムも提案している。この認知の歪みに関するGibbsのアイディアは，A. Banduraの考えを踏まえてのものであるが，Banduraのモデルの方が精緻で説得力がある。

　Banduraは，モデリングや自己効力感の研究で知られているが，1980年代から最近まで自己調整過程の選択的非活性化（SMD：Selective Moral Disengagement）に関する研究を行っている。SMDは，いわば，一度学習あるいは発達させた道徳的な考え方や行動を解除する思考様式で，行動側面（the behavior locus）では，道徳的正当化（行動の良い目的の，手段としての行動の悪さに比べての過大評価），都合良い比較（他者の行動の悪さの自己の行動の悪さに比べての過大評価），婉曲なラベル（実際の悪さに比べての，印象上の悪さの過小化）の3つ。発動側面（the agency locus）では，責任の転嫁と責任の拡散（分業と共同意志決定と共同行為がある）の2つ。結果側面（the outcome locus）では，結果の無視や矮小化。受容側面（the locus of the recipients or objects）では，没人間化と非難の帰属の2つである（Osofsky et al., 2005）。

　このような心理過程はいじめの場面においてもみられる（井上ら，1987；大西ら，2009）。最近では，攻撃性行為障害と診断された群は，他者が強い痛みを感じたと思われる場面を見た際の脳血流反応が統制群と異なるという研究結果も示されており（Decety et al., 2009），いじめの加害側に同様の反応があるのであれば，それが短時間の説諭などで変わるものとは思えない。Sutton et al.（1999）が，いじめ加害の「中心者」は他者の心を理解する能力が低くないことを示して以来，いじめる側への社会的スキル教育のあり方についてはさまざまな議論がされている。たとえば，「他者の気持ちの理解」が高度にできてい

るがゆえに巧妙な痛めつけ方やおとなからの隠匿ができているのであれば、いじめる側の子に、他者の気持ちの理解を説諭やロールプレイなどで促すことで効果が期待できるだろうか。そのような子を、短期間で変えることも、その場から一時的にでも離すこと（少なくとも1990年代後半の英国では、ひどいいじめをした場合、放校処分になっていたが、日本ではいじめ側への出席停止措置もあまり行われてはいない）もできないのであれば、冷徹に心を読める子が活躍できない、民主的なクラス運営や学校運営をしていくことが望まれる。それらのすべてができない教師たちが、いじめに加担さえした事件が、中野富士見中いじめ自殺事件（詳しくは、朝日新聞社会部、1986）であったのではないだろうか。

2 いじめの報告数が減ればいいのか

「いじめの被害側人数が減ったので、いじめは沈静化したようだ」

いじめに関するさまざまな調査において、被害報告や加害告白数が減った結果をみて、安心してしまっていないだろうか。1980年代半ばのいじめ自殺事件へのメディア・フォーカスといじめ連鎖の際にいじめ研究もたくさん行われたが、その後、文部科学省の調査においていじめ件数は減少傾向をみせ、いじめ研究の発表数も減少した（戸田、2010a）。しかし、その減少傾向に疑問を持ったある記者は、いじめは陰湿化して隠れたのではないかと取材を続けていた。そして、1994年に、新たないじめ自殺事件に社会的関心が集中した（毎日新聞社会部、1995）。いじめ被害の報告数は実数と同一ではない。そのことを、研究者も実践者もわかっていたはずである。さらにいえば、いじめ被害側人数が減ったとしても、加害側人数が減っていない場合には、誰かがターゲットとして固定化され大勢にやられているのかもしれない。単なる合計数や平均だけをみて一喜一憂することの危険性が、そこにある。

おとなによる子どもの様子の観察が重要なのであるが、調査データをもっと活用する方法は無いのだろうか。戸田ら（2008）が提案しているのは、B／V比率（BはBullyの数、VはVictimの数）という、被害側一人あたりの加害側人数という集団化指標である。もちろん、アンケートによる調査は、それが匿

名での回答であっても，また，いじめ加害側や被害側を指名する方法を使っても，全員が正直に答えると思ってはいけない。そのうえ，一定期間の経験の振り返りで調べる際の記憶の不正確さの問題もはらみ，かつ，クラスの単位を超えてのいじめ事象や，その短い期間に被害側が加害側になっている事例もあると思われるので，このＢ／Ｖ比率という指標も，あくまで参考になるにすぎない。

しかし，一方では個人に焦点化しつつも，一方では集団に焦点化していじめ問題をみていく必要があるということを，この指標は提起している。せっかくのいじめ調査を「いくつかのクラスに程度の差こそあれいじめがある」というような結論で終わらせず，どのクラスが緊急な手立てを必要としているのかを早期に判断するために，このような集計手法が効果的と思われる。

この指標は，いじめの集団化をみるためのものであるが，それだけでいいのだろうか。この先の過程について参考になる精神科医の論考がある。

中井（1997）は，自身がいじめられた経験をもとに，いじめ被害の過程を生々しく，かつ，分析的に描出している。それをまとめると下記のようになる。

孤立化：誰かがマークされたことを周知させる標的化に続き，いじめられる側がいかにいじめられることに値するかのPR作戦がなされる。似た子どもたちの「些細な差異への敏感さの裏には差別を求める意識が働いている」。

無力化：この段階で暴力を集中的にふるうことと，「告げ口」への制裁，内心の反抗への制裁などにより，被害者を「進んで，自発的に隷従」させ，加害者は快い権力を感じる。無力化が完成すれば，後は，暴力を使うというおどしで屈服させることができる。

透明化：この段階では，被害者は，次第に自分の誇りを自分で掘り崩してゆく。そして，ときには傍観者の共謀もあり，そこにあるいじめが「見えない」。加害の予見不可能性の演出や，時に加害側に立たせることによっての純粋被害者という立場の剥奪，搾取した金品の浪費や廃棄などにより，被害者はさらに自己卑下に陥り，加害者との関係から逃げられなくなる。このような心理操作により，被害者を囲む壁は透明であるが，しかし，「眼に見える鉄条網よりも強固」である。

この描出が妥当なものであるならば，被害者の孤立化，すなわちいじめる側

の集団化の次には，被害者の無力化が懸念される。このことについては，かろうじて質問紙調査で迫ることができよう。しかしながら，その先の透明化については質問紙調査で迫ることは難しく，丁寧で十分な配慮のある面接調査や観察が必要になる。

3　いじめ対策実践と効果測定の再考

「ピア・サポート実践のいじめ抑止の効果を立証した結果は日本にないのか」と，ピア・サポート実践の世界的な唱道者である教授に，何度も尋ねられた。それに応じようと研究を続け，ピア・サポート実践の評価研究におけるいくつかの評価モデルの検討も詳細に行ったが，その中で，多くの疑問がわきあがってきた。その中から，重要と思われる4つの点について，以下に論じる。

(1) プログラムの実践者の違い

実践の効果があったとしても，それをプログラムのためと考えてよいのだろうか。実は，そのプログラムを運用した実践者が優れていたのであって，どんなプログラムを導入しても効果はあったのではないだろうか。たとえば，Feldman（1992）は，セントルイス実験という攻撃性緩和実践の評価研究において，実験群を2つ準備している。1つは，経験を重ねた実践者による実験群で，もう1つは経験の浅い大学院生による実験群である。この場合，実践者の経験による違いが有意であった。

今のところ筆者は，実践者とプログラムの関係を，歌手と楽曲の関係と同じではないかと考えている。いろいろな楽曲を歌いこなせる歌手もいるが，その曲をその人が歌うから味がある，ということもある。このことを強調しすぎると，実践がすべて職人芸に還元されてしまうのだが，実践には師匠と弟子のような関係の中で伝承される要素もある。

(2) コストとリスクの勘案

実際に効果測定を行って効果があったと示唆されたとしても，それで良しとしていいのだろうか。薬と同様に，実践による副作用というリスクを勘案した

だろうか。相手の心理を理解するための教育は，効果的ないじめ方を教える機会にもなり得る。また，教師や子どもたちの負担というコストを検討しただろうか。すべての現場に最低限必要なプログラムであれば，実証的な効果検討研究ののちに，多くの現場に一斉に導入するということも考えられるが，現場ごとの個別の事情やニーズに即すべきプログラムを多くの現場に一斉に導入することが，一部の現場には大きな負担になっている場合もあるうえに，すでに行われているプログラムの継続を阻害する場合もある。

　一方，実践の効果測定研究において，効果がなかったと解釈する研究もあるが，効果が出ない場合にはプログラムに問題があるのだろうか。

(3) 積み上げモデルとトレーニングモデル

　実践の効果測定において，実践前と実践後，そしてさらに数ヶ月後に何らかの指標でのフォローアップ調査を行った場合に，実践後に有意な増加がみられるものの，フォローアップ調査では実践前とは有意な差がなく，残念というトーンで書かれている論文もある。もしもその実践が，向上後に長期間持続する性質の獲得を目指していると考えるのであれば，その解釈は正しいかもしれない。しかし，運動系や芸術系のトレーニングがそうであるように，一定期間のトレーニングの直後にみられた技能などの向上も，そのトレーニングを継続しない場合に低下していくのは当然のことである。

　その実践で何を伸ばそうとしているのか，検討する必要がある。

(4) 誰のための実践か

　実践による効果の事前・事後比較において，何らかの尺度に有意な差がみられない場合でも，効果がなかったと結論づけてはいけない場合がある。たとえば，クラス全体で実施したプログラムであっても，全員の自尊感情などを向上させようとした一次予防のためというよりは，特定の数人を別扱いしないままで二次予防的改善を図った場合である。その数人の全体に対する比率が小さい場合，その数人にはねらった効果があったにもかかわらず，平均値の差の検定などをしてしまうと，有意な差は出ない。そのような場合には，グループ比較モデル（戸田・宮前，2009）による研究を行うことも，選択肢の1つである。

4　国内のピア・サポート実践

　筆者が何らかのかたちでかかわったいじめ防止実践としてのピア・サポート実践についてここで紹介していきたい。ピア・サポートは，もともとは海外の実践であったものを参考に日本的なアレンジがされて，子どもが支えあうことをおとなが支援する実践として展開しているが，この実践のあり方の提案や理論的背景については，いくつかの微妙に異なる立場がある。筆者の立場は，それらの立場と大きく異なるわけではないが，ピア・サポート実践の問題点を含めて詳細に論じているので，そちらも参考にしていただきたい（戸田，2005；2007；2009）。

　H. Cowie は，ピア・サポート実践を3つの類型で説明している。[1]
　A．情緒的・社会的サポート：ピア・カウンセリング，仲間づくり，紙上相談ピア・サポート，争い解決（ピア・メディエーション）
　B．教育的サポート：ピア・メンタリング，ピア・チューター
　C．子どもたちの民主的な参加：若い人々のためのチェックポイント，生徒会

　この分類については，ピア・サポートの範囲を拡張しすぎではないかという印象もあるが，子どもの主体性を重視したサポート活動に，はっきりした線引きが難しいという側面もあろう。以下に，いくつかの実践を紹介する。

(1) 幼児の共同画とピア・サポート

　1つめは，幼児の共同画の実践である（谷口ら，2009）。共同して描画する際の描き方のモデル提示やアドバイス（年長児から年少児へという方向に限らないことが興味深い）が含まれており，Cowie の分類では B に該当する。この共同画実践については，主に小学校以上で実践されているピア・サポート実践の幼児版という側面もある。

---

　[1]　未公刊のレポートからの引用であり，その後，カウイ（2010）は，「個別サポート・レベル」「集団サポート・レベル」「全学校的サポート・レベル」という3段階での介入実践の整理図式を提唱している。

104　8　いじめられる側にも問題があるのか

図8-1　a 共同画場面　b 共同画の例

　教科教育の評価において，また，入試において，そのほとんどは個人としてどれだけの能力が発揮できるのかに焦点があたっている。しかし，社会に出ると，共同してどこまで能力を発揮するのかが重視される場合も多いし，そのような学校と社会のズレが，ある意味救いでもある。学校で人間としてのすべてが評価されるわけでは決してない。入試に使えない能力が，生きていくために重要なことも多々ある。これもその1つといえよう。

(2) 匿名でのピア・サポート

　いじめは，いつも一緒に行動していて一見仲良しにも見えるグループの中で深刻化する，誰か他の人にいえない状況の中での関係内攻撃（戸田ら，2008）である。子ども同士の問題をおとなに告げることを，日本では「ちくり」ということがあるし，告げる子を英国では grasser というそうである。そこで，匿名のまま相談できる仕組みが有効になってくる。紙上相談ピア・サポートは，新聞の悩み相談のようなやりとりを学校内で行うものであるが，緊急性があったり重大であったりする相談は先生らが扱い，それ以外の相談について子ども中心に時間をかけて一緒に解決法を考え，問題と解決方針を共有する実践である（戸田，2005）。

(3) 匿名性の問題の理解と対応

　いじめ防止教育において，ネットいじめも視野に入れると，これからさらに重要になると思われるのは，匿名性に関する理解と対応である。匿名で意見表

明をする際には，そうではない場合に比べて攻撃性が亢進する可能性があることを子どもたちが気づく機会を提供する実践がある（戸田，2010b）。そこでは，「きちんと会って話したらこんなにひどいことは言わないのかもしれない」とお互いに思えることの重要さを提示しているように思える。このような実践の共有や検討，より広い学年での実施が望まれる。

(4) メディアとの協働

2006 年から 2007 年にかけてのいじめ自殺連鎖の際には，学校や教育委員会の対応が，各メディアやネット上で厳しく批判された。学校や教育委員会に非がないというわけではないが，責めるだけでは何も変わらない。子どもの幸せを願う思いは同じはずである。

そのメディアを知り，つきあい，時にせめぎあい，時に協働することで，もしもの場合にも互いの思いが裏目に出ないようにすることを，阪根（2007）は提言している。「メディアと教育の不幸な関係を変える」ためにも，NIE（newspaper in education）などを通しての協働の拡充が望まれる。全国ニュースでの教育関係の記事には，学校や教師の不祥事も目立つが，地方新聞や全国紙の地方版，地域のケーブルテレビなどでは，子どもたちの素晴らしい姿や創意あふれる実践が紹介されている。

大阪府寝屋川市の中学校 12 校の代表が集まって中学生サミットとして協力し，ネットいじめについて考える劇をするなどの取り組みは，新聞や報道番組でも度々取り上げられている。兵庫県のある中学校の生徒会は，誰が出し始めたかわからないかたちで，いじめをやめようという気持ちを皆で示すためのサインを案出し，「いじめやめなサイン」と名付け，劇にして発信している。

これらは，Cowie の分類の C に該当するだろう。実践を支えている先生方にうかがうと，その成果の指標の 1 つは，生徒会の役員になりたいという生徒が増えることだという。生徒会活動がかっこいい。メディアや地域のおとなの注目も集める。そこでは，いじめている側やいじめられている側の「誰かを変える」実践ではなく，「みんなが変わる」「風土が変わる」ことが目指されている。教師の説諭がどんなに熱のこもったものであっても，横を向いたり，反抗したりする子もいる（図 8-3a）。その子たちを叱っても，その事態を嘆いても，何も

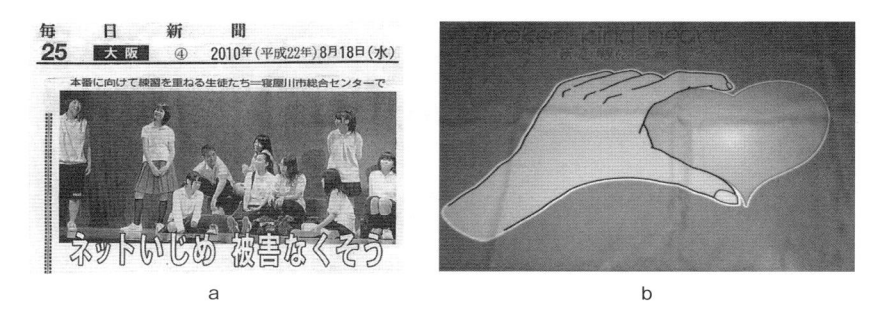

106   8 いじめられる側にも問題があるのか

図 8-2　a 中学生サミット　b いじめやめなサイン
（b の URL　http：//www.youtube.com/watch?v=ZW92_9SYb-0）

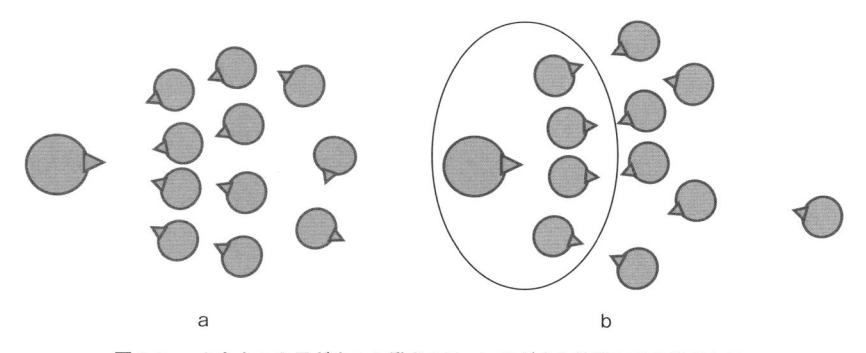

図 8-3　a おとなから子どもへの働きかけ　b 子どもと協働しての働きかけ

変わらない。それが一部であっても子どもたちと協働し，他の子を責めるのではなく，メッセージを発信し，行動していく（図 8-3b）。この協働の輪は，実践者の力量次第でどんどん拡がっていく。そこにメディアも協働することで，効果が倍増する実践である。理不尽なクレームをつける親など，子どもの背景の保護者の問題を嘆く教育言説も昨今多いが，このような実践を積み上げる実践者の中には，保護者や地域も巻き込んで一緒に変わっていこうとする心意気が感じられる。

　このような諸実践を，教員養成課程での講義で紹介すると，ごく少数であるが，「やらせ」や「偽善」を感じてしまうという意見も出される。重要な議論のポイントである。寝屋川市のある実践者は，このことについて，「すべて教師が

お膳立てするのではなく，かといって，すべて生徒の自主性でするのでもありません。子どもたちが決めたことを，後から教師が修正すると，子どもたちはやる気を失くすので，事前におとなが徹底的に話し合って，どの範囲を子どもたちに任せるのかを決めて，いったん任せたら，その部分には絶対に口出ししません」と言う。筆者は，これを「やらせ」とは感じない。また筆者は，偽善と善の区別は非常に困難で，場合によっては，良い行動を最初は偽善で始めてもいいのではないかとさえ思っている。さらには，これらの実践にかかわっている子どもたちは，「善い」ことをしているというよりも，「好きなこと」「かっこいいこと」をしているという印象がある。もちろん，それを実証的に検証する必要があるが，ある実践に関与した新聞記者は「かっこ『良い』ってことですね」と言われた。まさに，かっこいい中に良さもある実践なのかもしれない。「良い」のみのピア・サポート実践は，一部の子には教師の代理としか映らず，拒否されることもある。子どもたちがやりたくて，子どもたちが活躍する実践は，子どもたちのホンネの言動であり，それが多数派になったときには，いじめ抑止の世論にもなる。

5　いじめ対策実践の最前線

　近年の国際的ないじめ研究の動向は戸田（2010a）が紹介しているが，国際的な共同研究が拡がるとともに，近隣諸国間の共同研究も独自性をみせている。そのような研究動向とあいまって，いじめ対策も，各国の研究者相互の情報交換や助言を支えに，国ごとの事情のうえで展開している。

　たとえば，フィンランドでは，2008年に起こった学校での銃乱射自殺事件の犯人が，かつていじめの被害を受けていたことがわかり，KiVaといういじめ対策プログラムが国レベルで推進されている。ネット上のゲームのようないじめ場面でのロールプレイを通じて，対処法を学んでいくなど，工夫がされている。いじめへの対応を「学ぶ」のではなく，楽しい「遊び」の中で身につけていくという試みである。

　オーストリアでも，ウィーン大学の研究者が中心となって，ViSCというプログラムを国レベルで導入しつつある。近年，トルコ共和国や旧ユーゴ諸国か

らの移民の多い音楽の都では，多様な宗教や民族の共生のハーモニーのために，子どもたちの自主性を尊重したピア・サポートの考え方を応用した取り組みが拡がっている。

　それぞれ，国や地域の文化・歴史を踏まえて国レベルで共有できるいじめ対策を行っているが，ネットいじめの場合には，それでは不十分である。インターネットでつながった世界についての共通の問題理解と対策の枠組みが必要となる。

　また，今後はいじめや抑うつや性非行などの問題を個別に扱うのではなく，インターネットという媒介手段の利用問題や，その入り口としての「ケータイ」（電話機能中心の携帯電話ではなく，ネットへの入り口でもあるケータイ）の所持と使用ルールの問題として扱われていくだろう。そういう意味で，地域的な境界や諸問題の固有性を越えて，対策の方もつなげていくという構想が必要になる。

　さて，日本国内でもネットいじめ問題への関心は高く，対策も始まっている。しかし，教育委員会などがネットサービス提供会社や警察と連携して行うパトロールが中心であり，パスワードなどが必要なために入れないサイトなどについては，あくまでそのサイトを閲覧するグループの中での解決能力が求められる。その意味で，インターネットの監視・管理だけでは済まない，心の問題が存在している。そして，そのような問題について，おとなの注意や対応が届かない場での，世代内の自己解決能力を育ててきたかどうかが問われる。

　中井（1997）が述べるように，「加害者が傍若無人なのはみせかけであって，加害者は最初から最後まで世論を気にしている」。戸田（1997）の調査では，かつてのいじめ加害経験について「先生に支持されている」と思っていたという大学生の回答は0％であったが，「友だちに支持されている」と思っていたという回答は58％にもなる。いじめの加害側に，自分の行為が仲間によって支持されているという信念を持たせないことがいじめ継続防止のために重要になる。いじめる側を変えることが難しいのであれば，その子が安易に活躍しないクラスづくりが重要になる。いじめ加害をする子らであっても，その子らがクラスを「仕切って」いる場合，その独裁を許容した方が当面のクラス運営は楽である。しかし，その楽さは，少数の子の犠牲の上に成り立っていることを忘れて

はならないし，大問題の伏線となっていることがある。いじめ事件に関する裁判の結果，学校側がどのように裁かれたのかは，市川（2005）が詳しく紹介している。

　傍観者である子どもたちの無関心，教師の怠惰による無関心こそが，いじめを助長しているといっても過言ではない。下記のような本を，子どもたちとともに読み，話し合うことから始めてもいいのかもしれない。

　　谷川俊太郎，アムネスティ・インターナショナル（作），いせひでこ（絵）『かさをささないシランさん』理論社　1991年刊
　　レイフ・クリスチャンソン（文），にもんじまさあき（訳），ディック・ステンベリ（絵）『わたしのせいじゃない－せきにんについて－』岩崎書店　1996年刊

6　協働への期待

　ここまで述べてきたように，まず，いじめの被害を受けている側の責任を追及するのは，的外れであろう。しかし，いじめをする中心者に説論をしても，あまり効果は期待できない。両者を離すことも難しいのであれば，冷徹な心理操作に長けた子をクラスの中心にはしないで，共感的に支えあう風土をクラスや学校に創っていくため，子ども主体の活動を徐々に広げていくことが望まれる。

　しかし，子どもがそのような実践を「やらされている」のでは，誰かの代理・代弁であって，他の子どもたちはついてこないし，その場合の言論はたてまえにすぎない。教師も疲れるだけである。いじめに No! と言う実践で子どもたちが活躍してこそ，それがホンネの世論として，加害側にも認識される。加害を抑止するのは，ホンネの世論なのである。

　いじめの実態調査結果をさらに活用するためにも，効果測定研究をさらに意味あるものにするためにも，新しいタイプのいじめに対応していくためにも，子どもと実践者と研究者のさらなる協働が期待される。

◆引用文献

朝日新聞社会部（1986）．葬式ごっこ　東京出版

Decety, J., Michalska, K. J., Akitsuki, Y., & Lahey, B. B. (2009). Atypical empathic responses in adolescents with aggressive conduct disorder: A functional MRI investigation. *Biological Psychology*, **80**, 203-211.

Feldman, R. A. (1992). The St. Louis experiment: Effective treatment of antisocial youths in prosocial peer group. In J. McCord, & R. E. Tremblay (Eds.), *Preventing antisocial behavior: Interventions from birth through adolescence*. New York: Guilford Press. pp.233-252.

Gibbs, J. C. (2003). *Moral development and reality: Beyond the theories of Kohlberg and Hoffman*. Thousand Oaks, CA: Sage.

ヘレン・カウイ（2010）．学校全体で取り組むいじめ予防介入について　広島大学「学習開発学研究」，**3**, 69-75.

市川須美子（2005）．学校における「いじめ」裁判の動向　土屋基規・添田久美子・P. K. スミス・折出健二（編著）　いじめととりくんだ国々―日本と世界の学校におけるいじめへの対応と施策―　ミネルヴァ書房　pp.285-293.

井上健治・戸田有一・中松雅利（1987）．いじめにおける役割　東京大学教育学部紀要，**26**, 89-106.

毎日新聞社会部（1995）．総力取材「いじめ」事件　毎日新聞社

中井久夫（1997）．アリアドネからの糸　みすず書房　pp.8-19.

大西彩子・黒川雅幸・吉田俊和（2009）．児童・生徒の教師認知がいじめの加害傾向に及ぼす影響―学級の集団規範およびいじめに対する罪悪感に着目して―　教育心理学研究，**57**, 324-335.

Osofsky, M. J., Bandura, A., & Zimbardo, P. G. (2005). The role of moral disengagement in the execution process. *Law and Human Behavior*, **29**, 371-393.

阪根健二（2007）．教育関係者が知っておきたいメディア対応―学校の「万が一」に備えて―　北大路書房

Sutton, J., Smith, P. K., & Swettenham, J. (1999). Social cognition and bullying: Social inadequacy or skilled manipulation? *British Journal of Developmental Psychology*, **17**, 435-450.

谷口えみ子・池之内智子・水野千具沙・戸田有一（2009）．「あこがれ」「思いやり」をはぐくむ異年齢児学級保育実践―バディでの共同画による検証―　エデュケア，**29**, 31-39.

戸田有一（2010a）．児童・青年の発達に関する研究動向といじめ研究の展望　教育心理学年報，**49**, 55-66.

戸田有一（2010b）．相手が傷つく言葉を子どもが使う理由とその対応　児童心理，**64**, 897-906.

戸田有一・宮前義和 (2009). 日本におけるピア・サポート実践の評価モデルの分類　ピア・サポート研究, **6**, 1-9.

戸田有一　ダグマー・ストロマイヤ　クリスチアーナ・スピール (2008). 人をおいつめるいじめ―集団化と無力化のプロセス―　谷口弘一・加藤　司 (編著)　対人関係のダークサイド　北大路書房　pp.117-131.

戸田有一 (2007). ソーシャルサポート整備の実践としてのピア・サポート　水野治久・谷口弘一・福岡欣治・古宮　昇 (編)　カウンセリングとソーシャルサポート―つながり支えあう心理学―　ナカニシヤ出版　pp.55-64.

戸田有一 (2005). ピア・サポート実践とコミュニティ・モデルによる評価　土屋基規・添田久美子・P. K. スミス・折出健二 (編著)　いじめととりくんだ国々―日本と世界の学校におけるいじめへの対応と施策―　ミネルヴァ書房　pp.84-103.

戸田有一 (1996). 教育学部学生のいじめ・いじめられ経験といじめに対する意識　鳥取大学教育学部教育実践研究指導センター紀要, **6**, 19-28.

9

現代の子どもや若者は社会性が欠如しているのか
——コミュニケーション能力と規範意識の低下言説からみる社会——

大久保智生

1　子どもや若者の社会性の欠如に注目が集まる現代

　近年，子どもや若者が変わった，危険であるという声をいたるところで聞くことができる。子どもや若者をめぐる問題や事件は数多く報道されており，子どもや若者のイメージはどんどん否定的なものになってきているのが現状である（会沢ら，1999；後藤，2008）。こうした報道では，過去と比較して悪化した事柄が話題となり，「昔の子どもや若者はよかった」といわれる。はたして，現代の子どもや若者は昔の子どもや若者と比べて変わったのだろうか。本章では子どもや若者の社会性に注目して，子どもや若者の社会性が欠如しているかどうかについて研究結果をもとに検討していこう。

　大学での講義の中で大学1年生たちの発表を聞いて愕然としたことがある。大学1年生たちは，「今の子どもたちは私たちの子ども時代と違って，外で遊ばず，ゲームばかりしているため，社会性が育っていない。特に今の子どもたちはコミュニケーション能力がなく，規範意識が低下してきており，こうした理由からさまざまな問題が起きている」という話を堂々と発表していた。筆者は30代前半であるが，自分が大学生であった十数年前から「今の子どもや若者は社会性がない」と言われていたことを記憶している。もちろん，今の子どもや若者は社会性が欠如しているというのは，多くの大人の中で共有されていることからもある側面では正しいのかもしれない。不思議に思ったのは，筆者の大学時代に「変わった」と言われていた子どもたちが当時の自分の年代になって「今の子どもたちは変わった」と言っていることであった。

こうした話は，現役の教師からも聞くことが多い。筆者は教員免許更新講習で問題行動の見方についての講義を行っているが，なぜか受講者の数は多く，「現代の子どもや若者」の行動についての関心は非常に高い。教員免許更新講習では，受講者の興味関心を尋ねているが，そこでは「今の子どもたちに対して声のかけ方がわからない」，「子どもたちが変わってしまって，どう対応していいのかわからない」という声が多数を占める。どうも多くの現役の教師は，現代の子どもや若者たちに対してのかかわり方への不安を抱いているようである。

ここから考えられる問題が2つある。1つは，子どもや若者が変わった可能性に目がいきすぎ，教師自身が変わった可能性を考えていないことである。教師に限らず，大人はこの10年，20年で変わったのが子どもや若者たちだけでなく，自分かもしれないことを忘れていることが多い。つまり，大人自身，年をとってしまったということを考慮していないのである。コミュニケーションがとれないのは，子どもや若者が変わったのではなく，大人の側の問題なのかもしれない。今の子どもや若者とはコミュニケーションがとれなくなったという際，コミュニケーションとは子どもや若者と大人の双方の問題であるにもかかわらず，子どもや若者の社会性という一方の問題に原因を落としこんでいるのである。

もう1つは，教師や大人がうまい対応の方法があると考えていることである。確かに何か1つの原因に落とせれば，それを高めればいいということになる。「教えて欲しい」というのは逆を返せば，「うまい対応の方法がある」ということであろう。あるのだとすれば，それは前述のように子どもや若者の社会性の欠如が問題ではなく，大人の社会性の欠如の問題のように思えるのだが，こうしたことは考えてはいけないのかもしれない。

本章では，現代の子どもや若者の社会性が欠如しているのかについてコミュニケーション能力と規範意識に焦点をあてて考えてみたい。この2つに焦点をあてる理由は，コミュニケーション能力を高めるための非常に多くの心理学の研究がなされており，規範意識の醸成は国の課題になっているからである。つまり，心理学の研究として成り立っており，国の課題にもなるくらい重要な課題になっているのである。

さて，教育心理学の分野ではコミュニケーション能力と規範意識はどのように捉えられてきたのだろうか。まずはコミュニケーション能力について考えてみよう。一般に，現代の子どもや若者はコミュニケーション能力が低下しているということが前提となって研究が行われている。たとえば，現代の子どもはコミュニケーション能力が低いなど，精神的に幼いことが指摘されている（河村ら，2008）。また，こうしたコミュニケーション能力が低いなどの精神的に幼いことが，不適応の原因の1つとして考えられている。したがって，子どものコミュニケーション能力を高めるような取り組みが多くの心理学者によって提案されている（廣岡ら，2005）。心理学ではコミュニケーション能力は，多くの場合において社会的スキルとして捉えられることが多い。社会的スキルという用語をCiniiで検索にかけると2011年1月現在850を超える研究が見つけられるように，数多くの社会的スキルに関する研究が行われている。学術的に優れた研究も多いが，中には，現代の子どもや若者は社会的スキルが欠如しているから高める必要があるという前提に立った研究も数多く見受けられる。

　規範意識についても，心理学において数多くの研究が行われている。規範とは，多くの者によって共有されている価値基準とその実現のためにとられる行為の様式をさし，その規範が内面化されたものが規範意識といえる（和田・久世，1990）。この規範意識の低下が問題行動と結びついていることは多くの研究によって示唆されている（内山，2003）。そして，規範意識の醸成は国において，問題行動や犯罪の対策として重要な課題となっている。ここでは，子どもや若者は良いことと悪いことを理解していない存在であるという前提で捉えられているのである。

2　現代の子どもや若者の社会性の欠如に関する言説の検証

　現代の子どもや若者の社会性がどのように捉えられているのかについて述べてきたが，第2節では，現代の子どもや若者の社会性は実際に欠如しているのか，子どもや若者の社会性の欠如が不適応の原因なのかという2つの観点から検討する。

(1) 現代の子どもや若者の社会性は欠如しているのか

　数年前，筆者のゼミの学生が卒業論文で，今の子どもたちのコミュニケーション能力が低下しているから，それを高める研究がしたいと言ってきた。その際，「誰がそういうデータを示しているのか」と尋ねてみた。そして，学生と調べた限り，コミュニケーション能力（社会的スキル）が低下しているというデータを提示している研究は見つからなかった。ということは，実際にコミュニケーション能力（社会的スキル）が低下しているというデータはないが，おそらく皆がそう言ってるから低下しているはずであり，コミュニケーション能力（社会的スキル）を高めるために多くの研究がされているということになる。つまり，根拠が無いまま，「多くの人間（研究者も含む）が言うから」という憶測で研究が行われている可能性が示唆された。

　そこで，筆者ら（大久保ら，2007）は現代の子どもたちの社会的スキルを測定し，過去の研究と比較を行ってみた。その際，小学生に自身の社会的スキルを自己評定してもらった。最近では教師評定によって社会的スキルの測定を行う研究が増えているが，前述のように「現代の子どもはコミュニケーション能力が低い」という教師のバイアスによって変わってしまう可能性があるため，自己評定の尺度を用いることとした。

　一般にコミュニケーション能力が低下したといわれる場合，全体的な対人的なスキルを指しているといえる。そこで，社会的スキル尺度の中でも全体的なスキルを測定していて，できるだけ古くて，平均と標準偏差が掲載されていて，信頼性と妥当性も検証されているものを探すこととした。見つかったのが戸ヶ崎（1993）の研究と嶋田（1996）の研究である。この２つの尺度は，平均と標準偏差が掲載されており，全体的なスキルを測定しており，信頼性と妥当性も検証されていた。この２つの尺度を現代の子どもたちに評定してもらい，比較を行ったのである。なお，この２つの尺度は類似しているため，嶋田の尺度のみの結果を図に示すが，戸ヶ崎の尺度との比較でも同様の結果となった。

　図9-1を見ていただければわかるように，現代の小学生の社会的スキルが低下していないことはわかると思う。現代の子どもたちは，10数年前の子どもたちと比較しても特に劣っていなかったのである。調査協力者の選定に問題はなかったのかと考える方もいるかと思うが，大久保ら（2007）の研究では，荒れ

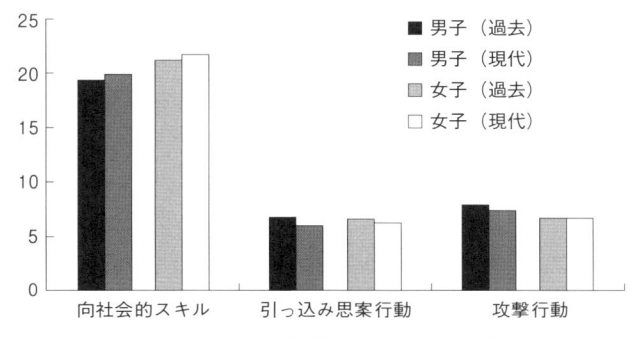

図9-1　現代と過去の社会的スキルの比較

ている小学校の子どもたちも含まれており，当初の予測では変わらないか，少し低いのではないかと考えていた。しかし，見事にその予測は裏切られた。ただし，今回の調査は10年以上前のデータとの比較であるため，過去20年前，30年前と比較すると，異なる結果になる可能性もあると思われる。実際，「小学生が変になってきたと感じ始めたのは，1985年くらいからのことである」と小林・相川（1999）が指摘するように，20〜30年前と比較すると低下していることも考えられる。しかし，少なくとも現代の子どもたちのコミュニケーション能力が一概に低下していないということはいえるだろう。

　また，コミュニケーション能力については別の観点から論じることも可能である。現在では，コミュニケーション能力について，関係の多様化・流動化にともない，求められるコミュニケーションが変わったことが指摘されている（浅野，1999；辻，1999）。心理学の分野においても，大谷（2007）が高校生・大学生を対象とした調査から，友人関係における状況に応じた切り替えの重要性を指摘しており，低下したかどうかという観点では単純に捉えきれないのである。

　規範意識についても，低下していると単純にいえないデータが示されている。たとえば，栃木県総合教育センター（2011）は，小学生，中学生，高校生を対象とした調査を行い，5年前と比較して規範意識が高くなったことを示している。また，浜島（2006）は若者の大半は十分といっていいほど，社会をわかっており，道徳・規範に反抗・抵抗は考えていないことを明らかにしている。

実は，規範意識の低下はこれまでにも指摘されている。たとえば，古山（1986）は 1980 年代に当時の少年の規範意識が希薄化していることを指摘しており，規範意識の高揚方策を推進することの重要性を説いている。20 年以上前から規範意識の低下は問題にされており，そこからさらに低下し続けているのならば，現代は恐ろしい無法地帯に違いないといえる。

　以上のように，子どもや若者のコミュニケーション能力や規範意識は低下しておらず，研究によってはむしろ高くなってきている可能性がある。ただし，これまでコミュニケーション能力や規範意識の低下を謳ってきた論者に敬意を表して，現代の子どもや若者はコミュニケーション能力や規範意識が高いとはいわなくとも，コミュニケーション能力や規範意識が低下していないかもしれないということはいえるだろう。

(2) 子どもや若者の社会性の欠如が不適応の原因なのか

　仮に現代の子どもや若者の社会性が欠如していなかったとしても，コミュニケーション能力が欠如しているため不適応になっている子どもや若者がいたり，規範意識が欠如しているため不適応になっている子どもや若者もいるのではないかと思う方もいるだろう。つまり，全体として社会性は低下していないが，コミュニケーション能力や規範意識が低下している子どもや若者が不適応に陥るのならば，それを高めることに意義は見出せる。

　しかし，研究結果は興味深いものばかりである。たとえば，磯部ら（2004）の研究では，非行少年は必ずしも社会的スキルが欠如しているわけではないことを示している。また，大久保・青柳（2005）の研究では，社会的スキルが学校適応の問題を予測しないことを示している。大久保・青柳（2005）は大学 1 年生を対象として，入学後すぐの社会的スキル，つまり高校時代までに獲得されたスキルを測定して，後の適応との関連を検討しているが，入学当初の社会的スキルは後の適応を予測しないことを示している。加えて，4 月当初の社会的スキルと 10 月の社会的スキルは関連が無いことも明らかになっている。この結果からいえることは，環境が変わることで求められるスキルは変化するということである。理論的にいえば，不適応などの適応の問題は個人と環境の関係の問題であるため（近藤，1994；大久保，2010），個人のコミュニケーション

能力の視点だけで捉えられる問題ではなく，どのような環境に個人がいるかも含めた問題といえる。そして，近年では，松嶋（2005）のように不適応を個人のコミュニケーション能力の欠如と捉えない研究がさまざまな視点から行われるようになってきている。

規範意識についても，大久保・加藤ら（投稿中）は悪いとわかってないから不適応（問題行動）に走るわけではないことを示している。大久保・加藤ら（投稿中）は，規範意識を一般的な期範意識と仲間集団の規範意識に分けて捉えて，問題行動について検討を行った。その結果，中学生では，一般的な規範意識が高くても仲間集団の規範意識に引っ張られて問題行動を起こすことが明らかになっている。つまり，悪いという意識がないから問題行動を起こすわけではないのである。実は，こうした規範意識の見方は新しいものではない。Matza（1964）のドリフト理論などを筆頭に古くから存在する見方なのである。良いか悪いかわかっていて，すなわち，規範意識を持ち合わせていて問題行動をする子どもや若者たちに規範意識の醸成をねらいとした対策を立てることが何の意味があるのか，非常に疑問である。また，非行少年の規範意識についても，大久保・堀江ら（投稿中）の研究では他の年代と比べても万引き少年の規範意識は高いことが明らかになっている。万引きにおいても，規範意識の醸成は重要な課題となっているが，万引きは良くないということをわかっているため，何を醸成するのか不思議である。

以上の結果に共通するのは，不適応はコミュニケーション能力や規範意識といった個人の社会性の問題としてこれまで捉えられているが，社会性が原因で不適応を起こしていない可能性があるということである。

3 なぜ現代の子どもや若者の社会性が問題になるのか

これまで，子どもや若者の社会性について，子どもや若者の側から検討してきたが，第3節では，なぜ現代の子どもや若者の社会性が問題になるのか，子どもや若者をみる社会の側から検討する。

(1) なぜ社会性が欠如しているようにみえるのか

前述のゼミの学生の話だが,「なぜ現代の子どものコミュニケーション能力が低下していると思ったのか」と筆者が尋ねたところ,学生が「少年犯罪が凶悪化し,増加しているからです」と答えたのを今も鮮明に記憶している。その際,「少年犯罪が凶悪化し,増加している」という幻想が,現代の子どもや若者の社会性の欠如に関する言説の前提となっているのかもしれないと考え,筆者ら(大久保ら,2007)は調査を行った。大学生に「今の子どものコミュニケーション能力は低下していると思いますか」と尋ね,その後,「なぜそう思ったか」を自由記述で尋ねた。その自由記述を分類したのが表9-1である。低下したと考える理由は,図9-2に示したとおりである。一番多いのは,「少年犯

表9-1 自由記述の分類

カテゴリー	サブカテゴリー	説明	例
メディア	インターネット	インターネットの普及による影響	インターネットの普及
	パソコン	パソコンの普及による影響	パソコンの普及
	携帯電話	携帯電話の普及による影響	携帯電話の普及
	ゲーム	テレビゲームによる影響	テレビゲームの普及率が高い
	テレビ	テレビのニュースや報道による影響	テレビで見ていてそうだから
	新聞	新聞の影響	新聞による報道
	メディア全般	メディア全般による影響	たくさんのメディアが増えたから
対人関係	家族との関係	家庭内の人間関係の変化	親や祖父母と話す機会の減少,一人っ子が多く大人と話す機会が増えた
	友人との関係	友人関係や遊びの形式の変化	一緒に外で遊ぶ機会がへった,室内で遊ぶことが増え友人との衝突を経験してない
	地域との関係	地域の変化,近所付きあいの変化	地域の崩壊,不審者対策で地域との交流が進み,人との関わりが増えた
少年犯罪の増加	少年犯罪の増加	少年犯罪の増加による影響	少年犯罪が増えたから
個人の判断	経験	子どもと実際に関わった経験からの判断	実際に子どもと話してみて
	推測	個人の推測による判断	なんとなく,みため
	伝聞	伝聞による判断	周りの人の話を聞いて
その他	その他	上記のカテゴリーにあてはまらないもの	

3　なぜ現代の子どもや若者の社会性が問題になるのか　**121**

罪の増加」であり，次に「テレビ」である。つまり，テレビによる少年犯罪の増加の報道が，コミュニケーション能力が低下したと考える大きな要因なのである。少年犯罪の凶悪化言説が誤りであることは疑いない事実である（鮎川，2001；広田，2000；マッツァリーノ，2004）。このことは多くの論者が述べていることからも改めて述べる必要はないだろう。以上のように，テレビなどのマスメディアの誤った報道にのせられて現代の子どもや若者の社会性が欠如しているようにみてしまっているのである。

　その一方で，今の子どものコミュニケーション能力は昔と比べて変わらない，高くなったと考える大学生は，図9-3と図9-4に示したように，実際に子どもと触れ合った「経験」から昔と比べて変わらない，高くなったと考えていた。つまり，実際に子どもに出会うと自分の子ども時代とあまり変わらないことがわかるようである。一方で，子どもと触れ合った結果，コミュニケーション能力が低下したと答える学生も存在する。この場合は，テレビなどのマスメディアの報道によるバイアスがかかって接しているためかもしれない。ただし，このようにコミュニケーション能力の低下が実感としてあることも記しておきたい。いずれにせよ，マスメディアの少年犯罪に関する報道の影響が非常

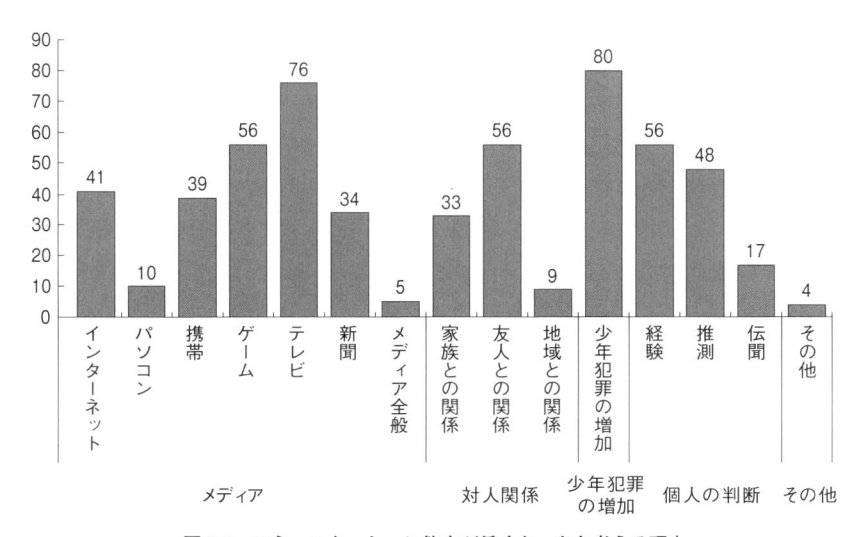

図9-2　コミュニケーション能力が低くなったと考える理由

9 現代の子どもや若者は社会性が欠如しているのか

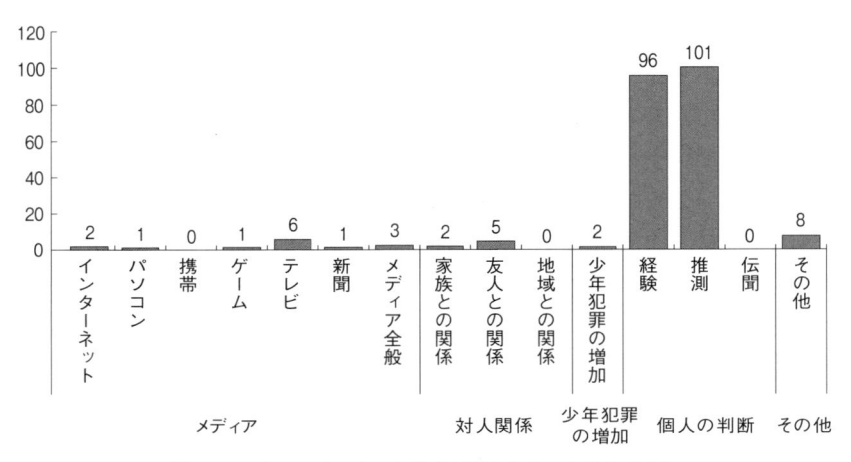

図9-3 コミュニケーション能力が変わらないと考える理由

カテゴリ	項目	数値
メディア	インターネット	2
メディア	パソコン	1
メディア	携帯	0
メディア	ゲーム	1
メディア	テレビ	6
メディア	新聞	1
メディア	メディア全般	3
対人関係	家族との関係	2
対人関係	友人との関係	5
対人関係	地域との関係	0
少年犯罪の増加	少年犯罪の増加	2
個人の判断	経験	96
個人の判断	推測	101
個人の判断	伝聞	0
その他	その他	8

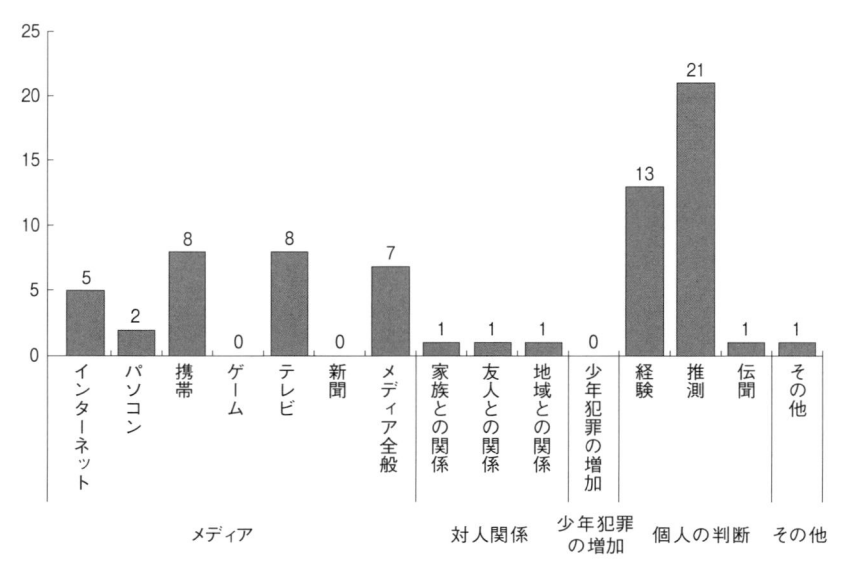

図9-4 コミュニケーション能力が高くなったと考える理由

カテゴリ	項目	数値
メディア	インターネット	5
メディア	パソコン	2
メディア	携帯	8
メディア	ゲーム	0
メディア	テレビ	8
メディア	新聞	0
メディア	メディア全般	7
対人関係	家族との関係	1
対人関係	友人との関係	1
対人関係	地域との関係	1
少年犯罪の増加	少年犯罪の増加	0
個人の判断	経験	13
個人の判断	推測	21
個人の判断	伝聞	1
その他	その他	1

に大きいことは明らかである（小沢，2009）。

また，調べていくと研究する前から結論が決まっていた可能性もみえてくる。近年，万引き対策として規範意識の醸成や高揚がスローガンに掲げられる

ことが多いが，綾（2008）の研究で明らかになっているように，万引きを悪いと考えている規範意識の高い者がどの研究でも多いにもかかわらず，規範意識の低下を問題の原因を落としこんでいる研究が多い。このことは最初から結論ありきで対策が立てられていることを示唆しているといえる。つまり，今の子どもや若者は問題を抱えており，そのために対策を立てなければならないということはあらかじめ決まっている可能性が高い。

　以上のことから，マスメディアにしろ，研究者にしろ，目の前の子どもや若者をみていないことがみえてくるだろう。そして，結論ありきの報道がされ，結論ありきの研究がなされ，結論ありきの対策が立てられるのである。このように，なぜ社会性が欠如しているようにみえるのかを検討していくと，社会の子どもや若者への見方が理解できるだろう。つまり，子どもや若者の社会性の欠如とは社会のまなざしの問題といえる（牧野，2008）。

(2) 不適応の背景になぜ社会性の欠如をみてしまうのか

　なぜ不適応の原因を社会性の欠如としてみてしまうのだろう。子どもたちの不適応をコミュニケーション能力や規範意識の欠如として見なすと，2つの利点がある。1つはこれらを高め，獲得させられれば問題は解決することができると考えるため，わかりやすい対策が立てやすいということである。この場合，心理学者はこれをすればうまくいくというように，プログラムやトレーニングなどの特効薬を提示できるし，パッケージ化して売り出すことも可能である。子どもへの対応で困っている教師が多いことからも非常にありがたがられるだろう。ただし，実際には，特効薬は存在しないし，わかりやすい対策には怖さもある。なぜなら，わかりやすい対策は思考停止になりやすく，うまくいかなかった際に他の対策を考え出す視点が培われないからである。

　もう1つは，コミュニケーション能力や規範意識の問題にすることで大人の側のかかわり方を見直さなくてもいいということである。個人の問題に落としておけば，大人の側のあり方については問われないことになる。たとえば，教師のかかわり方や学校のあり方などは問われない。こうした見方は，実は責任を問われないため，大人側にとって最も楽なのである。したがって，こうしたことをいう研究者の話は非常に受けがよい。しかし，社会性が欠如していると

いう見方をしたときに，隠ぺいされるものがあることを考える必要がある。特に，社会の心理主義化といわれるように個人の心に焦点が当たるときには，常に見落とされるものがあることを念頭にいれて，不適応への対策を立てていくことが重要であろう。

4　現実の問題に対応していくために

　これまで，子どもの社会性の欠如に関する言説について述べてきたが，学校で問題は起きており，対策を立てなければならないのは事実である。そこで，第4節では，どのように子どもの社会性の欠如とみられてしまう問題に対応していくのか検討する。

　現実の問題に対応していくためには，まず，目の前の子どもや若者をみることが必要であろう。そして，目の前の子どもや若者の状態を踏まえて，自分の見方やかかわり方をみつめなおすことが重要になる。その際，自らの見方やかかわり方をふりかえり，なぜ子どもや若者をそのようにみてしまっているのかを考える必要があるだろう。たとえば，子どもや若者は社会性がないという見方ではなく，子どもや若者は社会性があるという見方をとることも可能なのである。

　実際，社会性が欠如しているかどうかはどちらともいえるのである。たとえば，コミュニケーションをとることができても，コミュニケーション能力がないようなことをするのは本当のコミュニケーション能力がないとか，悪いということをわかっていても，悪いことをするのは，本当は悪いということはわかっていないと考える者は研究者も含めて数多くいる。つまり，測定されたコミュニケーション能力や規範意識が高かったとしても，「本当の」コミュニケーション能力や「本当の」規範意識ではないといわれるのである。この場合，何を示しても問題が起こる限り，「本当の」社会性が育っていないとなってしまう。この「本当の」社会性は実は何も説明していない。問題を起こせば，「本当の」社会性が欠如していることになるのだから，問題が起きたかどうかで用は足りる。したがって，簡単に社会性の欠如の問題に落とさないことが必要であろう。むしろ，社会性があることを前提として社会性があるのになぜしてしま

うのかを考えたほうが生産的である。少なくとも，これまでの研究結果を踏まえると，逆にコミュニケーション能力があるからこそ，コミュニケーション能力がないと思われるような行動をとることができたり，規範意識があるからこそ，してはいけない行動をすることができるという発想もできる。こうした発想をすることで別の対策も可能になるといえる。そして，結論ありきの対策ではなく，データに基づいた対策が必要になるだろう。ただし，こうした対策は発達などによっても効果が異なることが予測されることから，単純に1つの対策に落とせるものではないといえる。

　次に，対策を立てる際，単純な因果関係に落とさないことが必要だろう。心理学の知見に基づいた援助や介入のプログラムやトレーニング，マニュアル，質問紙などは，単純な因果図式で，「これをするとうまくいく」といったことをうたい文句にしていることが多く，近年，教育現場で大流行している（大久保，2010）。ただし，荒れた学級で心理学を基礎としたプログラムやトレーニングを行ったが，さらに荒れが深刻化したという話もあり，また，心理学のテクニックを用いた学級づくりマニュアルや質問紙なども多く市販されているが，「マニュアルに書いてある通りにやってうまくいかなかった」「質問紙を薦められてやったが効果がなかった」という教師の声を聞くことも多い。このように複雑に要因が絡まっている問題を社会性の欠如のような単純な因果関係で理解し，対策を立てても，うまくいかずに状況が悪化する可能性がある。もちろん単純な因果関係で理解することでうまくいく場合もあるが，うまくいかないこともあるということを考慮する必要がある。

　現実には単一の原因に落とせないため，「これをするとうまくいく」といったことがいいにくい。むしろ，いえるのは「だめなら他のやり方をしてみたら」ということである。つまり，単純な因果関係での理解，「これをするとうまくいく」というわかりやすさは他の援助や介入の可能性をみえなくする可能性があるといえる。たとえば，社会的スキルの獲得は，学校への適応の問題の予防的・開発的援助の方策として考えられており，ソーシャルスキルトレーニング（SST）は，学校への適応の問題に対して予防的効果があると考えられている（河村，2003；小野寺ら，2004）。しかし，研究で実証されているのは，一時的な効果であるにもかかわらず，これを行えば後々までうまくいくという風潮が

ある．しかし，プログラムやトレーニングを行っても，その後どうするかが実際には重要なのであり，むしろ「日々のかかわり」を考えていく方が重要であろう．たとえば，金子（2009）は，教師の日々のかかわりの重要性を実証的に示している．逆に，プログラムやトレーニングによって，これをすればうまくいくと思うと，日々のかかわりがみえなくなり，ふりかえらなくなる可能性もある．

また，こうした問題を単一の要因に帰属できないということは，プログラムなどによる不適応の予防が実は難しいということにつながる．原因と結果が明確に対応するのならば，ワクチンなどがそうであるように予防は効果的かもしれない．しかし，原因は複雑であり，多くの人にあてはまる効果的な予防は困難である．おそらく本気で予防するのなら，個人の社会性だけでなく，問題が起きてしまう教育のあり方や教師や大人のかかわりのあり方なども含めて考える必要があるだろう（大久保，2010）．

最後に，筆者は現代の子どもや若者の社会性が欠如しているかどうかはどちらでもいいと考えている．欠如していようがいまいが子どもや若者は，社会の中でコミュニケーションをとって生きている．本章では，少なくとも社会性が欠如していると一概にいえないと主張しているにすぎない．つまり，ここでは別の見方も可能だと示しているにすぎないのである．今後も現代の子どもや若者の社会性が欠如しているという言説は，それによって利益を得る者がいる限りは，消え去ることはないだろう．したがって，こうした言説を一歩ひいた視点から見つめなおし，こうした言説ともうまくつきあっていく社会性が求められていることは確かである．

◆引用文献

会沢　勲・石川悦子・浅川希洋志（1999）．子どもたちは本当に変わってしまったのか　学文社

浅野智彦（1999）．親密性の新しい形へ　富田英典・藤村正之（編）　みんなぼっちの世界：若者たちの東京・神戸 90's・展開編　恒星社厚生閣　pp. 41-57.

綾　牧子（2008）．若者の規範意識について：万引きに対する各種意識調査の結果概要から　文教教育研究所紀要，**17**，163-166.

鮎川　潤（2001）．少年犯罪：ほんとうに多発化・凶悪化しているのか　平凡社
古山正幸（1986）．非行少年の規範意識について：万引き，自転車・オートバイ盗少年の規範意識を中心に　刑政，**97**, 32-42.
後藤和智（2008）．「若者論」を疑え！　宝島社
浜島幸司（2006）．若者の道徳意識は衰退したのか　浅野智彦（編）　検証・若者の変貌　勁草書房　pp.191-232.
廣岡秀一・中西良文・廣岡雅子・後藤淳子・横矢　規・矢神祥代・福田真知（2005）．小学生のコミュニケーション力を高める教育実践（2）：教育学部・教育学研究科教育心理学学生によるボランタリーな取り組み　三重大学教育学部附属教育実践総合センター紀要，**25**, 37-45.
広田照幸（2001）．教育言説の歴史社会学　名古屋大学出版会
磯部美良・堀江健太郎・前田健一（2004）．非行少年と一般少年における社会的スキルと親和動機の関係　カウンセリング研究，**37**, 15-22.
金子泰之（2009）．学校内問題行動の間接的抑止についての検討：向学校的行動に注目して　社会安全，**72**, 19-26.
河村茂雄（2003）．学級適応とソーシャル・スキルとの関係の検討　カウンセリング研究，**36**, 121-128.
河村茂雄・藤村一夫・浅川早苗（2008）．Q-U式学級づくり小学校低学年：脱小1プロブレム「満足型学級育成の12カ月」　図書文化社
小林正幸・相川　充（編）（1999）．ソーシャルスキル教育で子どもが変わる　小学校　図書文化
近藤邦夫（1994）．教師と子どもの関係づくり　東京大学出版会
牧野智和（2008）．少年犯罪をめぐる「まなざし」の変容：後期近代における　羽渕一代（編）　どこか〈問題化〉される若者たち　恒星社厚生閣　pp.3-24.
松嶋秀明（2005）．関係性の中の非行少年：更生保護施設のエスノグラフィーから　新曜社
Matza, D. (1964). *Delinquency and drift*. New York: Wiley.
マッツァリーノ（2004）．反社会学講座　イーストプレス
大久保智生（2010）．青年の学校適応に関する研究：関係論的アプローチによる検討　ナカニシヤ出版
大久保智生・青柳　肇（2005）．大学新入生の適応に関する研究：社会的スキルは後の適応を予測するのか　人間科学研究，**18**, 207-213.
大久保智生・加藤弘通・川田　剛（投稿中）．小中学生の規範意識と問題行動の関連
大久保智生・堀江良英・松浦隆夫・松永健二・江村早紀（投稿中）．万引きの心理的要因の検討（1）：被疑者を対象とした調査から
大久保智生・山地佑香・澤邉　潤（2007）．子どものコミュニケーション能力低下言説の検討　日本社会心理学会第48回大会発表論文集，560-561.

小野寺正己・河村茂雄・武蔵由佳・藤村一夫（2004）．小学生の学級適応への援助の検討―ソーシャル・スキルの視点から―　カウンセリング研究, **37**, 1-7.

大谷宗啓（2007）．高校生・大学生の友人関係における状況に応じた切替：心理的ストレス反応との関連にも注目して　教育心理学研究, **55**, 480-490.

小沢哲史（2009）．少年犯罪に対する専門家とマスメディアの言説史：凶悪化・動機の不可解さ・衝動性・メディアの悪影響・一般化　和洋女子大学紀要, **49**, 159-170.

辻　大介（1999）．若者のコミュニケーションの変容と新しいメディア　橋元良明・船津　衛（編）　子ども・青少年とコミュニケーションシリーズ・情報環境と社会心理3　北樹出版　pp. 11-27.

栃木県総合教育センター（2011）．栃木の子どもの規範意識調査（小・中・高）：本県児童生徒の規範意識の把握と望ましい指導の在り方

嶋田洋徳（1995）．児童生徒の心理的ストレスと学校不適応に関する研究　早稲田大学大学院人間科学研究科博士論文

戸ヶ崎泰子（1993）．児童の社会的スキルが学校適応感に及ぼす影響　早稲田大学大学院人間科学研究科修士論文

内山絢子（2003）．非行少年の規範意識の変化　児童心理, **782**, 139-143.

和田　実・久世敏雄（1990）．現代青年の規範意識と私生活主義：パーソナリティ特性との関連について　名古屋大学教育学部紀要, **37**, 23-30.

10

社会的スキル訓練をすれば,すべての人づきあいの問題は解消するのか
―社会的スキル訓練の実際と実施時の留意点―

宮前義和

1 社会的スキル訓練をすれば,すべての人づきあいの問題は解消するのか

　社会的スキル訓練(以下,SST)は,当初,引っ込み思案や攻撃的であるなどの教育臨床的諸課題のある子どもたちに個別に行われてきたが,近年では,学級や学年,あるいは学校に所属するすべての子どもたちを対象とした集団社会的スキル訓練(以下,集団SST)が実施されるようになってきている。

　本章では,このSSTに関する言説として,「社会的スキル訓練をすれば,すべての人づきあいの問題は解消するのか」ということを取り上げて考えてみたい。

　この言説には,SSTが広く用いられるようになるにつれて,ややもすると安易な用いられ方をしているのではないかという反省の意味をこめている。本章では,この言説に対して,SSTの実際を示すことで,SSTをすれば,すべての人づきあいの問題は解消するといった安易な考え方に対する反証・提案としたい。

　次節では,SSTの実際を示す前に,まず社会的スキルとは何かということを取り上げる。

2 社会的スキルとは何か

(1) 社会的スキルとは何か

　社会的スキルに関する定義は研究者間で統一されたものはないように思われ

るが，社会的スキルを包括的に捉えるモデルとして，相川ら（1993）は社会的スキルの生起過程モデルを提唱した。さらに，相川（2000）は，このモデルの改訂をしている。

改訂版のモデルを，図10-1に引用した。モデルでは，社会的スキルの背後に社会的スキーマを仮定している。社会的スキーマとは「人が社会的事象についての情報を知覚し，記憶した結果できあがったもので，社会的事象についての情報を処理するときや，社会的事象について推論するときの認知的枠組み」である。相川（2000）は例示として，大学生が就職面接を受ける際に，その状況で自らが果たさなければならない役割について参照し得るスキーマを活性化させて，やる気のある学生という役割を演じるかもしれないと述べている。社会的スキーマは，以下に記す「相手の反応の解読過程」，「対人目標と対人反応の決定過程」，「感情の統制過程」，「対人反応の実行過程」を決定する際の認知的枠組みになるとともに，各過程の結果により変容していくものとされている。

相手の反応の解読過程とは，「相手がこちらに対して実行した対人反応を解読する過程」である。相手の対人反応を知覚し，相手の意図，情動，内面，パーソナリティなどが解釈される。相手の反応を解釈すると，その状況で相手に一定の情動を抱く。たとえば，相手が冷笑していると解釈すれば，怒りが生じ

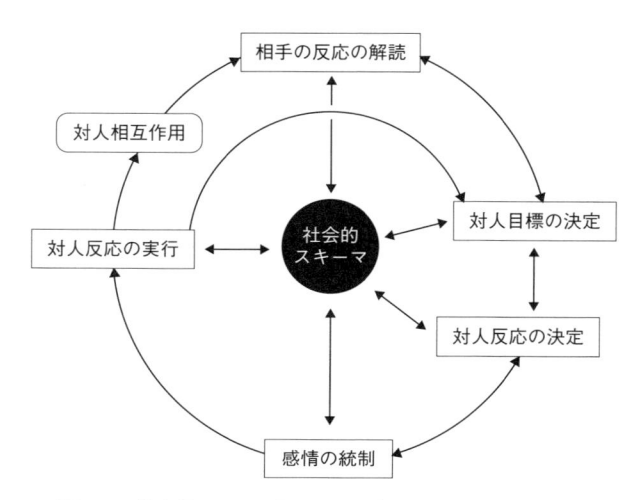

図10-1　社会的スキルの生起過程モデル改訂版（相川，2000）

るかもしれない。

　次に，相手の反応の解読過程を受けて，意思決定が行われる。対人目標と対人反応の決定である。対人目標の決定過程では，「相手の反応を解読した結果を受けて，眼前の対人状況にいかに反応すべきか，対人目標が決定」される。対人反応の決定過程では，「対人目標を達成するために，どのような対人反応を用いるべきかが決定」される。たとえば，相手がニコリと笑い，好意を示そうとしていると相手の反応を解読したとする。その後，こちらも好意を表そうと思い，ほほえむといった対人反応が決定される。

　感情の統制過程とは，相手の反応の解読過程で生じる情動や，対人目標と対人反応の決定過程で生じる情動をコントロールする過程である。たとえば，相手の不当な対応に抗議しようといった対人目標の決定に伴う不安や緊張のコントロールが含まれる。

　対人反応の実行過程は，「対人目標の達成をめざして決定された対人反応を，言語的，非言語的に実行する過程」である。実行した結果は，対人目標が達成されたかどうか，実行方法が，その状況や社会的ルールから判断して適切であったかどうか，という点から評価される。対人反応の実行は相手の反応を引き起こし，その反応を解読し…，というように，モデルでは全過程が循環的に繰り返される。

　図 10-1 のモデル（相川，2000）に示されているように，社会的スキルとは，対人場面で対人目標を達成するために用いられるものであり，言語的，非言語的反応である行動的側面のみではなく，状況を判断するといった認知的側面や，緊張や不安といった情動的側面も含んでいる。また，相川（2000）が社会的スキーマと記しているように，表面に現れた行動や情動の背景には，その人の信念や社会的常識などの認知が存在している。そして，円環的にモデルが表現されていることからわかるように，自らと他者とは相互作用を繰り返しており，社会的スキルは，その過程で生じるものである。

(2) 社会的スキルに関する課題

　相川（2000）は，モデルの各過程は具体的に記述することができ，社会的スキルの不足や不適切さは特定することができると述べているが，Gresham

(1986) や Ladd & Mise (1983), 小林 (2007) を参考に社会的スキルに関する課題を整理すると以下のようになろう。

まず, 当該の対人場面におけるふるまい方を知っているかどうかという課題がある。たとえば, 年長者に何かを依頼する際に, 敬語の使い方を知らなければ, 相川 (2000) のモデルにおける対人反応の実行過程でどのようにふるまったらよいのかわからなくなってしまう。

しかし, 対人反応の実行過程で課題がみられたとしても, それがふるまい方を知っているか否かの課題であるかどうかはわからない。ふるまい方を知っているが, それを適切に実行できない課題であるかもしれない。たとえば, 年長者に依頼をする適切な方法を知っていても, いざその場になると緊張が強くて何も言えなくなってしまうということが考えられる。また, ふるまい方を知ってはいるが, それを実行する状況を適切に判断できない課題もあろう。たとえば, 多忙であったり機嫌が悪いといった相手の事情を踏まえずに, やみくもに依頼をしても, 相手に不快感を与えるだけである。これらの課題は, 相川 (2000) のモデルにおける感情の統制過程, 相手の反応の解読過程, 対人目標と対人反応の決定過程の課題といえる。

最後に, 他者との相互作用を通じて社会的スキルは獲得あるいは洗練されていくが, そうした他者がいないという課題をあげることができる。たとえば, 相手の事情を踏まえて適切なふるまい方で依頼をする方法を学習したとしても, 日常生活の中でそのような機会がほとんどないという場合には, 学習した内容はやがて消失していくであろう。相川 (2000) は他者との相互作用を含む包括的な社会的スキルのモデルを作成しているが, 社会的スキルを学習していく際には他者の存在 (その人をとりまく社会的環境) は不可欠である。

3 社会的スキル訓練の実際

(1) 社会的スキル訓練の構成要素

典型的な SST の構成要素としては, 「インストラクション」,「モデリング」,「リハーサル」,「フィードバック」,「定着化」がある (小林・相川, 1999)。各構成要素について, 小林・相川 (1999) を踏まえながら以下に説明する。

インストラクションとは言語による教示であり，当該の社会的スキルがなぜ必要とされるのか，その社会的スキルを身につけることはどういう意味を持つのかといったことが話される。動機づけの過程が不十分なまま，社会的スキルについて学習しても効果は薄いことが予想される。そこで，取り上げる社会的スキルの重要性を，子ども本人が主体的に考えられるように配慮する必要がある。モデリングとは，取り上げる社会的スキルを実際にしてみせることである。SST実施者や，協力してもらえる子どもがいる場合には，その子どもたちがモデルになる。また，本やアニメの登場人物をモデルにしてもよい。モデルを観察することにより，社会的スキルの重要性や内容について子どもが気づくようにする過程といえる。

リハーサルとは，インストラクションやモデリングを通じて示された社会的スキルを，実際に行ってみることである。リハーサルにはイメージの中で行ってみるということも含まれる。社会的スキルの重要性や内容を，実際に行ってみることで実感する過程である。フィードバックとは，モデリングやリハーサルの際に示された社会的スキルについて，良い点をほめたり，さらによくするためにはどうしたらよいのかを子どもとともに考えることである。フィードバックはSST実施者が行ってもよいし，子ども同士で互いにフィードバックを行うこともある。フィードバックを通じて（社会的スキルの内容を確認したり，修正したりすることを通じて），その社会的スキルを実際に使ってみようという気持ちを子どもが抱けるようにすることが大切である。

定着化とは，般化を意味しており，SSTで学習した事柄が日常生活の中で生かされるようにすることである。具体的には，①SSTで取り上げた社会的スキルがSSTで練習した場面以外でもみられるようになること（刺激般化），②SST実施者が特に働きかけをしなくても，SSTで取り上げた社会的スキルが日常生活の中でみられるようになること（行動の維持），③SSTで取り上げていない社会的スキルが確認されること（反応般化）が目指される。

(2) 集団SSTの展開例

集団SSTの展開例を表10-1に示した。展開例では，中学生を念頭に置いている。集団SSTを実践する際には，まず，その位置づけを明確にする必要が

ある。学校心理学の考え方（石隈,1996）にしたがって整理すると，学級すべての子どもたちに予防的援助，あるいは発達促進的援助（一次的教育援助）として集団SSTを行うのか，それとも，課題のある一部の子どもたちの援助ニーズを配慮して，二次的教育援助あるいは三次的教育援助として集団SSTを実践するのか，ということを決めることになる。文部科学省（2003）の「通常の学級に在籍する特別な教育的支援を必要とする児童生徒に関する全国実態調査」調査結果にみられるように，特別な支援を必要とする子どもたちは少なくない。したがって，ただ単に予防的援助，発達促進的援助として集団SSTを実践するというより，特別な支援を必要としている子どもたちのことを配慮した集団SSTを行う方が多くなろう。

表10-1 集団SSTの展開例（上手に話を聴く）[1]

ねらい　話を聴くことは，相手の思いを理解するとともに，相手を思いやっていることを伝える行為でもある。話を聴くことでコミュニケーションが成立し，良好な人間関係を結ぶことにもつながる。話を聴くことが，どういうことなのかを体験的に理解する。

場面	指示・説明	留意点
インストラクション	1. 他者との関係（人間関係）や社会的スキルについて，注意を喚起する。最初に，人間関係や社会的スキルについて話題にすることで，「上手に話を聴く」社会的スキル訓練の導入とする。 例，「みなさんのまわりにはさまざまな人がいます。友だち，先生，近所の人たち，家族，親戚など，いろいろな人たちといっしょに生活を送っています。みなさんは，友だちと最近どのように過ごしましたか。」 2. その活動の中で用いられた社会的スキルについて取り上げる。 例，「どんな風に友だちを遊びに誘いましたか。」 例，「近所の人にあいさつをしたのですね。」 3. さまざまな社会的スキルのうち，「上手に話を聴く」という社会的スキルを取り上げると話す。 例，「その中でも，これから，相手の話を聴くという事柄を取り上げます。」 ワークシート[2]の配布をする。	

表 10-1　集団 SST の展開例（上手に話を聴く）（つづき）

場面	指示・説明	留意点
モデリング	1.「上手な聴き方」、「嫌な聴き方」のモデルを示す。 例,「では、○○さん（生徒）は、○○について話をしてください。一つめの聴き方（嫌な聴き方：以下のポイント例を、明らかに無視した聴き方）をしてみます。」 例,「次に、二つめの聴き方（上手な聴き方：以下のポイント例を、踏まえた聴き方）をしてみます。」 ポイント（例） 1) 体を相手に向ける。 2) 相手を見る。 3) うなずく、あいづちをうつ。 　例,「なるほど、へえー、本当・・・」 4) 相手の話が終わるまでは自分の話はしない。 5) 相手が話しやすくなるような質問をする。たとえば、5W1H（いつ、どこで、だれが、なにを、なぜ、どのように）の質問をする。 　例,「どうして音楽が好きなの？」 6) 相手の言った事柄を繰り返す。 　例,「〜は、すごく楽しかった。」「そう、楽しかったんだ。」 7) 相手の気持ちを考えて、それを相手に返す。 　例,「今度のテスト大丈夫かなあ？」「テストのことを考えると不安なんだね。」 8) 言葉の調子や、視線、表情、姿勢、身ぶり、手ぶりなどにも注意をする。 2.「上手な聴き方」、「嫌な聴き方」をくらべる。 3. ポイント例を黒板に示して、確認する。 例,「話を聴く時のポイントをまとめてみました。ポイントは、絶対、こうでなければならないというわけではありません。ただ、こうしたポイントに注意をして話を聴いた場合と、そうではない場合の違いは、先ほど、みなさんに示した通りです。」	担任と副担任、もしくは、事前に打合せをしておいて、教師と生徒がモデルを示してもよい（その場合には、聞き手は、教師がなった方がよいと思われる）。 ポイントは絶対的なものではない。 ワークシートに違いを記入させてもよいが、時間的に難しい場合には口頭で述べさせてもよい。 ポイント例の5), 6), 7)（特に6), 7)）は難しいので、別途モデルを示してもよいし、別の時間を設けて取り上げてもよい。

表 10-1 集団 SST の展開例（上手に話を聴く）（つづき）

場面	指示・説明	留意点
モデリング	※場合によっては，ポイントを生徒に考えさせて，ワークシートにまとめさせてもよい。ただし，時間が限られているので，時間の配分に注意をする必要がある。	ポイントを生徒に考えさせる場合には，1回の授業ですべてのポイントを取り上げなくてもよいように思われる。考えること自体に意義があり，授業の中であがってこないポイントについては，別途，折にふれて取り上げていけばよい。
リハーサル	1. 2人組をつくり，話題を決める。	2人組は，なかよしグループではない方がよいかもしれない。その方が，適度な緊張感もあり，新たな人間関係を結ぶきっかけにもなり得るからである。2人組のつくりかた，話題例は，各学級の事情に応じて，適宜工夫をする。
	2. ポイント例を踏まえて，「上手な聴き方」のシナリオをワークシートにまとめる。2人で話し合って作成してもよいし，各自ワークシートに記入して，後で話し合って会話の内容を決めてもよい。	ワークシートに話す内容を，事前にまとめておくことでリハーサルがしやすくなる。特に，ポイント例の5），6），7）については，最初は意識しないとできないだろうと思われるので，事前にまとめておくことは意味がある。
	3. シナリオに従い，2人組で，『話す人』，『聴く人』を決めてロールプレイをする。3人組で実施して，『観察する人』の役割をいれてもよい。一人の生徒が，『話す人』，『聴く人』いずれも経験できるように，ロールプレイは2回行えるとよい。 例，「それでは，シナリオに従って，ロールプレイをしてみましょう。2人組のうち，どちらかが，『話す人』，『聴く人』になってください。3人組の場合には，1人はよく見ていて後で感想を話してください。シナリオにしたがってといっても，会話のすべてが書かれているわけではありませんから，最初はシナリオ通りに行ってみて，後は自分で補いながら話をしてみてください。」	会話の時間は，1分30秒から2分くらいが多い。生徒の様子を見て，適宜時間を延ばしたり，縮めたりする。
フィードバック	1. シナリオと感想を述べてもらう。 例，「誰かシナリオの内容と感想を話してもらえますか。」	

表 10-1 集団 SST の展開例（上手に話を聴く）（つづき）

場面	指示・説明	留意点
フィードバック	2. 板書をしたうえで，各グループのシナリオの内容と感想を振り返る。 例，「いろいろな感想があがりましたが，上手に話を聴くということがどういうことか，自分なりにわかりましたか。」 ※今回の授業の中では時間的に難しいが，学年によっては，話を聴く意義について議論してもよいかもしれない。そうした議論が，授業を充実させることにつながると思われる。 例，「話を聴くということを先に取り上げましたが，日頃の生活の中で，話を聴くことはどういう意味を持つと思いますか？　どういう場面で話を聴くことが必要とされるのか（望ましいのか）から，考えてみましょう。（中略）確かにこういう場面では，話を聴くことが必要になりますね。それでは，なぜ，こういう場面で話を聴くことが必要になるのでしょうか？」	今回の授業で話を聴くことの意義が確認されるにこしたことはないが，1回の授業で完結させるというよりも，その後の授業など日常生活の中で，少しずつ生徒に意義が理解されていけばよいと思われる。
まとめ（定着化）	1. 振り返り用紙[2]を配布して，授業を振り返る。 2. 定着化のために，ポイント例を教室に掲示したり，授業などで「上手に話を聴く」ことを折にふれて取り上げる。 例，「A さんが発表している時に，時々うなずきながら話を聴いていましたね。」	振り返り用紙では，どのような場面で「上手に話を聴く」スキルを用いることができるのかなどを生徒に考えてもらうことで，定着化につながるようにする。 「上手に話を聴く」という社会的スキルを，いつでも，どこでも，どのような時にでも用いるというのは逆に不自然である。 人が発表している時や，友だちが話を聴いてもらいたい時など，こういう時には使えるというように自然に取り上げていくのがよいように思われる。日頃，教員自身がモデルになるというのも自然かもしれない。 また，試行錯誤や失敗ができる学級の雰囲気があることが望ましい。

1) 展開例を作成するにあたって，King & Kirschenbaum（1992），小林・相川（1999），Michelson et al.（1983），Nelson-Jones（1990），山下（2007）を参照した。
2) ワークシート，振り返り用紙は略。

インストラクションでは，子どもたちの動機づけを高める必要がある。展開例では，インストラクションの時間を短くしている。集団SSTでは人との接し方を体験的に学習することを重視しているため，モデリングやリハーサルが強調されることが多いが，話を聞くより，実際に見たり体験したりする方が，子どもたちの積極的な参加は促されやすい。また，展開例では，傾聴スキルを取り上げる導入として，社会的スキル全般を問題にしている。社会的スキル全般を問題にするのは，集団SSTで取り上げる社会的スキル以外にも応用ができるように，つまり反応般化を意図してのことである。

展開例では，上手な聴き方との違いを強調するために意図的に嫌な聴き方も含めているが，教育的に望ましくないと考えるのであれば削除してもよいであろう。ただし，社会的に望ましいもののみが社会的スキルというわけではない（石井，2006）。たとえば，アサーション（自らの思いを伝えられるようになること）を学習したとしても，たえず自己主張をしていたのでは，むしろ所属している集団からは遊離してしまうかもしれない。時にはゆずって相手の主張に耳を傾けることや，自らの思いを伝える前提として相手の話をよく聴くことなどを同時に身につける必要があろう。SSTでは，行動のレパートリーを広げて，自らが獲得している社会的スキルを，時と場合に応じて臨機応変に用いられるようになることが大切である。

展開例では，ポイントは絶対ではない，1回の授業ですべてのポイントを取り上げなくてもよい，話を聴くことの意義は日常生活の中で少しずつ生徒に理解されていけばよいと記している。集団SSTを実施できる授業回数は限られており（宮前義和，2007），集団SSTは，人との接し方について考えるきっかけであると思われる。大切なのは日常であり，展開例では，傾聴スキルをどのような場面で用いることができるのか生徒に考えさせる，ポイント例を教室に掲示する，授業などで折にふれて傾聴スキルを取り上げる，日頃教員自身がモデルになるといった工夫をあげている。さらに，学習環境として試行錯誤や失敗ができる雰囲気のあることは，どの子どもにとっても望ましいと思われるが，社会的スキルを学習し始めたばかりで，まだ上手にふるまうことのできない子どもにとっては特に重要になる。集団SSTでは，授業への積極的な参加を促し（子どもの主体性をひきだし），日常生活の中で社会的スキルが育まれていく

ようにすることが大切である。

集団SSTの効果については，すでに展望論文も発表されており（e.g., 金山・佐藤・前田，2004），社会的スキルの向上，孤独感の軽減，仲間からの受け止め方の変化といった効果が実証されている。

(3) 認知的側面に課題がある場合のSST

佐藤（2007）は，広汎性発達障害のある小学校2年生男児の例を報告している。男児は，学級では一方的なかかわりが多く，相手の言っていることを正確に把握することが困難であった。また，順番を守るといったルールも理解できていなかった。そのため，友だちとうまくかかわることができず，自分の思い通りにならないとかんしゃくを起こしていた。

佐藤（2007）は，男児との関係性を構築しながら，知能検査を行い，絵や図といった視覚的な手がかりを用いて，社会的な場面におけるふるまい方の習得を図っていくことが有効であろうと考えた。具体的には，表10-2に記した場面理解のためのSSTを実施した。

まず，男児は，登場人物の表情や行動をヒントにして，図10-2に示されているような場面の内容について考えた。次に，各場面を通して何が起こっているのかを，接続詞を用いてまとめた。接続詞を用いたのは，時間の経過やものごとの因果関係について男児が気づけるようにするためである。そして，男児は，登場人物がどのような行動をすればトラブルが避けられたのかを考えた。最後に，一連の場面を要約するなどの見直しを行い，ロールプレイを実施した。

その後，男児は，他者とのかかわりの中で自分の思いを伝えることができるようになり，日記などでもわかりやすい文章が書けるようになっていった。そして，友だちとのトラブルも減って，落ち着いて学校で過ごせるようになった。

社会的スキルには，認知的側面，行動的側面，情動的側面が含まれるが，場面理解のためのSSTは，場面理解（認知的側面）を促しながら，役割演技（行動的側面）を通じて，適切なふるまい方を学習する方法といえる。

表 10-2　場面理解のための社会的スキル訓練（SST）（佐藤，2007）

① 図 10-2 に示されているような場面について考える。
　　各場面が，どのような場面であるのかを考える。その際に，登場人物の表情や行動に目を向けるように助言する。

② 登場人物の発言を想像する。
　　登場人物の特徴的な表情をポインティングするなどして，注目するべき点を具体的に知らせていく。

③ 各場面の内容をまとめる。
　　各場面が，どのような場面であるのかを接続詞を用いながらまとめる。接続詞は，「そして，しかし，けれども，だから，そのとき」の中から選択させた。接続詞の使用は，時間の流れを考えたり，因果関係に気づくようにするためである。

④ 登場人物のとるべき行動をいっしょに考える。
　　登場人物のどのような行動を修正するべきなのか，またどのようにすればトラブルが避けられたのかについて，絵を手がかりにしながらいっしょに考えていく。

⑤ 自分で書いた文章を見直す。
　　自分がまとめた各場面の内容を読みあげて，順序が合っているか，矛盾がないか，まとまっているかを見直す。

⑥ 一連の場面のつながりを要約して述べる。
　　一連の場面のつながりを要約して述べさせることで，本当に理解できているかどうかを確認する。

⑦ ロールプレイを行う。
　　一連の場面を連続して，いっしょに役割演技をする。役割演技をする中で，その場面にあった言葉や態度が見られるかどうかを確認し，適宜修正をしていく。

図 10-2　場面理解のためのカード（ことばと発達の学習室 M，2001）

(4) 情動的側面に課題がある場合の SST

次に，友人関係のトラブルから身体症状を示し，不登校となった小学校 5 年生女児の例（宮前淳子，2007）を示す。女児は，微熱と腹痛のため学校を欠席して以来まったく登校せず，外出も嫌っている状態であった。宮前淳子（2007）は，母親の発言や教師の評価から，女児が本来獲得している社会的スキルは決して低くはないが，自らの苦しみを泣くことでしか訴えられず，不快感情がうまく表出できていないと考えた。また，生来のまじめさから欠席行動に罪悪感を抱いていることに加えて，周囲が欠席の原因に固執しているため，身体症状が軽減されないばかりか，状況が悪化しているものと推測した。

そこで，母親の不登校の原因に対するこだわりを，女児の苦しみをわかりたい気持ちへと変換し，不快感情を安心して表現できる関係づくりをカウンセリングの目標として位置づけた。たとえば，宮前淳子（2007）は女児の感情を代弁し，女児は言葉にしやすい事実から少しずつ表出して，表出できたことを母親はしっかりと受け止めるといったことを繰り返した。そうして，少しずつ感情表出の土台が作られていった。やがて，女児は，友人関係のトラブルなどについて語ることができるようになり，不快感情を安心して表出できる場と方法を獲得していった。その後，担任の協力も得て，学校に登校することができた。

女児は，行動のレパートリーはあっても，罪悪感や不安感などにより，自らのレパートリーの中から適切な行動を選択して実行することができなくなっていたと思われる。相川（2000）のモデルに照らして考えれば，感情の統制過程における課題のために対人反応の実行が妨害されていたといえよう。そこで，感情を表出するという行動を実行しやすくするために，カウンセラーや母親との関係づくりに主眼を置き，言葉にしても大丈夫だろうかという不安を低減させていった。上記の例は，インストラクションなどにより構成される典型的なSSTとは異なるが，感情の統制過程における課題（不安）に対応することで円滑な対人反応の実行（感情の表出）を可能にさせていった，一種のSSTである。女児が有している行動のレパートリーを周囲の対応の工夫により上手にひきだしていったという意味では，社会的環境を整えた例としても位置づけることができる。社会的スキルは，相川（2000）のモデルにあるように，周囲の人々との相互作用によって生じる。つまり，子どもをとりまく周囲の人々が変

わることによっても，社会的スキルを向上させていくことが可能である。

4 社会的スキル訓練を適切に用いる

　本章では，「社会的スキル訓練をすれば，すべての人づきあいの問題は解消するのか」という言説を取り上げた。この言説には，SSTは安易な用いられ方をしてはいないかという反省の意味をこめている。第3節の冒頭で典型的なSSTの構成要素を示したが，手続きとして非常に明快でわかりやすい構成になっている。それだけに，安易な実施には注意を要する。

　集団SSTについて，宮前義和（2007）は，「集団SSTは構造化された方法であり，指導や指示をあつくすれば整然と展開させることもできる。しかし，整然と展開される集団SSTの中で，子どもたちの主体性や気づきの機会が奪われてしまうこともあるので注意を要する」と述べている。また，インストラクション，モデリング，リハーサル，フィードバック，定着化という順番で集団SSTが実施されることが多いが，必ずしもすべての構成要素を順番に均等に行わなければならないわけではなく，大切なことは，個々の構成要素の意義と有機的なつながりをよく理解したうえで実践することであるとも記している。

　認知的側面に課題がある場合のSST，情動的側面に課題がある場合のSSTでは，実践の背景には，子どもとの関係性の構築や絵カードや接続詞を用いるといった実践上の工夫，SSTを実施する前の十分なアセスメントなどがあることを示した。SSTは，一つの手段であり，方法である。SSTを用いて効果をあげるためには，SSTの内容や意義をよく理解し，当該の課題を解消するために，SSTはふさわしい方法であるか，どのようにSSTを実践するのが適当かといったことを十分考慮し，適切に用いることが必要であろう。

◆引用文献

相川　充（2000）．人づきあいの技術―社会的スキルの心理学―　サイエンス社
相川　充・佐藤正二・佐藤容子・高山　巌（1993）．社会的スキルという概念について
　　―社会的スキルの生起過程モデルの提唱―　宮崎大学教育学部紀要社会科学，**74**，

1-16.

Gresham, F. M.（1986）. Conceptual issues in the assessment of social competence in children. In P. S. Strain, M. J. Guralnick, & H. M. Walker（Eds.）, *Children's social behavior: Development, assessment, and modification*. New York: Academic Press. pp.143-179.

石井祐可子（2006）．社会的スキル研究の現況と課題―「メタ・ソーシャルスキル」概念の構築へ向けて―　京都大学大学院教育学研究科紀要, **52**, 347-359.

石隈利紀（1996）．学校心理学に基づく学校カウンセリングとは　カウンセリング研究, **29**, 226-239.

金山元春・佐藤正二・前田健一（2004）．学級単位の集団社会的スキル訓練―現状と課題―　カウンセリング研究, **37**, 270-279.

King, C. A., & Kirschenbaum, D. S.（1992）. *Helping young children develop social skills*. California: Brooks/Cole.（佐藤正二・前田健一・佐藤容子・相川　充（訳）（1996）．子ども援助の社会的スキル―幼児・低学年児童の対人行動訓練―　川島書店）

小林正幸（2007）．情動, 認知, 行動の3点から見た子どもの対人スキルの問題　小林正幸・宮前義和（編著）子どもの対人スキルサポートガイド―感情表現を豊かにするSST―　金剛出版　pp.19-20.

小林正幸・相川　充（編著）（1999）．ソーシャルスキル教育で子どもが変わる　図書文化社

ことばと発達の学習室M（編著）（2001）．SST絵カード1　連続絵カード：A. 場面の認知と予測と対処　エスコアール

Ladd, G. W., & Mise, J.（1983）. A cognitive-social learning model of social-skill training. *Psychological Review,* **90**, 127-157.

Michelson, L., Sugai, D. P., Wood, R. P., & Kazdin, A. E.（1983）. *Social skills assessment and training with children*. New York: Plenum Press.（高山　巖・佐藤正二・佐藤容子・園田順一（訳）（1987）．子どもの対人行動―社会的スキル訓練の実際―　岩崎学術出版社）

宮前淳子（2007）．非社会的問題への応用　小林正幸・宮前義和（編著）　子どもの対人スキルサポートガイド―感情表現を豊かにするSST―　金剛出版　pp.80-84.

宮前義和（2007）．集団SSTによる教育の実際　小林正幸・宮前義和（編著）　子どもの対人スキルサポートガイド―感情表現を豊かにするSST―　金剛出版　pp.115-129.

文部科学省（2003）．「通常の学級に在籍する特別な教育的支援を必要とする児童生徒に関する全国実態調査」調査結果　特別支援教育の在り方に関する調査研究協力者会議（編）　今後の特別支援教育の在り方について（最終報告）　文部科学省　pp.35-41.

Nelson-Jones, R.（1990）. *Human relationship skills: Training and self-help*. 2nd ed. London: Cassell.（相川　充（訳）（1993）．思いやりの人間関係スキル――一人でできるトレーニング――　誠信書房）

佐藤和代（2007）．発達障害のある子どもへの学校における援助の実際　小林正幸・宮前義和（編著）　子どもの対人スキルサポートガイド―感情表現を豊かにするSST―　金剛出版　pp.97-100.

山下輝美（2007）．上手な聴き方（中学校編）　小林正幸・宮前義和（編著）　子どもの対人スキルサポートガイド―感情表現を豊かにするSST―　金剛出版　pp.148-150.

11

子どもは教師に相談するのか
―子どもの被援助志向性にそった教育相談のあり方―

水野治久

1 子どもは教師に相談しない

　子どもは教師にどの程度援助を求めるのだろうか？　教育相談を考えるとき，援助する児童・生徒が，誰にどの程度援助を求めるかを把握することは最も基本的なことである。こうした問題は被援助志向性，援助要請研究という領域で研究データが積み上げられつつある。スクールカウンセラーや友人などへの援助要請行動とともに教師に対する援助要請行動が研究されてきた。ここでは，被援助志向性の研究に焦点をあてて論じてみる。被援助志向性とは，自分が問題を解決しようとしても解決できないときに教師などの援助者にどの程度援助を求めるのかという援助に対する意識を測定する概念である。

　山口ら（2004）は中学生372名を対象に，中学生がスクールカウンセラー，教師，保護者，友人に対する被援助志向性を領域ごとに尋ねた。領域と尋ね方は表11-1のとおり，学校心理学に基づく適応尺度に沿って，各々の課題について「担任の先生」「教科の先生」「部活動の先生」「進路指導の先生」「保健室・教室相談の先生」に援助を求めるかどうか尋ねた。調査の結果，教師（「担任の先生」「教科の先生」「部活動の先生」「進路指導の先生」「保健室・教育相談の先生」）に対する被援助志向性の平均値は非常に低く，多くの中学生は教師に援助を求める傾向が低いことが明らかにされた。

　さらに別のデータを紹介しよう。水野ら（2006）は中学生477名を対象に，教師やスクールカウンセラーに対する被援助志向性を質問している。その結果，学習・進路，心理・社会・健康領域のスクールカウンセラー・心の教室相

表 11-1　山口ら（2004）の質問方法

領域	項目例	教示方法
心理・社会	「先生に対して不満があるとき」,「教科の先生の接し方や教え方に不満があるとき」,「自分の性格や体格で気になることがあるとき」など8項目	担任の先生,教科の先生,部活動の先生,進路指導の先生,保健室・教室相談の先生に相談する場合のみ,○をつけてもらった。
学習	「自分に合った勉強方法がわからないとき」,「授業の内容がわからないとき」,「何となく意欲がわかず,勉強する気になれないとき」など6項目	
進路	「将来の自分の進路について心配があるとき」,「進路や就職のことに真剣に取り組めないとき」など5項目	
心身・健康	「学校に行くのがつらくなったり,行きたくなくなったりしたとき」,「学校あるいは学級になじめないとき」など6項目	

談員,教師に対する被援助志向性は低く,中学生は教師やスクールカウンセラーに相談しない傾向があることが明らかになった。

　中学生は本当に教師に相談しないのだろうか。教師がカウンセリング的なスキルを身につけることは無駄なのだろうか？　被援助者が援助をどの程度受けているかという研究にソーシャルサポート研究があるが,水野・石隈（2004）は国内のソーシャルサポート研究を展望し,子どもは年齢が高くなってくると教師より友人の援助をより多く受けていると指摘している。では,はたして中学生は本当に教師を援助者として認識していないのだろうか？　たとえば,授業において,学習内容を理解できないとき生徒は教師に援助を要請しないのだろうか。

　久田・水野（2011）は,自由記述調査などから,中学生を対象に「授業における教師に対するサポート期待尺度」を作成し「学習サポート」「情緒的サポート」「個別指導的サポート」「学習方略的サポート」の4因子を抽出している（表11-2参照）。この項目をみると中学生は学習の直接的なサポートから,情緒的なサポートまで実に多様な援助を教師に期待していることがわかる。

　石隈（1999）は中学生1,469名,高校生1,403名を調査し,学校心理学の援助領域ごとの相談相手を質問している。中学生では学習面では友人を相談相手と

表 11-2　久田・水野（2011）の教師に対するサポート期待尺度の主要項目

学習サポート（8項目）
14 大切なことは繰り返し説明してほしい
13 間違いやすいところは，言ってほしい
10 質問した時に，ていねいに教えてほしい
16 勉強の方法などを具体的に教えてほしい

情緒的サポート（5項目）
3 勉強のことを心配している時に「大丈夫だよ」と言ってほしい
2 授業やテストなどで「がんばっているな」とほめてほしい
1 テストの点数が悪かった時など「がんばれ」とはげましてほしい

個別指導的サポート（6項目）
18 言葉だけでなく，身振りや具体的な物を使って説明してほしい
8 ノート作りなど学習面で努力したことに気づいてほしい
5 授業をがんばって受けていたら気づいてほしい

学習方略的サポート（4項目）
24 習っている内容が終わりに近づいたら言ってほしい
15 むずかしい問題はヒントなどを与えてほしい
17 むずかしい説明をする時「今はわからなくてもいいよ」などと言ってほしい

して選択する人が25％から47％であったが,「勉強方法が知りたい」「授業についていけない」では，27％の人が教師に相談すると回答していた。また進路面についても，友人を相談相手と選択する人が多かったが,「進学就職先選択の情報」の項目では39％の人,「将来の職業・進路の助言」では32％の人が教師を相談相手として選択していた。

　中学生の教師に対する被援助志向性は低いが，授業におけるサポート期待や，授業や進路についての相談相手として，教師はまったく頼りにされていないということではく，むしろ，援助して欲しいという期待が中学生にある可能性がうかがえる。しかし，生徒の教師に対する被援助志向性は低い。なぜこのような矛盾した結果となるのだろうか？　もちろん，調査時期や調査対象者，質問紙の教示の仕方が原因である可能性も捨てきれない。しかし，もし子どもに学習面や対人関係において深刻な援助ニーズがあり，子どもは教師に相談したいが教師に相談することに対して抵抗感があると仮定すると，この結果の矛盾も理解できる。仮に生徒の教師に対する抵抗感が存在すれば，それを明らかにすることで，子どもの相談に対する抵抗感を減らすことにつながるのかも知れない。

2　子どもの相談に対する抵抗感

　教師に相談することを躊躇させる要因はあるのだろうか？　あるとしたらどのようなことだろうか？　筆者は2004年6月から2005年3月にかけて，文部科学省科学研究費補助金（基盤研究C）の助成を受けて，教師に相談するときの抵抗感について自由記述調査を実施したことがある（水野，2007）。ここでは教師に対して相談しにくい点についての自由記述調査の結果を紹介する。

　自由記述調査は，2004年6月から2005年3月にかけて大阪府内・埼玉県内の大学生77名，大阪府内の高校生116名，計193名を対象に実施された。具体的には，「あなたの中学時代を思いだしてください。あなたが中学生の時，自分で問題に遭遇し，自分で努力しても解決できない場合，それを教師やカウンセラーに相談しようと思いましたか。もし，教師やカウンセラーに相談しにくい所がある場合，それはどんなことでしょうか。ご自由に書いてください」と質問した。調査対象者を中学生ではなく高校生，大学生にしたのは，相談に対する抵抗感を言語化する能力がついてから回顧的に尋ねた方が良いと判断したためである。もちろん，時間が経過しているため記憶が曖昧であるといった欠点もあるので，調査結果はこの点を差し引いて考えないといけない。

　回答をまとめたところ，中学生の教師に対する抵抗感は大きく「汚名の心配」「呼応性の心配」「遠慮」の3つに分類できることがわかった。

　汚名の心配は，相談することが自分の否定的な評価につながるのではないかという心配である。以下，代表的な記述を列挙する。

汚名の心配
「あの子はあんな悩みをもっていると（教師に）思われると嫌になるから」「先生を信頼していたので，実際に相談しました。ただ，親に話が伝わらないか，とそれだけが心配でしたが・・・。言わないで欲しいとお願いしました」「先生に相談すると他の先生にその話をされるから（相談できない）」「先生に相談することで，問題の解決策がみつかるかも知れないと思っても，相談して先生の自分に対する見方が変わるかも知れないという不安の方が大きい」「学校の先生だと相談する内容が友人関係の問題であった場合，その内容が誰かに伝わらないかと，相談することで先生の自分に対する見方が変わらないかなど体裁を気にしてしまうかもしれない」

このように，子どもは相談することで教師からの評価が低下したり，相談した教師から他の教師（たとえば担任教師）に相談内容が伝わることを懸念している。

次に分類されたのが呼応性の心配である。呼応性の心配とは，援助者が自分の悩みに呼応的に反応してくれないのではないかという心配を意味する。

> **呼応性の心配**
> 「（教師に相談しようとは）思わなかった。先生に相談しても具体的で良い方法（？）を聞けるとは思えないから」「先生に相談しても，ちゃんとわかってくれないし，自分が思ってる答えをしてくれなかったので相談しようと思わなかった。それより友達に相談した」「教師に言っても何の解決にもならないし，かえってややこしくなるから，友達くらいにしか言えません」「僕の場合にもいろいろあったけれど，そのときは先生の立場が生徒より下でみんなになめられていたし，頼りがいがなかったので相談しても意味がないと思った」「先生はあんまり頼りにならない，筋のとおっていない人が多かったから相談しようとはおもわなかった」「若い女の先生にしか相談していなかった。年配の先生はどうしても古い考えにとらわれていて，自分が欲しい返事をしてくれそうにない」「先生やカウンセラーの人は自分と年齢が違うから話しても同じ視点でみてくれないというか。『何でこんなことで悩んでるの』と思われそうだから」

ここでは，教師に相談しても問題解決には至らないのではないか，自分の悩みが理解されないのではないか，教師そのものを相談相手として信頼していないなどの呼応性の心配を意味する記述が集約された。呼応性の心配の中には教師との年齢差，性差といったものがある可能性もうかがえた。

三番目に分類されたのは遠慮である。遠慮とは，相談行動に踏み切りたいが，文字通り遠慮があり相談行動を躊躇することである。

> **遠慮**
> 「先生は嫌いじゃないし，むしろ"好き"な方だったけれど，どの先生もけっこう忙しそうなので相談はしなかった。談笑したけど」「中学校のとき（学校は）あれていて，先生はヤンキーのことでしんどそうだったので，やめときました。それに，どちらかと言えば，親に相談すると思います」「中学生のとき質問したい事があっても先生に相談する勇気がなくて困っていました」

分類された項目は少なかったが、教師が多忙であったり、他の生徒のことで手がいっぱいであるという印象を子どもに持たれることが生徒の相談行動に影響している可能性も示唆された。

大学生や高校生を対象とした自由記述調査というきわめて限定的な調査からではあるが、生徒の教師に相談することへの抵抗感の一部は把握できた。これらの結果から指摘できることは、教師が子どもの汚名の心配、呼応性の心配や遠慮に配慮し、相談に応じることの必要性である。水野ら（2006）は中学生477名を対象とした調査から、呼応性の心配と教師に対する被援助志向性の関連を確認し、呼応性の心配を低め相談にのる必要性を提案している。では効果的な教育相談活動を実施するために教師はどうしたらのよいのだろうか？　まず、援助を求める子どもを目の前にしたとき、教師はなかなか援助を求められない子どもがやっとの思いで援助を求めてきた可能性が高いと考えたい。そのために、子どもの問題を共感的に受け止めるべきである。守秘義務にも配慮したい。相談場所の選択も大切である。さまざまな人が出入りする職員室ではなく、会議室、空き教室など20分くらい時間が取れる部屋を確保したい。子どもが落ち着いて話ができ、プライバシーが守れる場所が良い。ただ、子どもがあまり慣れていない部屋（たとえば校長室）は、子どもの抵抗感を高める可能性があるのでやめたほうがよいのかも知れない。

3　教師は子どもをどのように援助すればよいのか

以上のことから、援助ニーズがある子どもがスムーズに相談できるような取り組みが必要であることがわかる。また、中学生は友人に相談することが多いので、友人同士で支え合うサポートシステム（ピアサポート）の導入を行い、子ども同士が助け合える環境を作ることも大切であり、実際にそのような取り組みが行われている（戸田, 2007）。しかし、学校現場に身を置けばわかるが、不登校やいじめ、さらに問題行動など、教師はさまざまな問題対応に追われている。教師は授業をこなし、空き時間には不登校生の家庭訪問や、教室に入ることができず会議室などの「別室」で過ごしている子どもと会い生活の様子などを聞いた後、勉強の課題（ドリルなど）を渡す。その後、生徒から提出され

た課題や小テストの採点を行う。給食（昼食）指導の後は午後の授業である。それが終わると，掃除やホームルームがある。中学校や一部の小学校は放課後には部（クラブ）活動の指導がある。欠席した家庭への電話連絡や場合によっては家庭訪問などを行うのが日常である。その間に，問題行動（喫煙・万引，他校生とのトラブルなど）で地域住民から連絡が入ったり，いじめの被害を保護者から訴えられるといったことが日常的に起こる。子どもは教師に相談しないが，問題行動は常に起こっている。事実，2009年度の全国の小中高校の暴力行為は過去最多であったという報道もある（朝日新聞2010年9月15日報道）。

このように考えると，生徒からの自主的な相談だけをあてにして子どもの援助活動を行うのは学校におけるさまざまな問題の解決につながらない。また，担任教師が生徒の問題一つ一つに対応している物理的・身体的余裕もないことを考えると，問題が深刻な状態に陥る前に生徒の援助ニーズに気づいた教師が，事例を持ち寄り，教師同士連携して援助にあたることも必要である。筆者はこれからの教育相談は，チーム援助会議の制度化，教育カリキュラム（授業）との連携，連携を支える学校作りが必要だと考えている。

(1) チーム援助会議の制度化

筆者は月に一度，とある中学校で行われるチーム援助会議に参加する機会を得ている。筆者が参加しているチーム援助には，中学校教師（担任，生徒指導主事，養護教諭），小学校教師（担任，生徒指導主事），幼稚園教諭，教育委員会関係者，主任児童員が参加している。筆者はアドバイザーとして参加している。この事業はもともと文部科学省のスクーリング・サポート・ネットワーク事業であった（中村，2007）。その事業が終了してからも，定期的に行われている。

チーム援助会議は午後4時〜5時30分頃まで行われる。生徒指導主事の先生が司会して，自己紹介をした後に小学校，中学校，幼稚園からケースが出される。議題にあがるケースが一番多いのは中学校，次に小学校である。ケースの内容はほぼ不登校であるが，発達障害が背景にあるもの，非行行動が背景にあるもの，家族関係が背景にあるものなど多様である。

チーム援助は石隈（1999）が我が国で提唱，導入した概念である。石隈

(1999) は，「援助ニーズの大きい子どものためには，子どもの学級担任の教師，保護者，スクールカウンセラーなどがチームとなって援助サービスを行うことが望ましい」と指摘している。石隈（1999）の提唱するチーム援助からすると，筆者がかかわっているチームには保護者が参加していないことや，幼稚園，小学校も巻き込み中学校校区全体で話し合っていることから，コーディネーション委員会的な要素を持つといえる。コーディネーション委員会とは，家近（2004）によれば，「学年レベルおよび学校レベルで生徒の問題状況に関する情報をまとめ，学校内外の援助資源の調整・連携をし，援助サービスの充実を図る委員会」と定義される。筆者の実施しているチーム援助会議は，コーディネーション委員会的な要素を持ちつつも，個別の援助事例を中心に扱い，管理職が出席しないこともあるので，ここではチーム援助として捉える。

　チーム援助会議では，子どもをどのように援助するか，そのために保護者とどのようにつながるか，を話し合う。解決策を多方面から考えていく。援助案を考えるのはそう簡単ではない。援助を求めて来ない子どもや教師と部分的にしかかかわれない保護者とどのようにかかわっていくかなど，関係者が知恵を出し合っている。たとえば，対人関係が苦手で，学習の理解にもバラツキがあり発達障害が疑われる別室登校の中学生の場合，保護者や本人が自ら援助を求めてこない限り，教育センターや医療機関での知能検査を紹介することはできない。しかし学校に学生ボランティアが配置されていれば，その生徒が抵抗感をあまり感じず向き合える勉強内容を担任教師や教科担当教師から聞き出し，その内容（たとえば漢字や地理の学習）を手厚くフォローすることにより，別室登校が安定するかも知れない。また担任教師と学生ボランティアと一緒に子どもにかかわることで，援助のためのヒントが得られるかも知れない。

　この会議では幼稚園，小学校，中学校の教師が直接話し合える。そのため，きょうだいの状況や，幼稚園の時の当該の子どもの状況，小学校からみた家庭の状況，小学校から中学校への移行など，立体的にケースが浮かび上がる。5年ほどこのチーム援助会議に参加してみて，子どもへの援助サービスの充実と同じくらいの成果があることに気がつく。その成果とは教師自身の問題解決スキルの向上である。

　チーム援助会議では，個人情報に配慮しながら，ケースを教師が報告する。

その過程で，教師はいろいろなことに気づく。授業には研究授業というシステムがあり，教師は自分の授業を相対化させ，授業の目的や流れ，展開に基づき教材研究をする。反省会というふりかえりのシステムもある。授業と同程度に重要なはずの生徒指導をふりかえるシステムは今の学校にはあまりない。チーム援助会議は，授業における研究授業のように，担任は自分の生徒への援助方法をふりかえることができる。実際に，チーム援助会議のときに，担任教師から「報告してみて気がついたのですが……」「記録を整理して考えたのですが……」と援助案が語られることがある。さらに，チーム援助により，ケースの分析方法や援助方法が話し合われることで，援助方法のモデリング学習が行われるようにも思う。ケースの報告の当初は因果論に終始し，「不登校の原因は家庭と友人関係だ」と言っていた教師が，チーム援助会議を重ねるごとに，「原因に注目しすぎると何もできなくなるので教師ができることを考えましょう」と発言したこともある。インフォーマルな連携も大事であるが，ある程度フォーマルなチーム援助会議で発言することでこのような気づきが生まれる。

(2) 教育カリキュラム（授業）との連携

次に，教育相談は教育カリキュラムと連携をしていかなければならない。これはどういうことか？ 学校心理学（石隈，1999）では，コミュニティ心理学の予防の考え方を学校教育に援用し，「一次的援助サービス」「二次的援助サービス」「三次的援助サービス」の概念を提唱している。一次的援助サービスとはすべての子どもが援助対象である。最近では，「中学生になっても人間関係の葛藤解決の方法を学習していない」「小学校高学年でも自分の感情を，適切な方法で表出する方法を知らない子どもが多い」との嘆きを教師からも聞くことがあるが，ここに一次的援助サービスのニーズがある。つまり一次的援助サービスでは，すべての子どもに共通して認められる課題の解決を目指す。教育相談領域でいうと，対人関係を築く能力，友人との葛藤解決の能力，友人への援助能力，被援助志向性の向上などが考えられる。二次的援助サービスとは，成績の落ち込み，学習意欲の低下，保健室への来室の増加など，一部の子どもに対する援助である。ここでの援助は教室における教師の観察，児童生徒本人の援助要請，保護者との連携により援助ニーズの高い子どもを早期に発見して援助

につなげることが必要である。三次的援助サービスは不登校や発達障害，いじめの被害・加害，問題行動など特定の子どもに対する援助サービスである。カウンセリングマインドをもってかかわり，子どもに共感を示したり，子どもが勉強に集中できるように環境調整をしたりする教育相談における「相談業務」の中核がここに入ることになる。

　子どもが不適応を訴えたり，問題行動を起こすのを待つのではなく，積極的に予防的な教育（一次的援助サービス）を実践することが大切である。小学校においては，対人関係づくりに主眼を置いた構成的グループエンカウンター（たとえば國分・片野，2001 など）が必要かと思われる。小学校高学年からは，社会的スキルトレーニング，ストレスマネージメントプログラムなどを応用し，日々の学級で実践していくことも大切となる。中学校ではより進めて，構成的グループエンカウンター，社会的スキル教育を継続しながらも（飯田，2009），ピアサポートなど，子ども同士の助け合いなどを含めた活動を学校全体で取り組むことも有用である（カウイ・栗原，2009）。構成的グループエンカウンターや社会スキル訓練を一次的援助サービスのプログラムとして応用した実践も報告されている（大阪府松原市立第七中学校・恵我小学校・恵我南小学校，2009）。また大阪府寝屋川市教育委員会ではブログ・プロフといわれるインターネットを介したいじめを中学生たちが劇として演じ，その対処行動を考えるという実践を行っている（読売新聞 2010 年 8 月 24 日報道）。こうした実践も，生徒同士の援助的な関係を学校に構築する一助となると考えられる。

　筆者は，子どもが自分で問題を解決できないとき，適切な援助者にスムーズに援助を求められるようになるために，被援助志向性に対する介入も必要であると感じている。筆者は，「落ち込むことは，その人が耐える力がなく弱いからだ」「落ち込むのは根性がないからだ」というような落ち込みに対する否定的な認識が被援助志向性に関連する可能性を指摘し（水野ら，2010），子どもたちが，自分の落ち込みを受容できるようにすることと，自分の周囲の援助者に気づき，さらに，必要な場合に応じて教師，養護教諭，スクールカウンセラーに援助を求められるような介入を中学校で実践している。

(3) 連携を支える学校作り

さて，ここまで，子どもが自ら主体的に教師に援助を求めることが少ないことから，チーム援助により教育相談を展開していく必要性，教育カリキュラムにおいて一次的援助サービスを展開する必要性を述べた。しかし，まだ教育相談に影響を与える要因がある。それは，職場の雰囲気や教育相談を支えるシステムである。西山ら（2009）は小学校，中学校，高等学校の教師197名を対象に調査を行い，「貴校では，生徒の支援には，みんなで抱え，取り組もうとする姿勢がある」「貴校における教育相談活動の方向性は，教職員全体に共有されていると思う」「貴校では様々な生徒の問題に対応して適切な支援をすることができると思う」など6項目からなる＜教員相談の定着＞に影響を与える要因を検討している。＜教育相談の定着＞には広報活動，ネットワーク，情報収集，マネージメントからなる＜教育相談システム＞，学校組織の＜協働的風土＞からの直接的な効果が確認された。また，石隈（2000）は，スクールカウンセラーが配置されている小学校の教師203名に対して調査を行い，学校内のコミュニケーションが進んでいるほど「教師に協力的な雰囲気が生まれる」「児童や保護者に適正な対応ができる」など9項目で測定される＜チーム援助への期待因子得点＞が高く，「教師の個性が反映されなくなる」「チームのメンバーとの相性が気になる」などの＜チーム援助への不安因子得点＞が低い傾向があると指摘している。学校内の広報や情報収集などの教育相談システムの確立，協働的職場風土の醸成，学校内のコミュニケーションをどのように高めていくかはチーム援助にとっても課題である。

　チームで援助しやすい学校作りのために教職員は何をしたらよいのだろうか。最近，現場の教師から，「職員室でのびのびできなくなった」「会議で意見が出しづらい」と聞く。協働的雰囲気が醸し出せないのかも知れない。こうなると連携が難しくなり，チーム援助や一次的援助サービスの実践も難しくなる。校長や教頭，生徒指導主事や教務，学年主任などのスクールリーダーは，教師が連携しやすい学校作りに取り組むべきである。学校が教員にとって，働きやすいということは，教師のためでだけではなく，子どもにとってもとても大事なことであることを最後に確認したい。

◆引用文献

朝日新聞（2010）．校内外の暴力過去最多　9月15日朝刊

久田恵子・水野治久（2011）．教師に期待するソーシャルサポートが中学生のストレス反応に及ぼす影響－授業・学業場面に焦点をあてて－　学校心理学研究，**10**，印刷中．

家近早苗（2004）．学校レベルのコーディネーション委員会　福沢周亮・石隈利紀・小野瀬雅人（責任編集）　日本学校心理学会（編）　学校心理学ハンドブック－「学校の力」の発見　教育出版　pp.138-139.

飯田順子（2009）．学校生活スキルトレーニング　石隈利紀監修　水野治久編集　学校での効果的な援助をめざして－学校心理学の最前線－　ナカニシヤ出版　pp.51-62.

石隈利紀（1999）．学校心理学－教師・スクールカウンセラー・保護者のチームによる心理教育的援助サービス－　誠信書房

石隈利紀（2000）．不登校児やLD（学習障害）児のための援助チームに関する研究―小学校におけるスクールカウンセラーの効果的な活用をめざして―　安田生命社会事業団　研究助成論文集，**36**，18-28.

カウイ，ヘレン・栗原慎二（2009）．日本におけるピア・サポートの発展への展望－国内・国外から観て　中野武房・森川澄男（編）　ピア・サポート－子どもとつくる活力ある学校　現代のエスプリ（2009年5月号），60-72.

國分康孝・片野智治（2001）．構成的グループ・エンカウンターの原理と進め方―リーダーのためのガイド　誠信書房

水野治久（2007）．中学生が援助を求めるときの意識・態度に応じた援助サービスシステムの開発　平成16年度～平成18年度科学研究費補助金（基盤研究C（1））研究成果報告書（課題番号 16530423）

水野治久・林照子・山口豊一（2010）．メンタルヘルスリテラシー，情動コンピテンスがスクールカウンセラーに対する被援助志向性に及ぼす影響　日本心理学会第74回大会発表論文集（大阪大学），1243.

水野治久・石隈利紀（2004）．わが国の子どもに対するソーシャルサポート研究の動向と課題―学校心理学の具体的展開のために―　カウンセリング研究，**37**，280-290.

水野治久・石隈利紀・田村修一（2006）．中学生を取り巻くヘルパーに対する被援助志向性に関する研究―学校心理学の視点から―　カウンセリング研究，**39**，17-27.

中村健（2007）．援助チーム活動による不登校児童生徒のソーシャルサポートの整備：スクーリング・サポート・ネットワーク事業の実践から　水野治久・谷口弘一・福岡欣治・古宮昇（編）　カウンセリングとソーシャルサポート―つながり支え合う心理学―　ナカニシヤ出版　pp.65-74.

西山久子・淵上克義・迫田裕子（2009）．学校における教育相談活動の定着に影響を及ぼす諸要因の相互関連性に関する実証的研究　教育心理学研究，**57**，99-110.

大阪府松原市立第七中学校・恵我小学校・恵我南小学校（2009）．いじめ・不登校の

未然防止　不登校生等の学校復帰をめざして　わたし　ひろがれ！　みんなつながれ！　平成19年度〜21年度文部科学省「研究開発学校」指定　平成21年度研究報告最終発表会紀要第3年次（平成21年11月4日）

戸田有一（2007）．ソーシャルサポート整備の実践としてのピア・サポート　水野治久・谷口弘一・福岡欣治・古宮　昇（編）　カウンセリングとソーシャルサポート—つながり支え合う心理学—　ナカニシヤ出版　pp.55-64.

山口豊一・水野治久・石隈利紀（2004）．中学生の悩みの経験・深刻度と被援助志向性の関連—学校心理学の視点を活かした実践のために—　カウンセリング研究, **37**, 241-249.

読売新聞（2010）．寝屋川の中学生ら，ネットいじめ撲滅への劇　8月25日上演（大阪府寝屋川市）　2010年8月24日

12

「学校不適応」の生徒は「障害（病気）」なのか
――スクールカウンセラーからみた学校現場――

松嶋秀明

1 「この子は障害（病気）ですか？」にどう答えるか

　「先生，あの子が学校に来られないのは病気だからですか。それとも怠けですか？　甘えでしょうか？」これは，ある初心者カウンセラーがスクールカウンセラー（以下，SC）として赴任したばかりのある学校で，不登校になり始めたというある生徒について，相談に訪れた担任から問われたものである。彼はこの時点ではその生徒がどんな人物なのかを知らなかったし，障害（病気）かどうか，自信をもって峻別するだけの知識を持ちあわせていなかった。結局，彼は質問に満足に答えられず，大変悔しい思いをして「もっと精神医学の勉強をしなければ」と私に話してくれたものである。

　それならば，と考える。もしその生徒個人についての「見立て」ができていれば，「私は医師ではないので，あくまでも可能性ですが」と断りつつ，なにか答えることができただろうか。皆さんが彼と同じ立場だったら，どうお答えになるだろうか。私がもしその立場なら，まずは，その質問にどう答えてよいか逡巡しただろうと思う。ここでその不登校の生徒が障害（病気）であるかどうかについての質問に答えることが，学校教師たちの彼（女）らへのかかわりが，よりよいものにつながるという確信がもてないからだ。

　もし私が「障害です」と答えたら，その不登校の生徒へと向けられている「怠けでは？」という視線をただすことができ，その生徒を無理矢理に学校にこさせようとして，親や教師がプレッシャーをかけることはなくなるかもしれない。現在では少なくなったが，抵抗する本人を無理矢理に部屋からひっぱりだ

そうとしたというエピソードを聞くことがある。学校に行かないなんてとんでもないというような対応が，当事者にとってどれほど辛いかは彼らの体験談などをみれば明らかである（たとえば，江川，2001）。あるいは，不眠で辛い，家でどうしようもなく暴れてしまうことについて，本人が精神科的な処置をとることを望んでいるなら，障害（病気）の可能性を指摘して，医師につなぐことができるかもしれない。

その一方で，彼（女）らのことを「障害（病気）です」と言ってしまうことがもたらすデメリットにも思い至ってしまう。たとえば，この不登校の生徒の親が，わが子が障害（病気）であるとみなされることに拒否的であり，教師が「お医者さんやカウンセラーに相談なさってはどうですか？」などとすすめても「うちの子は病気じゃありません」と突っぱねているのかもしれない。不登校は「病気」ではなく，むしろ，本人の主体的な選択であるという捉え方をする人物も少なくない（代表的なものとして奥地，1989）。

田中（2010）は，近年の「発達障害」概念の登場とあいまって，教育現場が医学的診断を正統かつ絶対の基準として対応する事態に転換しつつあると述べて，それが教育現場に与えるデメリットについて危惧している。このように不登校や非行といった問題行動が障害（病気）としてみられていくことをConrad & Shneider（2004/1992）は「医療化」と呼んでいる。ここでの医療化とは「非医療的問題が通常は病気あるいは障害という観点から医療問題として定義され処理されるようになる過程」である。当事者は，医療化されることによって，自らの引き起こした状態についての社会的責任から逃れることができる一方で，それとひきかえに彼（女）らは専門家の援助を求め，回復する義務を負わなければならない。担任の先生は，もしかしたら，生徒が何らかの「障害」を抱えているから何とかしなければならないのではないかと感じ，医療につながるようにと親を説得したがっているのかもしれない。そのような背景を知らず，安易にSCが「障害」の可能性について言及してしまったら，この先生はSCの言葉を「錦の御旗」のように，親につきつけるかもしれない。子どもが不登校になったことで，ただでさえ困惑・疲弊している両親をさらに追い込むことになるかもしれない。

そこまでの対立にはならなくても，障害（病気）であるとわかったことで，

学校側から受けられるはずの望ましいかかわりまでなくなってしまったらどうしようという危惧もある。本来ならば社会的問題としても理解できたかもしれないものが、その問題を呈している個人に内在するものとしてみなされていくという作用（問題の個人化）も医療化は持っている。精神科医の青木（2005）は、教師から医師の診察・診断をうけてきなさいと言われて氏のもとを来談する子どもをみていると、あたかも病気であれば医療の領分であって教育は関係ないといわんばかりの教師からのメッセージをうけているように思えると述べている。生徒が学校に来られなくなったときに、親の育て方が悪かったのではないかと責められるのが辛いと感じる両親がいる一方で、反対にまったくなにもアプローチがなくなってしまうと学校から見放されてしまったと不安に感じる親も多いのである。学校側は本人の不登校が障害（病気）に由来するものであることを知ることで、自分たちにできることは何もないと感じてしまうかもしれない。

　他にもいろいろあるだろう。ともかくも、このようにみてくると、上述の初心者SCが直面した質問は、なにも医学的知識が豊富であれば答えられた類いの問いとは限らないことがわかる。この質問は、まだみぬその生徒の病理をどのように理解すればよいかという問いとしても理解可能であるが、と同時に、その教師がそのように問うことでいったい何がしたいのかに注目すれば、その生徒とのかかわりに悩む、目の前の教師（あるいは学校）が、これからその生徒のことをどのように理解し、どのようにかかわればよいのかという問いとしても理解可能である。本章では、いくつかの事例を検討することを通して、この「教師の悩みとしての生徒」をどのように理解すればよいのかを考えていくことにする。

2　スクールカウンセラーは「問題」にどうかかわるのか

　学校という場で、児童・生徒の起こす「問題」はどのように扱われるのだろうか。以下では、筆者がスクールカウンセラーとしてかかわった2つの事例をみていこう。いずれの事例も「不登校」として教師から問題化されると同時に、精神障害・発達障害がその背景にあるのではないかとみられた事例である。

まず松嶋（2008）から中学校2年生のサトル（仮名）という男子生徒の事例をとりあげよう。サトルは中学校1年時にこの校区に転入し，母と小学校2年生の妹の3人でアパートに暮らしている。中学校2年生の6月頃から徐々に遅刻・早退が増え始め，不登校状態になったとのことで，7月にスクールカウンセラーを交えたケース会議が開催された。当時のサトルをコーディネーターのC先生は後に「サトルも放っておいたら『サボりでしょ』という感じで終わっていたと思う」と述懐している。登校はしない一方，市内のゲームセンターにいたという目撃情報があるといったように，怠けているだけで，特別な配慮の必要のない生徒と思われたこともあった。

ところが，このケース会議の中で，サトルの幼少時，前父から母親やサトルへのDVがあったこと，そして，現在でも母親が仕事で忙しいこともあいまって，適切な養育を受けているとは言い難い状況にあることが児童相談所などを経由してわかってきた。ケース会議では，この情報をうけて両親からの虐待を背景に持つことによってサトルは自分が大事にされているという感覚をもちにくく，自己評価が低くなっていること，そのため学校にいっても周囲の友達とうまくかかわることができず，これが不登校状態を維持する要因となっていることがメンバーには了解された。

生徒指導のA先生は以下のように家庭訪問を通してかかわることを提案した。学年主任をはじめとして，教師たちは少しでも家庭訪問をして，母親との関係を作ろうとしはじめた。

> 生徒指導のA先生：僕なあ，あいつ，何時間かしか（学校に）来てないけど……あんまりしゃべりにくい感じのヤツではないなと思ったんだよ。（学校を）休んでる子にしてはね。たとえば，なんかこう交代で家なんかにいって，「勉強みてやろう」という感じでしゃべったりとか，そんなのだったらさ（のってくるのではないだろうか？）

夏休みにサトルについての第2回目のケース会議がひらかれた。ここまでに教師は熱心にサトルに家庭訪問を続けており，自宅で話をしたりすることはできているが，学校への登校は皆無という状態であった。教師の中には，サトル

がほとんど勉強していないのではと心配するものもいたが,担任であるD先生だけは違っていた。D先生はサトルとかかわった経験から「(勉強を) 30分したとかそういうのはあるのはあるんだけど,ノートにきちんとしているっていうのは(……無い)」と,周囲にはみえにくいけれど勉強をやろうという気持ちはあると主張した。その証拠としてD先生は次のようなエピソードを話した。すなわち,D先生が家庭訪問をして,サトルに今まで何をしていたのかと尋ねたところ,本人は「勉強してた」といったのだという。それを聞いたお母さんは「嘘やろ」とサトルを信じようとはしなかったが,D先生はそれじゃあと確かめてみようということになり,「本当に自分の部屋に(教科書などが)広げてある状況があるのを見て一,あ,本当にしてたんやなっていう話に」なったのだという。これは他にかかわっていた多くの教師の誰もが知らないことであり,驚かされることであった。

以下に示す会話は,このケース会議の終盤に,サトルに今後,どうやってかかわっていくのかについて話しあわれた場面である。

C先生：(はじめて学校にくるのだから)勉強の方はお休みにしておきますか？

担　任：(勉強は)続けるつもりはしてますよー。

C先生：はい,そうしてください……(略)……(松嶋)先生(発言は)いいですか？

S　C：とにかく勉強とか何とかよりも,とりあえずやっぱり,(学校に)くるとか,大人にちゃんと認めてもらうとか,そういうことを積み重ねていくほうが大事なので,そういう意味でのかかわりだということだと思います。

C先生：(先生方からサトルに)しゃべってあげてくださいってことですね。

S　C：そうですね。

C先生：じゃあ,そういうことでー。

担　任：(自分が家庭訪問に)いったら出てきてるしー,拒んでることは今まで一切ないのでー。何でも話は聞ける状況にあるので。

C先生：しゃべる人を探しているってことだね。そうだね。

　サトルの担任は、これまでまったく学校に来ていないサトルが週に1度でも学校に来るというのはとても大変なことであると思いやり、すぐに継続的に登校させるといったことを考えるのではなく、学校に来られるということ自体を目標にしようといっている。ただし、コーディネーターのC先生が提案するように、勉強はしなくてもOKにしようという案には否定的で、あくまで勉強はやらせるつもりであると語った。このとき筆者は、確かに勉強も大事だけれど、第1回目のケース会議で話し合われていた内容から、これまで大人から構ってもらえる体験、評価される体験の少なかったサトルには、勉強ができるできない以前に、自分のがんばりが大人から評価されること自体が重要だと考え、「とにかく勉強とかなんとかよりも……（学校に）くるとか、大人にちゃんと認めてもらうとか、そういうことを積み重ねていくほうが大事」と述べた。それをきいた担任は、現在の自分はサトルとはしゃべれる関係にあることを強調し、C先生はサトルが「しゃべる人をさがしている」という独特の表現を使って、サトルには勉強をする・しないにかかわらず、ともかくかかわっていくことが大事なのだと強調した。その後、サトルは放課後に登校してボランティアの大学生とともに勉強する機会が増えていった。

　この事例でまず注目してほしいのはサトルの「問題」についての教師の意味づけの変化である。すなわち、①不登校状態となった当初は「サボリ」の生徒とみなされたが、②ケース会議を経て生活背景が理解されると、今度は「不適切な養育」の結果として、対人関係に障害を持つ生徒としてみられるようになった。さらに、③教師の見方が変化し、支援的なかかわりが増えた結果、最終的には「がんばるところもある」生徒、「周囲とのかかわりを求める」生徒として認識され始めている。

　この変化には、確かに、SCの障害や心理的課題についての説明も役立っているかもしれないが、教師たちはSCの言いなりになっていたわけではないし、SCが教師に望ましい動き方について一方的に指示したわけでもない。たとえば、A先生はサトルを一目見て「あんまりしゃべりにくい感じのヤツではないなと思ったんだよね。（学校を）休んでる子にしてはね」という印象を持

ち，個別に勉強をみてやるのであれば喜んで応じるのではないかと予想しているが，これはA先生の長年の教師経験から導かれたものである。また，家庭訪問の中でサトルと関係をとるための手段となっているのは「学習指導」で，これは教師ならではの手段といえる。こうしたことから考えれば，生徒が仮に障害（病気）であっても，SCによる特別なかかわりが必要というよりは，むしろ教師が長年の経験によって蓄積された実践的知識を駆使することによって，サトルに合ったかかわりをしていくことが十分可能であることがわかるだろう。

3　子どもの問題を解決にみちびく大人の関係性

　学校での生徒の問題にかかわるうえでは，生徒だけをみるのではなく，学校教師同士の関係も視野に入れる必要がある。たとえば，前節の事例について，もう1つ注目したいのは，生徒の状態の変化に沿って，教師同士の関係性も変化していったことである。この学校ではそれまでコーディネーターのC先生に，不登校傾向の生徒への対応のすべてがまかされている傾向があった。C先生は数年間の不登校生徒とのかかわりから，彼（女）らが「辛い」ということを知識としてではなく，実感として理解したという。また，「(担任から「置いていかれている」という感じを生徒が持つと）それはいくら私がどんなに手をかけてもまかなえる物ではなくて，やっぱり担任とかクラスとのつながりという部分は大きい」と述べて，担任と生徒との関係がおろそかになっている状況が問題だと感じていた。SCを交えたケース会議も，学校全体でこの問題に取り組む体制をとりたいと考えたC先生が中心になって計画したものである。実際，さまざまなトラブルはありつつも最終的には，問題生徒への対応には，一部の人や専門家に任せるのではなく，全体で協働するのが当たり前という雰囲気が次第にできていった。

　松嶋（2007）から，もう1つの事例を挙げよう（本事例は実際にあったものだが，詳細については論旨を損なわない範囲で改変されている）。中学校2年生の女子生徒（シオリ）は小学校の高学年から登校渋りがあり，両親の都合で，中学校になってから筆者の勤務する中学校に転入してきた生徒であった。シオリは，中学入学当初こそ，担任のすすめで教室に入ったものの，男子生徒

にからかいを受けたことをきっかけに不登校となり，SC が勤務する日だけなんとか相談室へ登校することになった生徒である。この学校では，過去に「ひどく荒れた」反省から，生徒指導において「生徒／教師」の役割関係が築かれていることを前提にしてはいけないと語られていた。そこで生徒や両親に対して距離を取るのではなく，むしろ，自ら積極的にかかわり，信頼関係を築くことが生徒指導上のモットーとされていた。たとえば，生徒の起こした問題に対して，電話連絡ですむことであっても，家庭訪問し，保護者の顔をみて話すことが重視されるように，である。こうした文化もあってか，担任や生徒指導の先生は，当初，熱心に彼女とかかわろうと相談室を訪問した。

　これに対して，彼女は訪れた教師に「何をしにきたんですか」と応答したり，「最近はどうだ？」と話しかけると「何を聞きたいんですか？」と答えるといったように，多くの教師は，かかわるのがとても難しいという感想をもらした。生徒指導の先生は，シオリが反抗的なのが気になると，過去にこの学校が「荒れ」たときの思い出を重ねて私に相談をしていた。SC がシオリにクラスの印象を問うと，担任への不満が語られた。彼女によれば，担任は，学校を休みがちな彼女が少しでもクラスに溶け込めるようにと，彼女のことをホームルームで話題にしたらしい。彼女は「アイツは私の個人情報をみんなにバラすんです。クラスのやつはレベルが低いからかかわりたくない」と厳しい口調で担任を批難した。筆者は，自分の知らないところで話題にされることが嫌だという気持ちは了解できたので，シオリ本人には，それだけ嫌なことがあるのに頑張って登校できているのだねと評価し，かかわった。

　かかわり始めてすぐ，筆者はシオリが中学 1 年生には似つかわしくなく丁寧な口調であることや，やけに大人びた言い回しだったことに違和感を持った。相談室に教師が訪ねてきたりすると，かたまって返事しないといったように，急なスケジュール変更には動揺することが多かった。シオリの母親によれば，小さい頃のことはとりたてて記憶がないが，幼稚園にいっても友達と遊べず，いつも 1 人で遊んでおり，そのことを保育士から心配されたことがあるとのことだった。こうした情報はいずれも断片的で不十分なものだが，私はこうした情報からシオリには暫定的に「発達障害」への視点を持ってかかわった方がよいと考えた。クラスのうるさい雰囲気や，彼女へのイジメが不登校のきっかけ

になっているのは確かだが，相談室でも「見通し」がつきにくい環境におかれ，応答しにくい曖昧な質問をされることで，シオリにとってよい環境ではないと思われたからだ。

　もちろん，「シオリさんは発達障害なので」などと言うわけにはいかない。具体的な対応の仕方を提案した。突然，相談室を教師が訪問するのではなく，決まったメンバーが予定どおりに訪問するようにした他，何かを問いかけるときも，なるべくどう答えたらよいかがわかりやすいものにしてもらった。幸い，教師が訪問することを嫌がっていると思われていたため，教師のかかわりを限定的にした方がよいというメッセージは理解されやすかった。そもそも，いわゆる「非行」生徒の問題行動への対応がもっぱらの課題とされてきたこの学校では，シオリのように校内で大人しくしている生徒への対応は，相談室での個別のかかわりにまかされる部分が多く，私の提案にも，周囲の教師が困らなかったことも大きく影響していると思われる。

　私は，シオリが安定してきたのをみて，スケジュールの中に担任と3人で遊ぶ時間を加えた。担任にとっては，自分を嫌うシオリと会うことは，少なくとも当初は辛い作業だっただろう。この中学校の「子どもとの密で，積極的なかかわりが大事」という語りは，担任の背中を押したのではないだろうか。この中学校の生徒指導の先生は，担任の先生を気遣う私に対して「大丈夫です，先生。これがうちの中学校流ですから」と言って笑っておられた。シオリの仏頂面は相変わらずだったが，次第に担任を拒否することはなくなり，相談室には落ち着いて登校できるようになった。

　A中学校では教師同士の協力が不可欠であることが全員に深く理解されている。そのためA中学校の教師は互いに仲よく，一致団結しているという雰囲気を共有していた。教師たちが学年を越えて仲がよいことを重視する学校であったために，担任を精神的にフォローしようとする教師が，この中学校にはたくさんいたと筆者には感じられた。こうした条件がそろわなかったら，もしかするとSCが「発達障害」につながる知識をもたらしても，学校での取り組みに活かされる余地はなかったかもしれない。と同時に，この学校の持っている積極的なかかわりをモットーとする文化が，時としてシオリにとってはストレスを生みだすことにもつながっていたことも理解されるだろう。

4 生徒の「生活」を支えるために SC ができること

　本章で取り上げた2つの事例に関して SC が果たしたのは，コンサルテーションを軸として，教師の生徒理解を促すことであった。ただし，いずれの事例でも SC が提供する専門的知識は，それ以前からその学校にあった文化や，その学校が歩んできた歴史，現在の状況，あるいは教師の実践的知識に基づいて読み解かれていた。したがって，実際に行われた支援も，これまで学校で伝統的に行なわれていた指導の延長であり，それを根本的に覆すようなものではなかった。教師にしてみれば「ごく普通」のかかわりがなされたに過ぎない。

　普通であることは悪いことではない。木村（2006）は，医療化論の立場から，発達障害への対応について教師にインタビューしているが，そこでやられていることの多くは，医療的知識を強くおしだしたものというよりも，これまで多くの教師が何らかのかたちで取り組んできており対応してきた方法がおりこまれていることを指摘し，「これ（支援）をやっていて，なんだ，先生たちがいつもやってることを改めて考え直せば，特別に何を支援しようって言わなくても大丈夫やんって私が自分で思ったんですけど」というある教師の言葉を紹介している。川俣（2009）は，特別支援教育に関するコンサルタントとしてかかわった，ある高校（A 高校）のとりくみについて報告している。もともと「教育困難校」とされ，多くの課題を抱えた入学生を迎える A 高校では，生徒が「登校し続けること」を可能にすることが第一に目標とされ，障害の有無に関係なく，多方面にわたった個別的かかわりがなされるがゆえに，とりわけ特別支援教育として目をひく取り組みがなくてもコンサルタントの視点からみて十分な対応がなされているという。これらは，たとえ生徒が個人として障害（病気）であったとしても，そうした生徒の学校生活を支えるためにまず必要なのは，教師がこれまで当たり前にやってきた「普通」の対応の積みかさねであることを示している。

　もっとも，上記のことを逆にいえば，教師によって問題とみなされず，現場ではかかわるだけの余裕もない生徒には，可能な支援はおのずと限られるということになる。中村（2007）は「疾病性」と「事例性」という言葉を使って，

学校における相談構造をつくるうえでの留意点について説明している。疾病性とは，精神障害や発達障害があるかないか，どのくらい重度なのかということにかかわっており，事例性とは，学校内で起こる問題として，それが重大かそうではないかということに該当する。両者は学校という場では，なかなか一致しない。たとえば，ある生徒が「発達障害」であって多少のトラブルはあるものの，何とか学級の中でやっていくことができる場合，「とりあえず何も起こさないから」「静かにしているから」といった教師たちの判断によって，学校の中で支援の手がまわらないということが起きやすい。反対に，疾病性が高い生徒であるがゆえに，「うちではもう無理だから，病院に入院させた方がいいのではないか」といった声がきかれることもある。2つ目の事例の舞台となった中学校のように，生徒の暴力や授業妨害が頻発している学校では，教師がそれにかかりっきりになり不登校生徒は二の次になるケースもある。学校場面で出会うケースの中では，障害の有無よりも，むしろ，事例性の高さが重要になる。SCの働きの1つは，事例性が低いケースについても，学校の中ででき得る対応を増やしてもらうことではないだろうか。

さて，冒頭の問いにたちかえれば，担任教師の「この子が学校に来られないのは病気だからなのか？」という問いに，SCは精神医学的な知識を動員することで，あくまで「一般的」に答えることは可能かもしれない。ただし，それは特定の「あの」生徒にどうしてあげたらいいのかと悩む「目の前の」教師の答えにはならない。さらにいうなら，目の前の生徒が障害（病気）であるか否かということは，その生徒の人生を理解するうえでの，ごく一側面を切り取ったにすぎない。2つの事例で取り上げた生徒はいずれも，何らかの障害を持っていると思われると同時に，思春期をむかえた男女であり，引っ越しによって見知らぬ土地に来た人物であるといったように，多様な人生の側面をもっている。こうした人生の諸側面を総合すれば，生徒が障害（病気）か否かを知ることで，そのすべてが理解できたような気になったとしたら，そのことによって何かを見落としていないか反省的に見直すべきだろう。

まずは，その教師がそのように問うことで一体何をしたいのかを理解することが先決であろう。そのうえで，その教師がその学校で置かれた状況や，その学校にはどんな生徒がおり，どんな地域に置かれているのかなどの情報を総合

的に考えつつ，この私にできそうなことを提案し，話し合うことから始めてみたい。そして将来，より多くの生徒に手厚いケアの目がむけられるような環境を，少しずつでも作っていければ嬉しい。

　Anderson（2001）が「セラピーは私たちの自己物語であって，クライエントが自分を定義し自分のアイデンティティを見つけるように，自分とはいったい誰でどのようなセラピストなのかという問いに応えてゆく物語なのだ」というように，結局のところ大事なことは，その生徒にとって私たちはどのような大人で，何をすることができるのかと自分に問い続けることではないだろうか。

◆引用文献

Anderson, H. (1997). *Conversation, language, and possibilities: A postmodern approach to therapy.* New York: Basic Books.（野村直樹・青木義子・吉川　悟（訳）（2001）．会話・言語・そして可能性：コラボレイティブとは？セラピーとは？　金剛出版）
青木省三（2005）．僕のこころを病名で呼ばないで―思春期外来から見えるもの　岩波書店
Conrad, P., & Schneider, J. (1992). *Deviance and medicalization: From badness to sickness.* expanded ed. Philadelphia: Temple University Press.（進藤雄三・近藤正英・杉田　聡（訳）（2003）．逸脱と医療化―悪から病いへ　ミネルヴァ書房）
江川紹子（2001）．私たちも不登校だった　文藝春秋
川俣智路（2009）．登校し続けることができる高校へ―「教育困難校」の実践から　こころの科学，**145**，29-34.
木村祐子（2006）．医療化現象としての「発達障害」：教育現場における解釈過程を中心に　教育社会学研究，**79**，5-24.
松嶋秀明（2007）．人々がつながり，まとまる　サトウタツヤ（編）　ボトムアップな人間関係：心理・教育・福祉・環境・社会の12の現場から　未来を開く人文・社会科学2　東信堂　pp.23-41.
松嶋秀明（2008）．境界線上で生じる実践としての協働―学校臨床への対話的アプローチ　質的心理学研究，**7**，96-115.
松嶋秀明（2010）．大人の問題としての子どもの問題　臨床心理学，**10**（4），530-534.
中村美津子（2007）．学校心理臨床における相談構造づくり　定森恭司（編）　教師とカウンセラーのための学校心理臨床講座　pp.108-133.
奥地圭子（1989）．登校拒否は病気じゃない―私の体験的登校拒否論　教育史料出版
田中康雄（2010）．「発達障害」を「生活障害」として捉える　臨床心理学増刊第2：発達障害の理解と支援を考える　金剛出版　pp.18-24.

13

職員室は「仲よく」できているのか
―学校現場における協働性の実際―

牧　郁子

1　職員室は「仲よく」できているのか

(1) 児童生徒に与える教師の影響

　小学校の教室に入ると，「みんななかよし1年○組」「仲間とのきずなを大切にするクラス」といったクラス目標が，黒板上に貼ってあるのをよく目にする。また学校のホームページや学校要覧にある教育目標にも，「強い子」「考える子」と並んで「助け合う子」といった文言が多い。ちょっと昔になるが，以前街中でよく「いじめ，ダメ，ゼッタイ」といったポスターが貼ってあった時期もあった。これらはいずれも「仲よくしなさい」といった大人からのメッセージが，子どもへ向けて発信されている点で共通している。この内容の是非に関しては別の議論に譲るとして，本章では，こう子どもたちへと発信している当の大人たちはどうなの？という視点から，議論を進める。

　ここでちょっと子どもの視点に還ってみよう。自分の父親・母親がしょっちゅう夫婦喧嘩をしていて，自分たち兄弟がケンカしたときに，「仲よくしなさい」「お兄ちゃんだから，我慢しなさい」「仲直りしなさい」と言われたらどんな気持ちがするだろう？　また「お友だちとは仲よくしなさい」と日頃言っている母親が，近所の人の悪口を言っていたとしら？　またいつも「いじめはいけません」「お友だちは大切にしましょう」と指導している担任教師が，職員室では他の教師とほとんど口をきかない場面に遭遇したら？　子ども視点でどう感じるだろうか？　はっきりと認識できなくても，子ども心に「何となくうそっぽい感じ」や，「信用できない感じ」を抱くのではないだろうか？

学齢期の子どもにとって、親はもちろんであるが、教師の影響は大きい。教育心理学フィールドでは、教師の指導態度や考え方が子どもの学校を楽しむ気持ち・学習意欲・いじめなどに影響を与えるとする知見が数多くある（織田・牧，2010；大西ら，2009；浦野，2001）。たとえば教師の態度を「平等である」と高く認識している子どもは、学校への肯定的な感情や学習へ向かう気持ちも高いことが指摘されている（織田・牧，2010）。また、子どもが教師の受容・親近・自信・客観的態度を認識すると、いじめ行動を減らす可能性があることが示唆されている（大西，2009）。つまり、学校適応にかかわる子どもたち自身の要因（パーソナリティ・発達・家庭）はさまざまあるが、指導する側の教師の要因も、子どもの学校適応に少なからず影響を与えていると考えられるのである。

(2) 教師の協働の実際

スクールカウンセラーとして小中学校に勤務してきた経験の中で、学級崩壊事例をいくつか目の当たりにしてきたが、そのどの事例にも共通していたのは、「教師の余裕のなさ」であった。担任教師に心の余裕がなくなれば、観察力・思考力が散漫になり、子どもたちの発するサインを見逃したり、子どもたちの言動に対して一貫した対応ができなくなったりと、安定した指導ができにくくなる。たとえば、ある子どもの行動に気づいても別の子どもの行動には気づけなかったり、ある子どもの問題行動は叱っても別の子どもの同様の行動は叱らなかったり……といった、指導上でのばらつきが出てくる。教師の指導にばらつきが出れば、子どもたちはその教師を信用しなくなり、指示や指導に従わなくなったり、授業中好き勝手に行動するなど、ますます学級内の統制が失われる悪循環に陥るのである。

このような教師の余裕のなさは、学級崩壊による児童生徒との関係性の悪化によるストレスに起因しているとも考えられるが、その一方で、ストレスを緩和してくれる支援が少ないことも、共通しているように思う。それは当該教師が学級経営で悩んでいくプロセスで、それをサポートする校内の人的資源、つまり職員室内での支えあいがないという共通点である。以前かかわっていた小学校で、学級崩壊を起しているクラスのことで同僚教師が「何とかしてあげた

いが，自分のクラスも大変で，何もしてあげられない」と話していたのを聞いたことがある。また隣の学級が崩壊しているという担任の話の中で，「自分のクラスが影響を受けないように必死です」という言葉が語られたことがある。同僚としての配慮の言葉がまったくないことに驚いたのと同時に，日々教育・指導・校務に追い詰められている，教師の現実を目の当たりにした気がした。

　このように「支えあいの希薄さ」には，①教師集団が自分の学級経営に必死で他の学級の援助まで考える余裕のないケース，②学級運営に問題を抱える教師＝教師の指導力のなさといった価値観から，本人の責任と判断して周囲の教師が積極的に援助を行わないケース，③学級運営に問題を抱える当該教師が悩みを抱え込み周囲に援助を求めないケースなど，さまざまなパターンがある。これらのうち１つが要因となっている場合もあれば，これらの要因が複合的に絡み合っている場合もあるが，いずれにせよ，教師集団間の支えあいの希薄さが当該教師をさらに追い込み，その余裕のなさを加速させている図式には変わりない。スクールカウンセラーの仕事が子ども・保護者の援助に留まらず，教師へのサポートも主要業務である現実は，現場の教師同士の支えあいが希薄になった結果とも考えられる。なぜならスクールカウンセラーの教師への援助のうち，学校内での具体的問題を解決するためのコンサルテーション以外に，気持ちの汲み取り・傾聴といった教師へのカウンセリングのサポートも根強い需要があるからである。

　先にも述べたが，教師が日々ストレッサー（嫌な出来事）にさらされ，心の余裕をなくし，バーンアウト（燃え尽き状態）へ至るプロセスで，最も直接的な影響を被るのは，その指導下にある子どもたちである。教師の主導権が機能しなくなっている学級は，プロセスにおいてこそ，普通と違った無秩序な状況を子どもは楽しんでいるように見えるかも知れないが，結果的には当該発達段階で必要な教育の機会を奪われているともいえる。つまり「職員室が仲よくできていない」現実があるとすれば，子どもとの信頼関係のみならず，その指導・教育の質に影響があると考えられるのである。

　大人同士が協力できていないのに，「仲よくしなさい」という日々の指導にはたして説得力があるのだろうか？　またそうした教師を，子どもが心から信頼するだろうか？　またいろいろな要因が複合的に絡まって起こる学級運営上の

問題を,「対岸の火事」と片付けてしまう集団で,精神的健康を保って子どもの指導にあたれるだろうか？

本章はこうした問題意識をもとに,教師の協働性の現状,およびその今後について,考察することとする。

2　職員室が仲よくできないわけ

(1) 協働性とは

学校現場での協力体制を表現する用語には,同僚性（collegiality）と協働性（collaboration）という言葉が主に使用されている。まず,同僚性には,「授業実践を中心に相互に観察・批評し合い,ともに学び合い,高め合う目的で連帯する教師集団のあり方」(黒羽,2003）や,「授業実践を中核とした教師の専門家としての連帯」（鈴木,2008）といった定義がある。こうしたことから教育現場における同僚性とは「授業実践を通じて学び高め合う教師集団の連帯性」ということができるであろう。

一方,協働性は,「異質な人々の集団が学校の共通目標を達成するために,各々組織内外での位置と役割を認識し,児童の学習の支援者としての教育活動に積極的に協力している状態」(黒羽,2003),「分業体制・役割体系において協力しあうこと」(藤田,1996),「共通する問題解決のために一緒に取り組むこと」(今津,2000）などの定義がある。また協働性の特徴として,自発性・自由意志などが挙げられている（Hargreaves,1994）。こうしたことから教育現場における協働性とは「学校での共通の目標・課題を達成するために,成長志向をもって自発的に協力しあうこと」といえるであろう。なお同僚性と協働性の関連であるが,協働性とは学校内での教師の同僚教師との連携に基づくものであり（今津,2000),同僚性が協働性の基盤となる（新井・高橋,2008）との示唆があることから,同僚性は協働性に含まれる概念とし,以降,同僚性の記述は,協働性を構成する要素として考えることにする。

(2) 日本の協働性の今―日本と欧米の教師文化の比較から―

アメリカの教育現場では,進路・カリキュラム（ガイダンスカウンセラー),

問題行動（生徒指導担当のカウンセラー），心的障害（サイコセラピスト），教科指導（担任教師）という機能的分担がされているが，日本では，学級担任・学年教師集団・校長など，教職員が協力して子どもの生活・学習・成長など全般に責任を負うというシステムの違いがある（藤田，1996）。こうした教育現場での教師の機能の違いは，アメリカにおいて教師はスペシャリスト（特殊専門職）であり，日本ではゼネラリスト（一般的専門職）であるという位置づけの違いを反映した結果といえる。このようなアメリカでの機能的分担は他方で教師の孤立化（自教室で業務を行うため）を生んでおり，一方職員室に机を持つ日本をはじめとしたアジアの学校教育は，職員間の協働性を生みやすいとの指摘がある（今津，2000）。つまりアメリカをはじめとした欧米に比べると，日本をはじめとしたアジアの教育現場は，教職員間の協働性が高い文化として位置づけられている。ハーグリーブス（2000）も，日本の教師は職務内容をほとんど専門化せずに役割を包括的に定義しているとし，その文化の顕れが「職員室」であるとしている。

　このように，教師の職務機能・職場構造の観点から，日本は欧米に比べて，教師同士が協働しやすい学校文化があると考えられてきたが，近年必ずしもそうではない実態が指摘されている。教師相互の親密な関係性を示す向同僚性得点（「同僚と教育観や教育方針を話し合う」などの項目群を合計した得点）を日本・中国・英国で比較したところ，3カ国間で統計的な差が認められ，英国が最も平均得点が高い一方，日本が最も平均が低いという結果となった（藤田

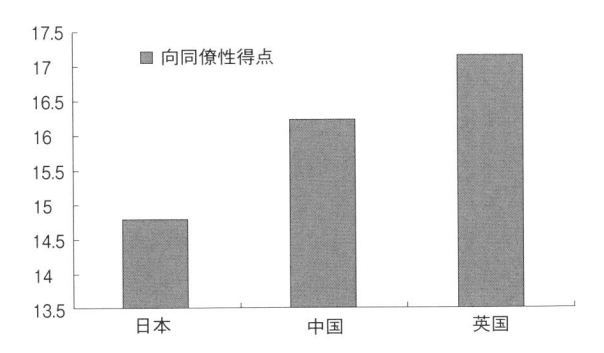

図 13-1　向同僚性得点の 3 カ国比較（藤田ら，2003 をもとに筆者作成）

ら，2003）。元来個人主義的な風土の英国で教師の向同僚性得点が高い結果となったことは，1980年代以降，欧米各国で学校での協働性の重要性が論じられるようになった（今津，2000）という社会的要因があると考えられる。一方，協働性に親和性のあるはずの日本で，教師の向同僚性得点が低い結果となったのは，いったいどのような原因が関係しているのだろうか。

(3) なぜ日本では教師間の助け合いが減ったのか
①多忙性

とある小学校の休み時間。子どもたちは校庭に繰り出して各々の遊びに興じている。片や職員室に目を移すと，遊ぶ子どもたちを一瞥もせず，書類の処理やノートの丸付けを黙々とこなしている教師たちの姿……。スクールカウンセラーをする中で，こうした光景を度々目にしてきた。もちろん教師たちもこうした状況に納得しているわけではない。実際に聞いてみると，「子どもたちと遊んでやりたいが，片付けなくてはならない書類がたくさんあって……」「以前は子どもの観察のためにも，休み時間は校庭に出ていたが，今はそれをしたくてもする時間がない」といった声がそこここで聞かれる。

教師を多忙にする要因について，調査・報告書などの事務量の増大，会議・係の増加，数値目標達成課題（実力テスト・不登校やいじめ対策など）の増加，発達障害や対応が困難な児童生徒の増加など，主に学校現場の外側からもたらされた問題にともなう業務量の増加が挙げられている（柴崎，2008）。また学校や教師に対する要求が多様化・複雑化し組織的な対応を迫られるようになった結果，会議・打ち合わせの時間が多く設定され，授業・教材研究・生徒指導といった本務遂行の時間が奪われ，教師の士気が失われているとの指摘もある（中塚，2010）。つまり本務であるはずの教育や子どもの指導以外の雑務に，多くの教師の時間が奪われているのが，日本の教育現場の現状といえる。

教師＝教育専門職の色彩が濃い欧米に比べて，日本では教師役割が包括的に定義されている（ハーグリーブス，2000）と指摘されるように，そもそも日本では，教育のみならず指導・相談……と教師の担う職務範囲が広いことが特徴とされてきた。しかしこうした状況の上に，先にも指摘されていたように事務量（会議・打ち合わせ・書類作成）の増加や，発達・情緒に支援が必要な子ど

もやその保護者への対応といった，本来家庭・地域の役割だったことも学校の仕事になることが増えてきた（尾木，2008）。ハーグリーブス（2000）は，現状が続けば教師労働の強化はさらに進行してバーンアウトが進み，教師が自分の時間を守ろうとする結果，いくつかの協働の領域から撤退することになるであろうと指摘している。この指摘は，先の国際比較データ（藤田，2003）も示唆していたように，日本における協働性が必ずしも十分機能し得なくなっている現実を，予測していたともいえる。

②世代的要因

ハーグリーブス（2000）は，教師労働の激化の結果，自分の時間を確保しようとする教師が増えるであろうと予測していたが，その一方で，世代的要因からも「自分の時間の確保」を優先する傾向が示唆されている。佐藤（1996）は，自分の学級と教科教育と担当する校務分掌にしか責任を負わない教師を「個人主義的」と表現している。また油布（1999）も，「若い教師は自分の仕事だけやり，集団として協力して仕事をしようとしない」という現場の声をもとに，プライバタイゼーション（privatization：私事化＝公より私を重視すること）という世代的な傾向を指摘している。そして，こうしたプライバタイゼーションが浸透した結果，教師集団間の相互交流が減少し，同僚集団が変容している可能性を示唆している。また今津（2000）も「私生活型」の教師の出現が協働文化よりも個人主義の方向を強化させ，教師に孤立感や不安感をもたらした結果，教師集団としての問題解決力を低下させると指摘している。ベテラン教師と話しているとよく「最近の若い教師はつきあいが悪い」といった不満が語られることが多いが，こうしたことも世代的なプライバタイゼーションの一端を示す事例であろう。

その一方で牧ら（2010）が，大阪府を中心とした20代から60歳までの教師を対象に調査を行ったところ，援助欲求において20代が50〜60歳より統計的に有意に高い結果となった。この結果は，ベテラン教師から「つきあいが悪い」とされる若い教師が，実は援助を求めていることを示唆している。つまり，「世代的プライバタイゼーション＝困っていない」という単純な図式ではなく，困っているのにそれを送信できない若い世代の困惑と，その困惑を受信できずに理解に苦しむ年上の世代といった構図が，この調査結果からみてとれるとも

いえる。

③教育改革

「ゆとり教育」の導入からその見直し，そして現在の「学力向上アクションプラン」と，近年教育改革の方向性は大幅転換した。藤田（2006）は，ゆとり教育と学力重視政策との矛盾に関して，教育現場に戸惑いや混乱，教師の多忙化・自信喪失を引き起こすと指摘している。実際，文部科学省がトップダウンで次々とつきつけてくる新たな改革に対して，その実行部隊である現場教師たちからは「ゆとり教育の効果検討も十分なされていないうちから」と急な方向転換への戸惑いと，「現場の声など，どうせ聞いてもらえない」という諦めの声がよく聞かれる。新たな改革案の提起が急速であると，学校現場では個々の案件への対応に追われ，それらが共通して必要とする協働性の議論にまで至らない（今津，2000）。つまり目まぐるしく変わる近年の教育改革は，教師の混乱・多忙化・モチベーションの低下をもたらし，その結果，教師間の協働性機能を阻害している可能性がある。

教育改革の中でも人事考課制度について，協働性の基盤となる同僚性への影響が指摘されている（高橋，2000；戸倉，2002）。人事考課制度とは，学校長が策定する学校の教育目標に基づき，教師が自己申告書を提出し，面接・授業観察をもとに業務評価を実施する制度である（戸倉，2002）。文部科学省（2002）によると，自己申告・業績評価に基づき校長・教頭が指導・助言を行い，研修や自己啓発，適切な処遇等を行い，資質能力やモラルの向上，適材適所の人事配置や学校組織の活性化を図る「能力開発型人事考課制度」としている。この人事考課制度であるが，職務内容を競争させ個人的な評価に結びつけるため，教師間の対等な関係性を損ない同僚性に否定的に作用する（戸倉，2002）といった指摘や，相互不干渉型＝自己責任の原理であり，困っている教師をさらに窮地に追いやる（高橋，2000）といった指摘がある。

筆者は人事考課制度が導入され始めの頃に小中学校でカウンセラーとして勤務していたが，どの学校に行っても感じたのは，管理職と教職員との間に広がり始めた，目に見えない溝であった。たとえ管理職がどんなに人間的に優れていても，「評価する側・される側」の構造が教職員間の人間関係を規定していた。こうした「評価する側・される側」の明確化は，たとえば教師を支援・助

言するためであった管理職の授業巡回を「評価するための巡回」に変換し、教師にとっては常に評価の視線を意識せざるを得ない状況に学校現場を変容させた。また上昇志向のある教師は管理職の顔色をみながら行動し、そうでない教師はそれを冷ややかな目でみているといった、職員室内での温度差もより明確化していった。今思えば制度導入初期に現場で感じた「広がる溝」は、評価する側は評価者の視点から一般教師を、一般教師は評価される側の視点から管理職をみて接するといった、教職員間における関係性の構造的変化を反映していたように思う。

このように「教師の能力を開発する」目的で導入された人事考課制度は、結果的に個々の教師を競争・分断させ、学校教育の基盤である教職員の連携・協力・協働（藤田，2006）を根底から揺るがせる可能性がある。教師集団の協働性が損なわれれば、教師間での支えあいやフォロー機能が低下する。その結果、子どもに提供される資源としての教師の教育力の低下は否めない。文部科学省（2002）は開発的人事考課制度を、「教師が適切に評価されることによって、教師が自信を持って、分かる授業や子どもたちにとって楽しい学校づくりに更に努力を傾けることができるよう期待できる」としているが、少なくとも現場教師の生の声や研究知見の示すところによる現実は、文部科学省のうたった効果とはかけ離れている。それでも国が現行路線の教育改革を続行していくというのであれば、それはもう子どものためではなく、改革のための改革（藤田，2006）であり、行政側の自己満足に過ぎないのではないだろうか。

3　教師同士が「仲よくする」には―自分そして子どもたちのために―

第2節で、教師集団の協働性低下の要因として検討した教師の多忙化・プライバタイゼーションの広がり・目まぐるしい教育改革は、いずれも教師集団に起因するというより、教師集団の外からもたらされた要因から生じている。こうしたことから職員室が「仲よくできない」主要因を、教師集団そのものというより、教師集団を取り巻くシステムの悪循環として捉えることとする。そしてこうしたシステムの悪循環に変化を与え得る提案を、教師集団に可能なことといった側面からしてみたい。

(1) ストレスの予防のための協働性

　教師の病気休職中61％はうつ病などの精神疾患による（文部科学省，2007）という結果が示すように，近年，教師にとって精神的にストレスフルな状況は加速しているといえる。今津（2000）は，協働性の低下が教師に孤立感や不安定感をもたらし，集団としての問題解決力を低下させストレスを増幅させているとしている。以前担当した学級崩壊クラスの事例で，担任教師が職員室で同僚教師から支援を得られず孤立していき，放課後も学級から職員室に降りて来なくなったことがあった。同学年の教師はそのことにことさら注意を払う様子もなく，他学年の教師も「指導力不足」と断定し当該教師への視線は厳しかった。担任教師は精神的余裕をさらになくし，崩壊は悪化こそすれ改善する様子がしばらく見受けられなかった。結局，当該教師への人的支援があまりにもない状況を見かねた養護教諭の依頼でカウンセラーとしてその教師の気持ちのサポートを行ったが，指導力の要因がゼロではないにしろ，職員室での協働性機能のなさが教師のストレスを増加させ，子どもの状況に反映される現実を目の当たりにした事例であった。

　このようにストレスで教師が心身ともに疲弊すると，児童生徒への対応のまずさや授業の質的低下を引き起こす（伊藤，2000）ことから，教師集団の協働性の低下は教師のストレス反応を増加させるだけでなく，教育資源としての教師の質を低下させ，結果的に子どもへの援助・指導に弊害を及ぼすと考えられる。教師のバーンアウトの原因として，教師個人の性格や教職専門性よりも組織特性がより影響していることが認められたことから（八並・新井，2001），組織特性の改善が教師のバーンアウトを予防する可能性が指摘されている。言い換えるなら，教師のバーンアウトは，性格など教師個人の要因というよりは，職場環境の要因がより影響しているともいえる。つまりストレス反応やバーンアウトを軽減し，教師の教育資源としての質を保証するためには，教師個人に責任を帰属して変容を図るよりも，協働性を含む職場環境を変容した方がより合理的で効果的である可能性があるのだ。

　近年団塊の世代の退職にともない，大都市圏を中心に多くの新任教員が採用されているが，その一方で，その早期退職や自殺が問題になっている。要因の1つとして，自信を失いがちな新任教員を支える教員集団の余裕のなさが指摘

されている（四国新聞, 2007）。新任教員を対象とした研究で，学校現場の協働性が高いとストレスが軽減し，新人教員特有の考え方の偏りが緩和される（井口, 2011）との指摘もある。つまり，教育現場の将来を担う若い力を育てるためにも，職場環境における協働性の醸成が効果的だと考えられるのである。

(2) 協働性のある学校現場とは

　現在「学力向上」の旗印のもと，研究指定校による研究授業が各地で実施されているが，その多くは「見せるための授業」であり，その成果や報告書は活用されることがほとんどなく，作成時間と労力だけが膨大にかかるといった徒労感を生んでいる（勝野, 2009）。こうした現状は，仕組まれた同僚性（Hargreaves, 1994：contrived collegiality）といわれる状況を生み出す。仕組まれた同僚性とは，教師自らの志向によってではなく，管理者の関心から生まれた（油布, 1999），協働性に似て非なる意図的な協力体制といえる。勝野（2009）は研究指定校による活動を，教育活動の目標が共有され，教職員間の結束が強まっているように表面的にみえても，実際は「やらされている感」が強く，不満や疲労が鬱積していると指摘する。

　油布（1999）はこうした教師集団を目的合理的に編成された組織とし，協働的な組織とは区別したうえで，仕事が分割され全体が把握しにくく，個人は部分的なかかわりにとどまるため，仕事の手ごたえが得られにくいと指摘している。一方対照的に，協働的な組織の特徴として，多様な人材が共存すること（相補性）と，幅広い情報を共有できる状態（情報冗長性）が挙げられている（油布, 1999）。このような特徴を持つ学校集団では，教師それぞれが役割を心得ており，個々の教師の力が有効に働くように組み立てられ，教育が行われている（油布, 1999）。また同僚性を形成する要素として，共通の目標を達成するための適切な相互批判と相互援助，その前提としての対等・平等な人間関係，教育実践上の個々の創意工夫の余地が挙げられている（戸倉, 2002）。つまり協働性のある教師集団とは，活発な議論や支えあいが日常的に存在し，共通目標を達成するために，個々の教師がお互いの資質を有効かつ創造的に発揮できる集団ともいえる。

　経験的にふりかえっても，協働性の高い学校は，職員室でさまざまな会話・

議論が常になされており，またそれが許される風通しのよい雰囲気があった。つまり多様な教育理念や指導ポリシーを持つ教師同士が，日頃のかかわりあいや日常会話を通じてお互いの相違を理解し合い，行動すべき時には「子どものために」という共通目標に向かって，その方向性を自然と収斂させてゆくような集団であった。その結果，問題が起きても，日頃の関係性と情報ネットワークから迅速に対応・問題解決がなされるため，スクールカウンセラーの出番が少ない学校が多かったのである。

(3) 協働性回復のために

　第2節でも言及したが，職員室が「仲良くできない」要因は教師集団を取り巻くシステムの悪循環である可能性が考えられた。こうしたことを踏まえれば，最も端的な方法は，「教育現場の機能に合致しない，目的合理的な教育改革を廃止すること」が，教師の仕事量を減らし，同僚を気遣う心身の余裕を保証し，協働性を回復する早道であるが，しかし現実は，そう簡単ではない。そこで教師集団が協働性を回復するために，上記のようなシステムの悪循環にわずかながらも変容を与え得る，現実的な提案をして本稿をおわりたいと思う。

　牧ら（2010）は，教師を対象とした調査研究で，被援助志向性（困ったときに人に援助を求める気持ちがあるかどうか）の2尺度（援助欲求，援助抵抗の低さ）のうち，援助抵抗の低さが協働性を促進する可能性を示唆している。援助抵抗を構成する要素には，「自分は援助などされなくてもできる」といったプライドの高さなどの個人要因も考えられるが，「忙しそうだから，今助けを求めたら悪いな」といった周囲への配慮や，わからないことがあっても「先輩には聞きづらい」「今さら後輩には聞けない」といった上下関係（特に新任教師やベテラン教師）など，環境との相互作用によって生じる要因も考えられる。また教師個人の性格よりも職場環境の影響（八並・新井，2010）がバーンアウト研究で示唆されていることから，援助抵抗を減らすための方法も，その職場環境に着目することが有効な可能性がある。

　たとえば援助抵抗が低い（協働性が高い）教師集団の特色を検討してみると，
　a. 管理職と一般教師が，日常的に職員室で雑談をしている。

b．ベテラン教師が，自ら失敗談を積極的に話している。
　c．問題発生や行事等で，管理職が真っ先に動く。
といった3点が共通している。aのケースは，管理職が肩書きを超えた対等で平等な関係性を一般教師と構築することで，何か起こったときに気軽に相談しやすい基盤づくりがなされているといえる。bのケースは，ベテラン教師自らが失敗談を話すことで，「失敗しても恥ずかしくないんだ」「失敗談を話してもいいんだ」「援助を求めてもいいんだ」というメッセージが周辺教師へと伝わり，肩書きや年齢にこだわらない，自由闊達なコミュニケーションを活性化しやすい。いずれも日々の地道な積み重ねによるものであるが，こうしたことが風穴になって，次第に意思の疎通性が高まり，協働性の地盤が整ってゆくと考えられる。

　以前勤務していた中学校は，放課後，学級指導や部活指導が一段落つくと，教師たちが次々と職員室に戻ってきては，その日あった生徒とのかかわりの失敗談や発生した問題などを話し出すという光景が常であった。この学校では，管理職もベテラン教師も，自然とこうした輪の中に入っていた。一見それはただの"雑談"のようでもあったが，話し始めは愚痴に近かった会話も，やがて生徒に関する情報交換や，指導に関する意見交換に発展していくことも少なくなかった。この中学校はいわゆる困難地域にあり教師は日々多忙であったが，教育や指導の悩みやストレスを，教師間で共有する文化が存在していた。職員室で気持ちの重荷を下ろした個々の教師は，翌朝またすっきりした顔で，忙しい日々を開始することができていたのである。

　cのケースは，管理職が真っ先に動くと一般教師が自然にそのもとに集まり，縦横の連携がスムーズになされやすいことを示唆している。何か起こった時に，管理職が先頭に立って動く学校では，「集団として仕事に協力しない」という選択肢，つまりプライバタイゼーション的行動をとる教師が実際に少なかった。逆にいえば，多様な教師集団の資質を引き出し協働的文化を作り上げるのが，管理職の力だともいえる。職員室が協働的な学校には，管理職に共通点があった。教頭は教師集団が気持ちよく働けるよう常にアンテナを張って気をくばり，校長は少し引いたところでそれを見守りつつ，いざというときには教師集団を守るという姿勢である。つまり，職員室が安心して過ごせる土壌（職員

室）になっているのである。子どもも家庭が不安定であると，その不安にエネルギーを消耗し，登校していても勉強どころではなくなる。教師たちが心身ともに余裕を持ち，専門家としての自負に基づき「仲よく」協働するためには，子どもたちにとっての家庭がそうであるように，教師たちが寄って立つ教育現場を，安心して教育に従事できる場所にすることが，子どもたちの未来のためにも，急務なのではないだろうか。

◆引用文献

新井　肇・高橋典久（2008）．同僚性をベースにした協働的生徒指導体制をどう構築するか？　月刊生徒指導, **38**, 36-45.

藤田英典（1996）．共生空間としての学校　佐伯　胖・藤田英典・佐藤　学（編）　学びあう共同体　東京大学出版会　pp.1-51.

藤田英典（2006）．教育改革のゆくえ─格差社会か共生社会か　岩波書店

藤田英典・名越清家・油布佐和子・紅林伸幸・山田真紀・中澤　渉（2003）．教職の専門性と教師文化に関する研究─日本・中国・イギリスの3カ国比較─　日本教育社会学会大会発表要旨集録, **55**, 224-229.

Hargreaves, A.（1994）．*Changing teachers, changing times.* New York : Teachers College Press.

ハーグリーブス, A.（2000）．二十一世紀に向けてのティーチングの社会学－教室・同僚・コミュニティと社会変化　藤田英典・志水宏吉（編）　変動社会のなかの教育・知識・権力　新曜社　pp.262-299.

今津孝次郎（2000）．学校の協働文化─日本と欧米の比較　藤田英典・志水宏吉（編）　変動社会のなかの教育・知識・権力　新曜社　pp.300-321.

井口和美（2011）．新任教員の信念と職場の協働性がバーンアウトに与える影響　大阪教育大学教育学部第二部卒業論文（未刊行）

伊藤美奈子（2000）．教師のバーンアウト傾向を規定する諸要因に関する探索的研究─経験年数・教育観タイプに注目して─　教育心理学研究, **48**, 12-20.

勝野正章（2009）．教師の協働と同僚性─教師評価の機能に触れて　人間と教育, **63**(9), 29-35.

紅林伸幸（2007）．協働の同僚性としての《チーム》─学校臨床社会学から　教育学研究, **74**, 174-188.

黒羽正見（2003）総合的な学習の教育課程開発の一事例とその質的分析─教師集団の協働性に焦点を当てて─　富山大学教育学部研究論集, **6**, 1-11.

牧　郁子・荊木まき子・榎阪昭則・中條佐和子・中林伸子・平山　進・本城章憲

(2010). 教師における協働性と被援助志向性との関連性　日本心理学会第74回大会発表論文集, 1240.
文部科学省（2002）．教師の実績評価と処遇等への反映　文部科学白書　第1部・第4章・第1節・2
中塚健一（2010）．教師受難期における小学校教師の自律性に関する一考察　太成学院大学紀要, **12**, 199-208.
尾木和英（2010）．教師の職務, 人間関係にかかわる課題　月刊生徒指導, **40**, 6-9.
大西彩子・黒川雅幸・吉田俊和（2009）．　児童・生徒の教師認知がいじめの加害傾向に及ぼす影響―学級の集団規範およびいじめに対する罪悪感に着目して―　教育心理学研究, **57**, 324-335.
織田明日樹・牧　郁子（2010）．教師平等感・受容性・要求性が児童の学級適応に与える影響　日本教育心理学会第52回総会発表論文集, 409.
佐藤　学（1996）．教師の自律的な連帯へ　佐伯　胖・藤田英典・佐藤　学（編）　学びあう共同体　東京大学出版会　pp.163-171.
柴崎武弘（2008）．管理職から見た教師の多忙化・多忙感―目くばり, 気くばり, ことばくばりを―　月刊生徒指導, **38**, 14-18.
四国新聞（2008）．去りゆく新人教員　四国新聞　11月29日朝刊
鈴木悠太（2008）．教師の「同僚性（collegiality）」の概念をめぐる争点と課題　日本教育学会大会研究発表要項, **67**, 286-287.
高橋　廉（2000）．教育における「ケア」と教職員の同僚性　教育, **50**（10）, 6-12.
戸倉信一（2002）．教師の同僚性の復権を－東京都の「教育改革」を問う－　教育, **52**（8）, 44-51.
浦野裕司（2001）．学級の荒れへの支援の在り方に関する事例研究　教育心理学研究, **49**, 112-122.
八並光俊・新井　肇（2001）．　教師のバーンアウトの規定要因と軽減方法に関する研究　カウンセリング研究, **34**, 249-260.
油布佐和子（1999）．教師集団の解体と再編―教師の「協働」を考える―　油布佐和子（編）　シリーズ　子どもと教育の社会学　教師の現在・教職の未来―あすの教師像を模索する―　教育出版　pp.52-70.

14

学校は，校長のリーダーシップ次第であろうか
―学校組織づくりにおける校長のリーダーシップについて―

淵上克義

1 集団・組織におけるリーダーシップの役割についての再考

「リーダーシップの幻想（The Romance of Leadership）」という言葉がある。集団や組織の成功・失敗の原因が，リーダーのリーダーシップのあり方に必要以上に強く帰属されるということである。たとえば，政治における失敗は直ちに時の政治リーダーの責任が強く問われ，スポーツチームで負け続けると何よりもまず第一に監督の交代が要求される。逆に勝ち続けるチームにおける監督はひとえに賞賛の対象となる。学校組織においても，同様の傾向がみられる。学校内におけるさまざまな不祥事の発生に対して，ただちに校長の責任問題が浮上する。逆に問題を抱えた学校が改善されたり，勉学やスポーツにおいて優れた結果を生み出す学校では，校長の優れた手腕が注目される。確かに筆者自身もたとえば，全国での校長会・教頭会の講演や管理職研修などの場において常に校長のリーダーシップの重要性について触れている（たとえば，淵上，2008, 2009a 他）。

けれども，本当に学校組織においても成果や結果と直接的な因果関係に基づいた校長のリーダーシップの効果を描きうるのであろうか。本章ではこれまでの実証的研究成果を踏まえながら，学校組織における校長のリーダーシップの役割について考察し，学校組織の有効性を高めるためのあり方について考える。

(1) リーダーシップの幻想

Meindl（1990, 1995）は，一貫してリーダーシップの受け手であるフォロ

ワーによる社会的構成体としてのリーダーシップ論を展開している。彼によれば，リーダーシップの概念は，社会的に構成された現実として普遍的に共有・確立されたものであるがゆえに，我々が組織に関連したさまざまな現象を意味づけようとする際に，重要な役割を演じるとしている。社会的に構成された現実とは，組織の成員や外部の観察者がリーダーシップについて共有している見解（たとえば，幻想化された英雄的な見解「組織においてリーダーの発揮するリーダーシップは重要である。ゆえに，リーダーが実際に行うことや達成できること，そして彼が私たちの生活に及ぼす影響はきわめて大きい」）のことである（淵上，2009a）。このように，リーダーシップは組織の成員や外部の観察者にとってきわめて重要な現象であると考えられているがゆえに，我々は因果的に了解できない曖昧な組織の出来事や現象を説明したり明らかにするため，単にリーダーシップというカテゴリーをもっともらしく便利に用いるに過ぎないとMeindlは述べている。たとえば，我々は客観的な状況を十分吟味することなく，不景気になったり，倒産寸前の会社が社長の交代によって立ち直った場合に，すぐに新しい社長の優れたリーダーシップに成功の原因を帰属したりする。つまり，組織内の成員や外部の観察者は，集団や組織の業績の向上や低下の原因を，他の要因（たとえば，集団成員や組織の動機づけ，景気や市場の動向などの環境要因，内部での人間関係など）以上に，上位者のリーダーシップに求める傾向がある。そして，集団や組織の業績の帰属に際してみられる，このようなリーダーシップの過剰評価の傾向を，Meindl（1990）は「リーダーシップの幻想（The Romance of Leadership）」と呼んでいる。

　では，集団・組織内の成員や外部の観察者に，このようなリーダーシップの過剰評価の傾向がみられるのはなぜであろうか。Meindl（1990）によれば，彼らは集団や組織の業績の変化を帰属する場合，多種多様で複雑な要因を一つひとつ考慮するよりも，単純に上位者のリーダーシップに帰属することによって，自分たちの環境を理解し，環境に対するコントロール感を達成しようとする。したがって，リーダーシップの過剰評価傾向――すなわちリーダーシップの幻想――が生じると指摘しており，そこにはフォロワーや観察者の帰属錯誤が存在する。このリーダーシップの幻想傾向の存在は，いくつかの調査研究によって確認されている（たとえば，Meindl，1990：淵上，1995：Shamir，1992）。

さらにこのリーダーシップの幻想傾向には個人差があり，「リーダーシップの幻想傾向を測定する尺度」により，リーダーシップを強く期待する者は，そうでない者よりもリーダーの影響力を強く帰属していることが調査研究によって裏付けられている（Shamir, 1992；淵上, 1995）。

学校は校長次第というように，学校組織における校長のリーダーシップの影響力が絶対的であるとすれば，これまで述べてきたリーダーシップの幻想は幻想ではなく現実のものとなる。他方，校長のリーダーシップによる影響力は微々たるものであるとすれば，まさしく校長のリーダーシップの幻想が存在するということになる。現在でも企業組織を対象とした経営学や社会心理学におけるリーダーシップ研究では，リーダーシップの実質的な影響力について激しい議論がなされている（たとえば，Bass, 2008）。

(2) 組織風土の形成

さて，組織におけるリーダーが組織内の構成員との継続的な相互作用を行うことによって，その組織特有の雰囲気である組織風土が形成されることが明らかになっている。社会心理学は，社会生活における人間行動を科学的に解明する研究だが，社会の中でも特に集団を対象とした研究をグループ・ダイナミックス（集団力学）と呼ぶ。つまりグループ・ダイナミックスとは，さまざまな集団（家族集団，学級集団，職場集団，スポーツ集団など）に共通してみられる集団の一般的法則性を科学的に解明しようとするものであり，具体的には集団形成，集団運営，リーダーシップ，人間関係などが研究対象となるので，我々の社会生活に直接結びついたきわめて実践性の高い研究といえる（淵上, 2010b）。

グループ・ダイナミックスの創始者であるLewinら（Lewin et al., 1939）は，教師と子ども集団の教育場面を模擬的に設定して，子どもの知能，家庭環境や交友関係など可能な限りの個人差を統制したうえで，教師の指導行動（民主型，専制型，放任型）の違いが，子どもの取り組む課題遂行量や集団全体のモラール（士気）にどのような影響を及ぼすのか検討した。教師による民主型リーダーシップは作業の手順や目標を集団討議で決めるやり方であり，いわばリーダーは議長としての役割を果たした。次に専制型リーダーシップを用いた

教師はすべての事柄を指示と命令により一方的にリーダーが決定した。最後に放任型リーダー役である教師は積極的にリーダーシップを発揮することなく、子どもにも関与しない行動をとった。

　研究の結果、教師の指導行動の差異により、まったく異なる集団の雰囲気が形成されることが明らかになった。民主型リーダーシップの下では、集団内の人間関係がよく、子ども同士の認め合いや集団意識的発言が多く、高いチームワークを示していた。対照的に専制型リーダーシップを用いた教師の下では、リーダーに対する依存性が強く、子ども同士の自由な会話が抑制されて、子ども同士による攻撃行動や破壊的行動などがみられ、チームワークのなさがみられた。最後に放任型リーダーの下では子どもが遊ぶ時間が多く、個人行動が顕著にみられ集団としてのまとまりに欠けていた。このLewinらによる研究が、グループ・ダイナミックス研究の端緒となったものであるが、研究対象は教師と子どもの人間関係に焦点をあてたものであった。Lewinらは実験的に造りだした集団全体の雰囲気のことを「社会風土」(Social Climate) と呼び、これまで捉えどころのなかった集団の雰囲気を実証的に明らかにした。日本における追試研究においても、用いられた課題差以外は、ほぼ類似した研究結果が見出され、リーダーと集団の構成員により形成された社会風土が組織の有効性に深く影響をもたらしていることが見出されている（三隅、1984）。

　Lewinらが明らかにした「社会風土」の概念を学校組織に適応したものが「学校組織風土」である（Harpin & Croft, 1963）。それによれば、学校組織風土は校長の行動と教師集団の相互作用の結果の混合物として生まれるものであると捉えられた。つまり校長と教師の人間関係のあり方は、学校組織全体に大きな影響を及ぼすということである。そして、校長の行動パターンと教師集団の行動パターンを組み合わせて6種類の学校組織風土を類型化した。この学校組織風土類型に関する研究によれば、開放的・自主的な学校風土の方が、閉鎖的・父権的な学校風土より、教師や生徒の疎外感が少なく、モラール（士気）や職務満足度、革新性が高いことが認められている。

　近年は、校長のリーダーシップとともに、先述した学校組織風土形成のもう1つの重要な要因である、教師集団を対象とした「職場風土」に関する研究も行われている。それによれば、職場風土は表14-1に示しているような、8項目

表 14-1　協働的風土と同調的風土 (淵上, 2005)

1. 協働的風土を示す項目
みんなが協力してよりよい教育を目指しているので,自分も高い職務意欲を持つことができる。
教師一人ひとりの意欲が大切にされており,各自の個性を尊重し,発揮しあう形でよくまとまっている職場である。
教育実践や校務分掌に関する教師間の多様な意見を受け入れて,みんなで腹をわって議論できる雰囲気である。
何か困ったときには,同僚から援助や助言を得ることができる。
2. 同調的風土を示す項目
教師集団の和を大切にするあまり,自分の考えや主張が言いにくい職場である。
趣味や遊びの面での仲間意識はあるが,生徒や校務分掌の仕事などについて真剣に議論をすることはあまりない。
他と異なる意見を言ったり,目立った行動をとらない限り居心地のよい職場である。
職員会議は,一部の人の意見に従うかたちでまとまることがある。

から構成されており,それらは 2 つに大別できる。第一のカテゴリーに集まった 4 項目は,各自の個性を尊重しながらも,お互いが仕事について自由に議論ができ,必要な場合は支え合うという協働的な風土を示しているものである。第二のカテゴリーに集まった 4 項目は,表面上はまとまっているように見えるものの,周囲からの圧力が強いので仕事に関する自由な意見や議論がなされにくい,いわば同調的な風土を示している。さらに,自分の職場を協働的と捉えている教師は,同調的と捉えている教師よりも,日頃の職務意欲や教育活動を高く評価しているだけでなく,同僚教師や校務分掌間のコミュニケーション活動も高い頻度を示しており,自分の与えられた役割意識も高いことがわかっている (淵上, 2005)。このように,教師が自らの職場を協働的な人間関係から成立していると捉えていることが,日常の職務活動や同僚教師や他分掌との交流に肯定的な影響をもたらしていることが明らかになった。反面,教師が自らの職場を自由に意見を交流できないような他の同僚からの心理的な圧力の強い職場と捉えている場合には,たとえ表面的にはまとまりがよくても,職場としての活力ある集団としては成り立ちがたく,効果的でないことがわかった。このような協働的な風土と同調的な風土が教職員に及ぼす影響の違いはその後の研究でも確認されている (谷口, 2006：高橋・新井, 2006)。このように,学校に

おける協動的人間関係の構築は，職務上孤立化傾向にある教師を支える力となるだけでなく，今日の学校にかかわる諸問題に対応していくための，教師集団の力や組織としての学校の力量を高める可能性を秘めている。

(3) 校長と教師集団の相互作用による組織風土の形成

これまでみてきたように，学校組織の有効性と深く関連している学校組織風土は，リーダーである校長と構成員である教師集団の相互作用によって成立するといえよう。さらに近年の研究では協働という観点から，学校の組織風土形成要因の1つである教師集団の職場風土の重要性が指摘されてきた。

では本章での最初の問いである学校における児童・生徒や教師の態度や行動と校長のリーダーシップには，どのような関係がみられるのであろうか。つまり，学校成果としての子どもの態度や行動，および教師の態度や行動に校長のリーダーシップはどのような影響をもたらすのであろうか。

2 学校成果を生み出す校長と教師集団の相互影響関係

(1) 校長のリーダーシップの効果

学校組織の構成員である子どもや教師の態度形成や行動結果と校長のリーダーシップに関するこれまでの研究結果によれば，校長のリーダーシップは子どもの学力成果や教職員意欲や態度形成について，子どもや教師一人一人に直接影響を及ぼすのでなく，学校の組織システムや教師集団の職場風土を通して影響をもたらしていることが明らかにされている。たとえば，学校管理職（校長・教頭）のリーダーシップは，教師の学校組織への積極的な参加を促し，管理・統制を和らげるような職場風土を通して，教師のモラールや教師の教授活動に影響をもたらすことが見出されている（松原・吉田・藤田・栗林・石田，1998；露口，2008 他）。さらに，子どもの学力成果に及ぼす校長のリーダーシップは，子ども一人一人への直接的な影響ではなく，教師集団の職場風土や教師と子どもの関係を媒介とした間接的な影響であることもわかっている。

この点についてさらに詳しく検討するために，西山ら（2008）は，学校での教育相談活動の定着に影響を及ぼすと考えられるさまざまな要因について実証

的に検討した。それによれば，変革型と配慮型という二種類の校長のリーダーシップは，教育相談活動の定着化に直接影響を及ぼさないが，まったく異なるルートを通じて，影響を及ぼしていた。すなわち，校長の変革型リーダーシップは，組織のハード面であるシステムに影響をもたらし，配慮型リーダーシップは組織のソフト面である教師集団の職場風土に影響をもたらしており，システムと職場風土のあり方が教育相談の定着化に影響をもたらしていることがわかった。西山らの研究結果から，学校において教育相談活動の定着を目指すためには，教育相談担当者個別の力量形成ではなく，むしろ組織としての教育相談システムや協働的な職場風土のあることが前提であることが示された。そして，校長の変革的・配慮的リーダーシップは，そうした要因を支えるものとして欠くことができないことが明らかになった。これに関連して，鈴木ら（2010）は，管理職のリーダーシップと養護教諭の自己効力感とストレスの関係を検討した。分析の結果，管理職のリーダーシップは教師集団の職場風土を通して，間接的に養護教諭の自己効力感やストレス認知に影響を及ぼしていることが確かめられた。

　以上のように，校長のリーダーシップは，教師集団の職場風土や学校の組織システムを通して教師一人一人に影響を及ぼしていることが確認されている。

(2) 教師のサポートが校長に及ぼす影響

　それでは，校長のリーダーシップが一方向的に教師集団に影響を及ぼすのであろうか。最近の研究成果によれば，リーダーシップを含めた校長の日常活動は，教職員の支援次第でもあり，校長と教師集団は前者から後者への一方向的ではなく，相互影響性を持っていることがわかっている。

　信実ら（2004，2005）は，小学校と中学校の校長と教頭を対象として，ストレス認知構造について検討している。そして，管理職のストレス認知には，職務と人間関係に対するコントロール感が大きな影響を及ぼしていることを明らかにしている。すなわち，自分の仕事や人間関係に対するコントロール感を持てない場合には，その管理職はストレス認知が増大し，結果として意欲喪失やバーンアウトに陥る危険性をはらんでいるといえる。この結果は，学校組織において校長や教頭が自信を持って日常活動を遂行できるというコントロール感

の重要性であり、そのような感覚を失うとストレス認知が高まることを明らかにしている。このコントロール感は校長による日常の経営活動やリーダーシップと密接に関連しており、コントロール感の維持は的確な経営活動やリーダーシップ発揮に不可欠といえる。

さらに信実ら（2004, 2005）は、管理職を職務満足度の高いグループと職務満足度の低いグループに分けて分析した結果、職務満足度の高いグループでは、先ほど述べた職務の遂行やコントロール感など、自分が管理職であるという認識、職務を理解し遂行できるという統制感が深くかかわっていることがわかった。しかしその一方で、職務満足度の低いグループでは、職務遂行にかかわる学校の雰囲気、とりわけ教師集団からの支持的なサポート認知が深くかかわっていた。そして以上の傾向は、校長・教頭別・校種別・性別に関係なくみられた。以上のように、職務遂行や仕事に対するコントロール感が満たされることで職務満足度が高まるものの、その基盤的条件として、教師集団による支持的職場風土が必要不可欠であることがうかがえた。このように、教師集団の支持的風土は、校長の自信を持ったリーダーシップの発揮と関連していることがうかがえる。

(3) 校長のリーダーシップと教師集団―学校マネジメントの両輪―

これまで概観してきたように、学校活動の成果である教師の行動や子どもの行動に効果的な影響力をもたらすためには、校長の的確なリーダーシップは必要であるが、それだけでは不十分である。校長のリーダーシップは教師集団の職場風土を通して影響を与えると同時に、彼らのコントロール感をもった適切なリーダーシップの発揮には、教師集団によるサポートが必要であることがわかった。校長のリーダーシップは、協働的関係に基づいたまとまりのある教師集団との相互影響による相乗効果によって、初めて学校組織の有効性に大きな効果をもたらすことがうかがえる。校長のリーダーシップと教師集団は、学校組織マネジメントにおけるいわば車の両輪のような働きをもっている。いずれが欠けても学校組織の高い有効性は望めない。

3 学校組織の力量向上のための新たな提案

　学校組織風土を構成している校長のリーダーシップと教師集団の職場風土は，双方向的な影響過程である。そして，両者がうまくかみ合うことが，学校組織活動の成果である組織の力量向上と関係している。最後に，学校組織の力量向上のために取り組むべき課題について教師集団，校長のリーダーシップそれぞれの観点から考察する。

(1) 教師集団の具体的な協働化

　効果的な教師集団の形成については，従来は協働という観点から考察されてきたが，その具体的な中身については相互理解，共通理解，情報共有などの観点に留まっており，学校組織における課題志向的な協働に関する具体的な内容についてはほとんど議論されていない（淵上・中谷ら，2009）。このことに関連して，古川（2004）は集団におけるチームワークを3つのレベルで整理している。チームワークのレベル1は，適切な報告，連絡，相談（ホウレンソウ）を通して，メンバー同士で適切にコミュニケーションが交わされ，情報の共有が測られている段階である。つまりメンバー個々が自分の役割を十分にこなしている段階であるといえる。チームワークのレベル2では，メンバーはチームの目標や成果を意識しながら，自己の役割を果たすだけでなく，役割を越えた行動や連携が柔軟にとれる状態である。そしてチームワークのレベル3では，円滑な人間関係や自己の役割を越えた行動を柔軟に行えるだけでなく，メンバー同士が知的に刺激し合い，新しい発想や創造が生まれる状態である。レベル1からレベル2，レベル3に進むにつれて，チームワークが高まることを示している。

　このチームワークに関する考えは，教師集団にも適用することが可能である。「ホウレンソウ」を通した情報共有やオープンなコミュニケーションは，チームワークづくりの基礎となり，重要ではあるが，やはりそれだけでは自己の役割に留まっているという意味において集団の力量は加算的であり，相乗的な力量向上は望めない。レベル2や3のように，メンバー個々の自己の役割だ

表 14-2 教師の文脈的行動

第Ⅰ因子：個人への支援
同僚の困っていることに対し，相談にのる。
生徒指導で家庭訪問する際，相談にのったりする。
若い教員に，学級経営の仕方や授業についてアドバイスする。
若い教員に教室環境の設定の仕方を助言したり，手伝ったりする。
新しくきた先生や初任者の先生に職場のことや仕事等，親切に教える。
生活ノートや交換ノートには，コメントを書く。
会議の円滑な運営に向けて手伝ったり，助言したりする。
保護者との連携を図るために通信等を発行し，様子を伝える。
夜，仕事に追われている先生を一人にせず，一緒に残ることがある。
放課後を利用して，気になる生徒と話し合う。
行事等で，当日突発的なことや気づいたことについて対応する。

第Ⅱ因子：環境作りへの支援
電話やインターホンが鳴ると，すぐ出る。
お客さんが来たら，対応する。
職員室用のコーヒーや砂糖がなくなりそうなとき，補充する。
朝，お湯や飲み物の準備をする。
職員室や印刷室の整理整頓をする。
プリンターやコピー機など用紙が残りわずかになったら（なくなると）補充する。
会議用の冊子など，綴じている人を手伝う。

第Ⅲ因子：組織への支援
修学旅行のしおり作成等で，要求されている以上のよりよいものをつくる。
自分のクラス以外でも，ガラス破損や壊れたところの処理や修理をする。
優れた活動に対し支援ができるよう進んで協力する。
担任や担当の先生が出張中で不在の時，授業を申し出たり，自習監督をする。
研究授業や公開授業の準備や手伝いをする。
修学旅行等の行事で，役割ではないが，朝早くきて不足の事態に備える。

けでなく，常に学校組織の目標を意識しながら役割を超えた連携や行動がとれることが重要である。このような行動は文脈的行動，ないしは役割外行動と呼ばれている。原・淵上（2010）は，中学校教師を対象として文脈的行動に関する調査を行い，表 14-2 に示しているように，3 つに整理している。第一は同僚教師への支援行動であり，第二は学校の環境づくりへの支援行動であり，第三は組織への支援行動である。今後はこのような支援行動を視野に入れた協働による具体的な教師集団の力量向上について詳細に検討していく必要があるだろう。

(2) 校長のリーダーシップ—アセスメント能力—

　近年の学校評価，教員評価，説明責任など急激な学校改革の流れに対応するために，校長のアセスメント能力の重要性が指摘されている（淵上，2008）。校長のアセスメント能力の違いが学校組織の有効性認知に大きな影響をもたらすことも実証的に明らかになっている（淵上・佐藤ら，2009）。このことに関連して，淵上（2010a）は，校長の評価次元と教育に関する信念の関係について，校長602名を対象に調査を行った。分析の結果，教育に関する信念の高い校長は，教育に関する信念の低い校長に比較して，評価次元が少ないことが明らかになった。つまり，教育に関する信念の低い校長は，多様な評価次元を持っており，評価の際には自らの多様な評価次元を用いながら評価できるという，いわば評価のメタ認知能力が高いことが推測される。これに対して，教育に関する信念の高い校長は，評価次元の数が少なく，自らの教育信念に基づいたある特定の次元からのみの評価を下しやすいことが想定される。多様な評価次元を持つことで，多様な特徴や能力を持つ教員一人一人を適切に評価できることが可能となる。特に教師集団の協働との関連では，校長が学校現場において，教職員の協働の必要性を説くのであれば，当然のことながら教員の個人的な役割行動だけでなく先述したような文脈的行動などについても適切に評価しなければならないことになる。

　本章では，「学校は校長次第であるかどうか」という問題提起を行い，双方的影響関係である校長と教師集団の風土の両方が重要であることを指摘した。今後はアセスメントを含めた校長のリーダーシップと教師集団の協働的風土の相乗効果を念頭に置きながら，相乗効果の中身を含めたより具体的な学校組織の力量向上を解明していく必要がある。

◆引用文献

Bass, B. M. (2008). *The Bass handbook of leadership*. New York: Free Press.
淵上克義 (2005). 学校組織の心理学　日本文化科学社
淵上克義 (2008). 学校を元気にする校長のリーダーシップ　京都府小学校校長会講演資料

淵上克義（2009a）．新しいリーダーシップ理論の動向と課題　組織科学, **43**, 4-15.
淵上克義（2009b）．学校改革に求められるリーダーシップ　全国学校評価指導者養成研修講演テキスト　つくば市独立行政法人教員研修センター
淵上克義（2010a）．学校組織におけるスクールリーダーのアセスメント能力の開発に関する理論的・実証的研究　平成19年度～平成21年度日本学術振興会科学研究費補助金（基盤研究（C））研究成果報告書, 78.
淵上克義（2010b）．IX学校組織と教師集団　森　敏昭・青木多寿子・淵上克義（編）よくわかる学校教育心理学　ミネルヴァ書房　pp.212-241.
淵上克義・中谷素之・小泉令三・浅田　匡・杉森伸吉（2009）．学校組織における教職員による自発性の構築に向けて　教育心理学年報, **48**, 55-59.
淵上克義・佐藤博志・北神正行・熊谷慎之輔（編）（2009）．スクールリーダーの原点――学校組織を活かす教師の力――　金子書房
古川久敬（2004）．チームマネジメント　日本経済新聞社
Halpin. A., & Croft, D. B.（1963）．*The organizational climate of schools*. Chicago: Midwest Administration Center.
原　康之・淵上克義（2010）．教師における文脈的業績に関する研究　平成22年度日本学術振興会　科学研究費補助金（基盤研究（C））「リーダーシップと集団効力感が学校組織の力量向上に及ぼす影響に関する教育心理学的研究」研究成果シンポジウム発表資料
Lewin. K., Lippit, R., & White, R. K.（1939）．Pattern of aggressive behavior in experimentally created climate. *Journal of Social Psychology*, **10**, 271-299.
松原敏浩・吉田俊和・藤田達雄・栗林克匡・石田靖彦（1998）．管理職・主任層のリーダーシップが学校組織行動プロセスに及ぼす影響　実験社会心理学研究, **38**, 93-104.
Meindl, J. R.（1990）．On leadership: An alternative to the conventional wisdom. In B. M. Staw, & L. L. Cummings（Eds.）, *Research in organizational behavior*. Vol.12. Greenwitch, CT: JAI Press. pp.159-203.
Meindl, J. R.（1995）．The romance of leadership as a follower-centric theory: A social constructionist approach. *Leadership Quarterly*, **6**, 329-341.
三隅二不二（1984）．リーダーシップ行動の科学　改訂版　有斐閣
信実洋介・淵上克義・山本　力（2004）．学校管理職の職務上のストレスと職務満足度に関する調査研究　日本教育心理学会第46回総会発表論文集, 672.
信実洋介・淵上克義・山本　力（2005）．学校管理職の職務上のストレスに関する調査研究　日本教育心理学会第47回総会発表論文集, 323.
西山久子・淵上克義・迫田裕子（2009）．学校組織における教育相談活動の定着に及ぼす諸要因の相互関連性に関する実証的研究　教育心理学研究, **57**, 99-110.
Shamir, B.（1992）．Attribution of influence and charisma to the leader: The romance of leadership revisited. *Journal of Applied Social Psychology*, **22**, 386-407.

鈴木　薫・淵上克義・鎌田雅史（2010）.養護教諭の自己効力感形成に及ぼす学校組織特性の影響　日本養護教諭教育学会誌, **13**, 27-36.
高橋典久・新井　肇（2006）.小学校における協働的生徒指導体制の構築に関する基礎的研究生徒指導研究（兵庫教育大学生徒指導研究会）, **18**, 42-54.
谷口弘一（2006）.教師のソーシャルサポート　教師のエンパワーメント向上のための社会的資源に関する総合的研究　平成16年度～平成18年度日本学術振興会科学研究費補助金（基盤研究（B））研究成果報告書（研究代表者淵上克義）, 51-74.
露口健司（2008）.学校組織のリーダーシップ　大学教育出版

15

「地域の教育力」は衰退したのか
―学校と地域の協働による「地域の教育力」の顕在化を考える―

時岡晴美

1 「地域の教育力」は衰退したのか

(1)「地域の教育力」とは

　近年，子どもがかかわる重大事件が発生するたびに「地域の教育力が低下した」「地域の教育力が失われてきている」との指摘がみられる。「地域の教育力」とは具体的に何をいうのだろうか。地域の大人が子どもの良くない行為を注意する，子ども向けの行事やイベントを開催することをいうのだろうか。地域の大人が子どもに関心を示し，子どものために行動することは重要であるが，子どものためのスポーツ大会を開催しなければ「地域の教育力」がないということにはならないだろう。地域に生きる子どもの人間形成に及ぼす影響力を「地域の教育力」と捉え，その危機的状況が指摘されたのは，今から30年も前のことである（松原，1980）。

　わが国で従来「地域の教育力」に関する研究が特に多い教育社会学の領域では，それを地域の子どもたちに規範意識を教えるという地域本来が持つ機能であると捉え，地域で展開される自然体験や労働体験などから成長に必要な多くを学習すること，さらに，地域におけるフォーマル・インフォーマルな諸集団の営む諸活動がこれらを補うものとして位置づけられている（矢野，1981）。社会学の観点から地域の本来的機能に着目すると，「地域社会の規範体系」「多面的な生活体験の場」「地域集団の役割」という三点から特徴づけることができ，人々の相互連帯としての規範的価値体系と多様な生活体験の機会が，子

もの生活体験の欠落を補い，地域集団が全体として有する教育に関する能力であるといえる（松原，鐘ヶ江，1981）。社会教育の観点からは，地域で日常的に大人と子どもが直接的に交流し共同体験をすることによって，子どもが多くの大人を認識することで自分という人間を自覚できるようになるとの指摘がある（門脇，2002）。すなわち，地域社会の行事や同年齢・異年齢の人々を通して，子どもを地域社会の構成員として一人前に形成する力と捉えることができる。「地域の教育力」は，子どもの社会化と密接に関係しているのである。

(2) 子どもにとっての「地域の教育力」

地域社会は，子どもにとって，家庭・学校とともに教育における重要な概念の一つである。子どもはそれぞれの家庭に生まれ育つものの，その家庭は環境・文化・人間関係，公共的なサービス体系の単位としての地縁社会や行政区域に属しており，家庭の存在基盤は地域社会である。地域社会が，そこに生きる子どもの人間形成に及ぼす影響こそが「地域の教育力」である（佐藤，2002）。

しかし，高度経済成長期以降，地縁的共同体の機能が弱まってきたことを背景に，「地域の教育力」が声高に広く語られるようになった。急激な産業構造の変化，社会移動の激化，価値観の多様化などによって地域の共同性が衰退し，それを基盤とする社会規範が低下した結果，地域で子どもの行動や意識を規制して地域の成員に育てることが難しくなった。一方，情報化・都市化・商業化の推進によって生活の地域性が薄まるとともに，地域を基盤とする子どもの自然体験・社会体験などの生活体験の機会が少なくなってきた。すなわち，組織的な地域集団が空洞化することで，地域規範のもとに共同で行う集団活動がなくなり，それを子どもが学習する機会を失ったといえる。

現代社会の中にあって，子どもの自我形成における第一次集団の重要性[1]，

---

1) たとえば，Cooley, C. H. は，個人の自我を形成するうえで重要な第一次集団として，「家族集団」「仲間集団」「近隣集団」を挙げ，都市化の過程で第一次関係が消滅していくとするが，それにもかかわらず子どもの自我形成における第一次集団の重要性を指摘している（Cooley, 1909）。

2) たとえば，住田（2001）は，現代社会の家族主義的私生活化は「子ども中心」となりやすく，この中にあって子ども自身が私的空間を確保するようになることで子どもの生活の個人化と私生活化が生じ，これによって友人・仲間との関係が希薄になっていくと指摘する。

子どもの生活の個人化と私生活化による憂慮される状況[2]などについてはすでに多くの指摘があり，一方，地域集団による教育諸機能の活性化が必要であること[3]，地域の大人と子どもの交流や共同体験の機会が重要であること[4]なども指摘されている。これらを踏まえれば，「地域の教育力」自体が低下したというより，日常生活で「地域の教育力」を発揮する場面が減少してきたといえるのではないか。そうであるなら，子どもの日常生活の中に「地域の教育力」を活かす取り組みを増やすことで，「地域の教育力」を発揮することができるのではないだろうか。

(3)「地域の教育力」を取り巻く政策動向

地域における子どもの教育を促進するための事業として，放課後に子どもを育成する環境を整備する一連の放課後政策に注目して，政策の動向と課題をみることにしよう。

放課後政策として文部科学省によって展開されてきたのは「全国子どもプラン」であり，平成19年には厚生労働省と文部科学省が連携して実施する「放課後子どもプラン」が創設された。文部科学省の「放課後子ども教室推進事業」は，すべての子どもを対象として地域の参画を得て学習やスポーツ・文化活動等の取り組みを推進するためとして，厚生労働省の「放課後児童健全育成事業」は，保護者が労働等昼間家庭にいない概ね10歳未満の児童に適切な遊びと生活の場を提供するためとして，両省が連携しながら実施している。従来の取り組みに比して地域の積極的な参画が欠かせないことが強調されており，これらを通して地域社会全体で地域の子どもたちを見守り育む気運を醸成することで，子どもを育てやすい環境の整備につながることをめざしている。すなわち，地域の力に負うことを前提として創設されているのである。平成19年「放課後子どもプラン実施状況調査」では，全国21,874小学校区のうち1,672小学校区（29.3％）で実施され，参加した子どもは「地域の大人との交流が深まっ

---

3) たとえば，松原（松原・鐘ヶ江，1981）は，居住区における地域集団と結びついた教育諸機能の活性化や統合を行うことが必要であるとしている。
4) たとえば，門脇（2002）は，地域の大人と子どもが交流し，さまざまな共同体験ができる機会を多く設定することが重要であるとしている。

た」(47%),「学校に行くのが楽しくなった」(48%) などとしている(文部科学省, 2008a)。子どもの居場所としての効果がみられるが, 実施主体である都道府県等では, 今後の課題として「予算の充実」(81.4%),「実施場所の確保」(80.0%),「安全管理員等の新たな指導者の養成・確保」(78.6%),「コーディネーターの新たな養成」(75.7%),「担当職員やコーディネーターに対する研修の充実」(74.3%) などを挙げており(文部科学省, 2008b), 特に教育的効果の拡充と継続実施に向けて課題が山積していることをうかがわせる。

　子どもの居場所づくりとして地域の諸団体や諸活動をコーディネートする活動は, 従来は学校を拠点とし学校を中心に行われてきた。1974年文部省社会教育審議会の「在学青少年に対する社会教育の在り方について」に端を発する学社連携の流れであり, 現在では, 学校内に地域連携に関する校務分掌が位置づけられている学校も多い。しかし, 教員にとっては日々の教育活動で多忙で, 学校としては余裕が持てないことから, その代替として学校敷地内で展開する「放課後子ども教室」を開設するというのが実情のようである。子どもを対象とした地域の諸活動と連携を強化するという動向は, 地域の教育力を前提とするものであり, 子どもにとって多様な居場所が用意される望ましいことであるが, そのためにも地域の教育力を充分に発揮させる取り組みが求められているといえよう。

(4)「地域」からみた教育力

　地域の側からみると, これまで「地域の教育力」がどのように発揮されていたかといえば, 意図的・計画的な教育活動ではなく, どちらかといえば地域における日常生活の場面で無意図的な行為として行われてきた。地域では教育することを特別に意識していたのではなく, たとえば, 子どもの何をどのように変えるかについては考えられてこなかった(門脇, 1999)。一方, 地域教育としての社会教育は組織化され空間も整備されて, どちらかといえば意図的に地域の教育力を取り入れてきた。近年は, 生涯学習の取り組みが活発化する中で, 地域の教育力を活用する動きがますます強まる傾向にある。

　学校と連携する活動が活発化してきた背景には, 生涯学習活動の一環として学校教育との連携を図るようになってきたことが挙げられる。「放課後子ども

プラン」で子どもと一緒に活動したり，昔の遊びや地域の歴史を教えるなど，子どもに何をどのように教えるかというプログラムは用意されているのである。すなわち，地域の側からみると，潜在化した地域の力を発揮することができ，かつてのように学校が心理的・実質的にも中心となる試みとして歓迎されるものであり，学校教育をサポートすることが同時に自らの学習成果を生かす場となる活動なのである。

以上のように，「地域の教育力」は「教育力」そのものが「衰退した」というより，「発揮する場面がなくなってきた」あるいは「潜在化した」とみることができるのではないか。それだからこそ，近年では「地域の教育力」を発揮するための取り組みが多方面で展開されているといえるだろう。

2 「地域の教育力」への期待と効果

学校教育においても「地域の教育力」に近年ますます期待が高まっている。学校業務の軽減のために「地域ぐるみの子どもの教育」が強調されている面もあるのではと懸念されるが，反面，地域との連携によって学校側の負担が多くなることも指摘されている（広田，2003）。そこで，本節では，学校と地域の協働事業に注目して，「地域の教育力」への期待とその効果について検討する。取り組みの事例として，文部科学省が実施している「学校支援地域本部事業」を取り上げて，「地域の教育力」による合理的な学校支援を目的とした新たな事業の効果と課題をみることで，学校と地域の連携に現れる「地域の教育力」について考察する。

(1) 学校を支援する地域の組織づくり

「学校支援地域本部事業」は，学校が支援を必要とする活動について地域住民をボランティアとして派遣するための組織を整備するもので，文部科学省が平成20年度から新たな重要政策課題の1つと位置づけて実施している。地域のボランティアによる学校の活動支援を推進するため地域本部を立ち上げてコーディネーターを置くもので，従来の学校支援ボランティア活動を発展させた組織的なものと捉えることができる（図15-1）。コーディネーターはボランティ

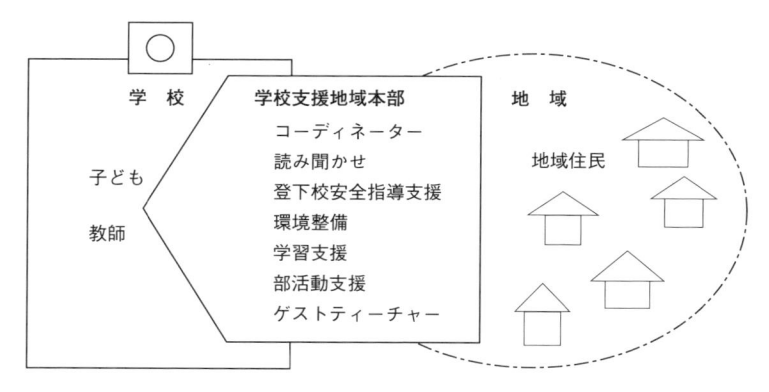

```
            ┌─────┐
         ┌──┤     ├──────────┐
         │  └─────┘          │
         │  学 校   学校支援地域本部    地 域
         │          コーディネーター
         │          読み聞かせ         地域住民
         │  子ども  登下校安全指導支援
         │          環境整備
         │  教師    学習支援
         │          部活動支援
         │          ゲストティーチャー
         └───────────────────┘
```

図 15-1　学校支援地域本部事業と学校・地域の関係

アの調整や取りまとめだけでなく，支援する事業の内容やボランティアのかかわり方などについて学校と協議することで，学校と地域ボランティアをつなぐ役割を果たすのである。これまでの学校と地域の連携の合理化を進めることによって，①教師や地域の大人が子どもと向き合う時間の増加，②地域住民が自らの学習成果を生かす場の広がり，③地域の教育力の向上，などの実現を図るものであるといえる（佐藤，2008）。

　平成 20 年度実績では，全国の 867 市町村に 2,176 の地域本部が立ち上げられた。しかし，現在のところ具体的な事業内容として画一的なものはなく，組織の構成，コーディネーターの役割，学校と地域の関係性なども多様で，校種により目的や活動内容も異なっている。多くは地域住民によるボランティアの活動が中心であるが，地域の実情に合わせて工夫を凝らした取り組みもみられる（和歌山県紀の川市，山口県下関市など：文部科学省，2010）。いずれのケースも，平成 21 年度までの活動概要からは「本事業の重要性と可能性」を認めるものの課題は山積しており，これを「小さな一歩」として今後の発展を期待する声が強い。

　これまでの取り組み実績では小学校の事例が比較的多く，小学校区における取り組みには保護者や地域住民が比較的参画しやすいと推測される。小学校区という地理的要因や，保護者が学校行事に参画するといった色合いが濃く，地域住民による学校支援の新たなボランティア組織というよりは，従来のPTA

活動を再整備して活性化を図る取り組みという傾向がみられる。一方で，前述の「放課後子どもプラン」と同様に，中学校区における中学生を対象とする事業はほとんど実施されていない。

「放課後子どもプラン」では，前述のとおり，成立過程において厚生労働省の「放課後児童健全育成事業」（いわゆる学童保育）と連携して一体的に進めることになったという経緯が影響していると考えられる。学童保育は，児童福祉法（第6条の2第2項）において，留守家庭児童を対象として，子育てと仕事の両立を支援する事業であると規定しており，文部科学省が進める全児童対象事業とは大きく異なる性質のものである。すなわち，前者は託児的機能，後者は地域教育的機能を想定しているとみることができ，本来まったく異なる意味を持つ2つの事業を総合的に運用しているのである。このため，特に小学校においては，学童保育の必要性が高いことから，これを含んで子どもの安全・安心な居場所づくりを目的に実施していると考えられる。しかし，中学校においては託児的機能を期待されることが比較的少なくなり，逆に，学習やスポーツ・文化活動等の推進が求められることが多くなる。安全・安心な居場所の提供を主目的とするのではなく，学習支援やスポーツ・文化活動の高度化を目的とする事業が期待されるのである。すなわち，場所を用意するだけでなく，具体的に何らかの高度化した事業を計画し実施するということであり，そのためには実施主体や内容の検討が必要となることから，中学校における取り組みがより難しくなると考えられる。さらに，中学生の方が部活動や塾などに費やす時間が長くなるため，放課後の事業がさほど期待されていなかったことも要因として挙げられよう。しかし，中学校における中学校区を対象とする取り組みこそ，地域教育的効果を発揮するものといえる。地理的な校区の大きさという面からも，小学校区では日常的な近隣関係の延長といった地域コミュニティや，保護者間に存在する子どもの乳幼児期からの人間関係をベースに取り組むことが多いが，中学校区ではより広範な関係が必要とされる。

すなわち，前節で述べた「地域の教育力」を踏まえれば，中学校における中学校区を対象とする取り組みこそが学校の応援団を地域に組織することにつながるのであり，まさに「地域の教育力」を発揮する機会となるのではないだろうか。

現代の地域住民にとっての学校は，自分や家族が学校を卒業してしまえばほとんどかかわる機会がなく，防災拠点や避難所としての位置づけがあることは認識していても，校内の空間構成や，在校生や教職員について，教育指導の内容についても関係者以外はまったくわからない。小学校より中学校が特にその傾向が強い。学校の安全確保のため地域住民も入りづらい場所になっているが，地域住民は卒業生であることが多く，機会があれば母校に行ってみたいと思う住民は多いのではないか。母校とかかわりたい，母校のためになる活動に協力したいとの思いは，少なからずの住民が持っているのではないだろうか。このような熱意を集約することで，学校支援事業を推進する力を得ることができれば，生徒や教師にとっても多大な効果が期待でき，地域住民が学校支援事業に参画することで，学校が地域に開かれていく。中学生にとっては，地域における活動に参加して地域社会の一員として認められることで地域社会への帰属意識が高まり，ひいては地域が故郷として心の居場所になることにつながるのではないだろうか。すなわち，地域の成員を育てる「地域の教育力」の観点からは，まさに中学生を対象としたかかわり方が重要であるといえよう。

(2) 岡山県備前市立備前中学校における取り組み実態から

平成22年度に岡山県内で実施を予定しているのは19市町村49校に上るが，多くは小学校であり，中学校での取り組みは8校，小中合同での取り組みは6校である。前述のように中学校では小学校よりも実施が困難であることを裏付けているが，その中にあって，活発な取り組みが行われており，その成果について関係者から高く評価されている備前中学校を取り上げる。

①地域を巻き込む取り組み

備前中学校は岡山県東南部の備前市伊部に位置し，5小学校区からなる。2010年4月現在の生徒数は461名（男子217名，女子244名）である。備前市の産業の中心は耐火物製造業で，備前焼の中心地として特に伊部には多くの窯元がある。2010年現在の人口は39,002人，15,759世帯である。

備前中学校では，平成19年に実施された学校開放事業を契機として中学校の体質改善を図ろうとする動きがあり，これを推進したい保護者が発起し，教師を窓口とする協力体制を整備して実行委員会を立ち上げ，平成21年度より

本格実施となったものである。地域を巻き込んでボランティア募集をするとともに，ボランティアのネットワークづくりにも配慮した。

活動は6部会で，学習支援（ボランティアが中学生とマンツーマンで数学を教える），部活動支援（近隣の高校とも連携して球技スポーツなどの体験会も行う），環境整備（校内の花壇整備ならびに地域から借り上げた耕地を利用しての芋作りなど），読み聞かせ（クラスでの「朝の会」を利用してボランティアが本の読み聞かせを行う），登下校時の安全指導（登下校時の見守りや交通指導），ゲストティーチャー（地域特性を活かした講師を招いて講座を行う）となっている。平成22年2月現在，ボランティア登録者数は168名である。

②**参加した生徒と担当教師の評価から**

この事業の立ち上げから中心となって実施してきたH教師は，校内に地域住民が立ち入るようになって，ふだんは無愛想な生徒が元気よく挨拶したり，徘徊する生徒を見かけなくなるなど，影響の大きさに驚いたという。生徒や担当教師が参加することによる変化について，次のような分析がある（時岡ら，2010）。

平成21年度の学習支援の取り組み終了時に，参加した生徒にアンケートを実施した結果をみると，「数学がわかるようになった」の項目には「とてもそう思う」36％，「少しそう思う」52％，また，「ボランティアの人が学校に来ると安心」の項目には「とてもそう思う」60％，「少しそう思う」24％と回答している。生徒は，マンツーマンで対応したボランティアが見守り続けていることを実感し，そのことによって安心感を抱くとともに，丁寧に対応されたことに対して自然と感謝の言葉を口にするようになったという。地域の人々と触れ合うことで自信や穏やかな心を取り戻したことがうかがえる。また，環境整備部会の作業では，ふだん反抗的な生徒が休日にも参加し，ボランティアに強い口調で注意されても嬉しそうに対応しており，地域の年配者に叱られるというかかわり方は，彼らにとって大事な意味があるようにみえるという。さらに，登下校時の安全指導部会では，学校支援地域本部のベストをみかけると，普段は無愛想な中学生が例外なく元気よく挨拶をするという。影響の大きさに関係教師も驚いており，大人が関心を持つと子どもは変わるということを実感している。

210   15 「地域の教育力」は衰退したのか

項目	大変そう思う	ややそう思う	あまり思わない	全く思わない
楽しんで参加した	22	55	9	1
負担に感じられた	2	26	32	30
中学生が元気になった	3	57	21	2
自分たちが元気になった	14	47	21	4
地域が良くなった	7	39	34	2
住民間で話題になった	10	26	38	8
良い企画である	41	41	8	0
今後も続けてほしい	51	34	4	1

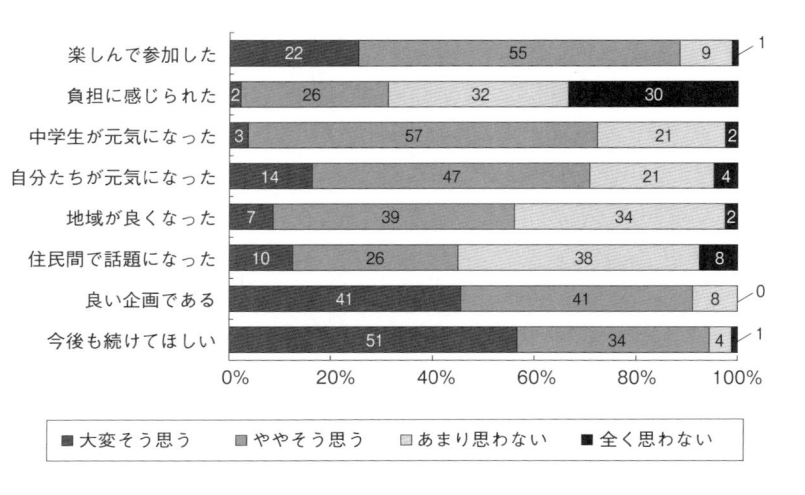

図 15-2　ボランティアに参加した感想

　一方，教師の反応について。学校が荒れていた2年前までは，教師の生徒指導はともすれば後追い指導で，起こったことに対処する指導であったというが，この事業が始まると「なぜ起こったのか」「再発を防ぐにはどうしたらよいか」という対応がみられるようになったと評価している。当初は仕事が増えて険しい表情であった教師が，次第に柔らかい表情になり，担当を申し出るまでになった。地域住民のかかわりが教師を変え，教育にゆとりをもたらし，教師の教育に対する情熱を呼び戻したと考えられている。「地域の教育力」は，教師にも有効な部分があるといえるのではないだろうか。

③ボランティアの意識調査から

　地域の側からはどのように捉えられているのか，ボランティアを対象に実施したアンケート調査の結果を紹介する。調査は，平成22年3月現在のボランティア登録者168名を対象として，平成22年3月に実施した（調査票の回収数は97，回収率は57.5％）。回答者の属性をみると，性別では，男性45.4％，女性54.6％，年齢別では，10～50代29.9％，60代43.3％，70代26.8％で，一般に地域活動やボランティア活動を中心的に担うとされる「女性」「高齢者」が多くなっている。

　「学校支援地域本部事業」のボランティアに参加してどのように思ったか，

感想や評価などの各項目について4段階で回答してもらった結果が図15-2である。全体として、事業について肯定的に受け入れられており、やや負担に感じる人があるものの、楽しんで参加していることがわかる。8割以上が良い企画であると評価し、今後も継続することを望んでいる。特に、「中学生が元気になった」「自分たちが元気になった」「地域が良くなった」「住民間で話題になった」などの回答に注目したい。ボランティアに参加することによって、中学生や地域が変化しただけでなく、自分たちも元気になったと捉えている。

参加した理由の自由記述では、「学校のために何かしたい、役立ちたい」が最も多く、次いで「お世話になった学校に恩返し」「事業に関心あり」「学校・生徒をみたい」などで、少数ながら「経験を生かせる」もあった。すなわち、もともと「地域の教育力」としての力量や関心がある住民がボランティアに参加したということなのかもしれないが、そういった住民が地域に少なからず存在していたという証しであるともいえよう。さらに、自由記述では、「継続に賛成」の意見として、「地域と学校の繋がり形成が大事」「地域・学校・生徒が協力し合える場として」など好意的に受け止めた意見がある半面、「子どもはどう受け止めたか知りたい」「地域の人材をもっと活用して」など課題も多い。しかしながら、これらの指摘された課題はいずれも積極的な姿勢から発せられたものであり、まさに「地域の教育力」の現れであると捉えることができる。「地域が入って生徒にふれるのは良いこと」「地域がしっかり見守っているという意識が生徒に浸透すれば‥‥」など、まさに実感として「地域の教育力」とその成果を評価した記述もみられた。

(3) 学校支援地域本部事業の成果からみた「地域の教育力」

　この事業を実施することで、教師と生徒が変化していった実態をみると、地域住民が学校の取り組みに参加する、あるいは学校に地域住民が入ってくるという取り組みが、教師と生徒の双方に与える影響は多大なものがあることがわかる。まさに「地域の教育力」が発揮された成果といえるのではないか。また、ボランティアの側からは、潜在化していた教育力を存分に発揮する機会となっていることがうかがえるとともに、このような取り組みに参加することが地域住民自身にとっての教育効果をもたらしていることがわかる。事業の成果から

みた「地域の教育力」について，次の4点に整理できよう。

①**子どもたちにとっての教育効果がある**

従来「地域の教育力」として指摘されていた効果，すなわち，地域住民や地域文化に触れることで居住地域について知るだけでなく，教師や親以外の大人あるいは高齢者との触れ合いによって自己肯定感を育むという，まさに「生きる力」を育む効果が実証されたといえる。

②**教師にとっても大きな影響を及ぼす**

調査で明らかになったように，教師の取り組み姿勢を前向きに変えたことや，「教育」の再発見，教師自身が忘れかけていた教育力を取り戻した面もあった。教師にとって，学校を地域に開く試みについては，教育効果が期待できる半面，逆に教師の負担増になるとの懸念もあるが，それによって教師自身のエンパワーメントにつながっていくことが示唆されたといえる。これまであまり指摘されてこなかったが，この点も「地域の教育力」と評価できるのではないか。

③**「地域の教育力」として強力なものがある**

子どもと教師の双方に対する教育効果が示されたが，これらの背景には地域の人々が持つ「地域に対する思い」があるとみられる。担当教師やコーディネーターから，ボランティアの熱意について何度も多様なエピソードを紹介された。ボランティアのアンケートや自由記述の中にも，地域や子どもたちのために「何かしたい」「役立ちたい」という思いが溢れていた。すなわち，「地域の教育力」として力強いものがあり，これらを発揮させる取り組みが求められているとみることができる。しかも，特に高齢者や育児終了後の中高年女性にとっては，これらを生かすことが新たな自己実現につながるという面もある。地域住民にとっても「地域の教育力」は有効に作用するといえよう。

④**コーディネーターの力によるところが大きい**

備前中学校の場合，この事業のコーディネーター適任者としてのF氏の存在が大きく影響している。それまでの経験と実績，豊富な人脈を持ち，何より地域のために活動したいという強い思いとエネルギーを有する。他の地域で事業が低迷した事例では，いわゆる肩書きでコーディネーターを選定した場合が多くみられ，学校や子どもとの関係づくりについては経験が乏しく，具体的には

何をどうしてよいかわからないという状況にあるケースが多い。これらに対し備前中学校の取り組みでは、発足当初から地域を巻き込む工夫を凝らしたり、地域のボランティアが校内にどんどん入り込んでいくようにしたり、ボランティアのネットワークを整備したりするなど、担当教師とコーディネーターの協働によって主体的で活発な事業展開が実現したとみられる。このようなキーパーソンの存在があってこそ、「地域の教育力」を発揮することが可能になるのではないだろうか。

3 「地域の教育力」の顕在化に向けて

　本章で取り上げたボランティアの場合、この事業を肯定的に受け止めて積極的にかかわることを志向した人たちであって、この結果をもって「地域の教育力」を論じることは充分とは言い難いかもしれない。しかし、このような取り組みが、「地域の教育力」を顕在化していく契機となることが示されたといえる。

　全国すべての地域でうまく展開するとは限らないが、まずは「効果が現れることがある」という認識を持つことが重要である。そして、意図的にその場面づくりを働きかけていく必要がある。地域の教育力が潜在化しているとしたら、何らかの働きかけがなければ潜在化したままであって、顕在化のための意図的な働きかけが必要となる。加えて、その働きかけは、地域の実情に合ったものでなければならない。たとえば、学社連携の取り組みを発展させる手法も有効であろう。学校教育と社会教育の連携という観点から、主に青少年教育施設の利用や学校施設の開放や公開講座等、施設利用の相互連携が図られてきている。1996年の生涯学習審議会答申で、学校教育と社会教育とが一体となって子どもたちの教育に取り組む「学社連携」の最も進んだ形態として「学社融合」が政策的に位置づけられており、施設利用の相互連携による取り組みはすでに多く実施されている。これらを地域の参画や協力を得て発展させて進める方法もあろう。

　さらに、学校からも、地域教育力を発揮してほしいという意図を表明する必要があるのではないか。本章で取り上げた備前中学校では、学校の依頼に対応

してボランティアが校内巡回を行うようになったことが，支援本部事業に発展させる契機になっている。そのような学校の対応を可能にするには，現状を認識して自己開示するという成長が，学校そのものに求められているのかもしれない。

　また，地域の協力や地域との協働を求める際に，その地域における「地域教育力」を具体的にイメージすること，さらに，その地域の地域教育力を発揮させるために必要なキーパーソンを発掘することが重要になる。キーパーソンは，取り組みの立ち上げ，事業の拡大には欠かせない重要な存在であることが明らかにされたが，「地域の教育力」に注目すれば，各地域の特色を生かしていく取り組みが必要であることから，事業の発展に伴って新たなキーパーソンの存在が求められると考えられる。その人材発掘のプロセス自体が，「地域の教育力」をさらに顕在化していく過程になるともいえる。さらに，その過程を通して，地域に対する教育力が発揮されることもあるだろう。

　学校支援地域本部事業だけでなく，「放課後子ども教室」や「おやじの会」など，近年に活発化している「地域の教育力」を生かす取り組みのいずれにおいても，成功事例には必ずパワフルなキーパーソンが存在する。たとえば，全国で始めて「おやじの会」として活動が認知された「栗林おやじ塾」では，設立の立役者となった地域住民の存在が大きい（時岡・嘉藤，2009）。父親仲間が中心となって発足させ，プレイパークや体験イベントなどを開催することになったが，これらの活動を通して学校との連携を図り，地域行事への参加や行政との協働へと発展している。これらの事例にも，潜在化している「地域の教育力」が顕在化する過程がうかがえる。

　ところで，事例は少ないが，今年度のボランティアに参加した大学生から「今の中学生は自分たちが中学生の頃とはまったく違う存在だと思っていたが，一人ひとりと接すると宇宙人でも何でもなく，自分も経験した普通の中学生だと思った」「自分よりしっかりしているなあと感心することもあった」「問題行動を注意された中学生と聞いていたので不安だったが，接してみると素直で優しい子だとわかった」などの声が寄せられている。中学生を指導する立場を経験することは，大学生自身の成長を促す面もあり，ボランティアや教師の行動を規範としながら大人としての行動を心がけるようになったと，教師やコーデ

ィネーターが指摘していることからも，青年に対する「地域の教育力」としての効果が推察される。

　冒頭で述べたように，「地域の教育力」とは地域本来が持つ機能であるとするなら，潜在化している実態はまさに地域コミュニティの弱体化を示すものであり，その顕在化を図ることはコミュニティの再構築あるいは新しい形のコミュニティ形成につながるといえるのかもしれない。限られた地縁関係だけで終始するのではなく，たとえば近隣地域からのボランティア参加や，学校を中心とする関係の再構築など，それぞれの地域の実情に合致した顕在化の過程が存在すると考えられる。

　地域はそれぞれ独自の歴史や文化を有していることから，まさに「地域の教育力」は各地域に特有の教育力が存在する。現代において必要とされる「教育力」もそれぞれに異なる。誰がどのように取り組んでいくのが望ましいのか，各地域に任されることになろうが，潜在化した「地域の教育力」をいかに顕在化していくか，そのための取り組みが重要であるといえる。各地域の特色を生かしながら，地域の財産である文化や人材を教育プログラムとして組み込んでいくことが，少子高齢社会にあってはますます必要となっているのである。

　なお，本章の一部は，時岡晴美・大久保智生・平田俊治・福圓良子・江村早紀（2011）「学校支援地域本部事業の取り組み成果にみる学校・地域間関係の再編（その1）―地域教育力に注目して―」（香川大学教育実践総合研究，第22号，129～138頁）に加筆したものである。

◆引用文献

Cooley, C. H. (1909). *Social organization: A study of the larger mind*. New York: Charles Scribner's Sons.（大橋　幸・菊池美代志（訳）(1970). 社会組織論　青木書店）
広田照幸 (2003). 教育には何ができないか　春秋社
門脇厚司 (1999). 子どもの社会力　岩波書店
門脇厚司 (2002). 地域の教育力が育てる子どもの社会力　社会教育，2002年5月号．
松原治郎 (1980). 生涯教育と地域社会―地域学習社会の形成―　教育社会学研究，**35**，

73-82.
松原治郎・鐘ヶ江晴彦（1981）.地域と教育　第一法規出版
文部科学省（2008a）.放課後子どもプラン実施状況調査について　文部科学省　2008年6月23日　<http://www.mext.go.jp/b_menu/houdou/20/06/08061901.htm>
文部科学省（2008b）.放課後子どもプラン実施状況調査について　文部科学省　<http://www.mext.go.jp/b_menu/houdou/20/06/08061901/001.pdf>
文部科学省（2010）.文部科学事報 2010.3
佐藤一子（2002）.子どもが育つ地域社会　東京大学出版会
佐藤弘毅（2008）.「学校支援地域本部事業」のねらいと社会的背景　社会教育, **63**（12）, 21-25.
住田正樹（2001）.地域社会と教育　九州大学出版会
時岡晴美・嘉藤　整（2009）.「おやじの会」の発展過程にみる男性の地域参画―まちづくり主体としての課題と可能性―　日本建築学会四国支部研究報告集, 第9号, 77-78.
時岡晴美・大久保智生・平田俊治・福圓良子（2010）.学校支援地域本部事業の取り組み成果報告書―岡山県備前市立備前中学校における調査結果から―
矢野峻（1981）.地域教育学序説　東洋館出版

おわりに

　この本が誕生したきっかけは，編者（大久保・牧）が大学院生だった頃にさかのぼります。教育心理学・臨床心理学をそれぞれ学びながら，既存の理論に対する違和感や，お互いの専門分野に関して，よく夜遅くまで議論していました。当時はまだ研究も臨床もはじめたばかりの未熟な学生でしたが，今思えば，既成のものの見方に，唯々諾々と従うことへの抵抗感が，日々の議論につながっていたように思います。

　そんな私たちも大学の教員となり，社会的責任を持つ立場になりました。そして，大学生を教育し，それぞれの立場で学校現場とかかわるようになって気づいたことがありました。それは，学生・教師・保護者，そして心理学に携わる研究者・臨床家までもが，あまりにも素朴に，「子どもの規範意識が低下した」「衝動的な子どもが多くなった」等々の言説を前提に，「子どもたちを何とかしようとしている」現実でした。はたして，今の子どもはそんなにものを考えられなくなったのでしょうか？　また「何とかしなければ！」と大人が腕まくりをし，プログラムや治療を早急に施さなければならないくらい，「大変なこと」になっているのでしょうか？

　カウンセラーとして臨床現場で出会う子どもたち，そして教員として指導で出会う若者たちと接していて感じるのは，むしろ自分と同世代の頃より，はるかに冷静（ある意味シビア）で，感性豊かだということです。彼らは大人たちが作った現実を前に，それを拒否するのでもなく，また迎合するわけでもなく，混乱しながらも受容しようと格闘しているようにみえます。それが不登校やいじめ，自傷行為や非行といった，さまざまな行動で表現されているように思えるのです。それはある意味，異質な環境に適応しようとして，懸命に自己組織化しようとしている姿にも映ります。換言すれば，子どもたちは子どもたちなりに「葛藤している」のではないでしょうか？

　少し敏感な小学生や中学生だと，カウンセラーになど，すぐには近寄ってき

ません。なぜなら、カウンセラーが近寄って来ることは「心に問題があるから、それを何とかしようと近づいてくるのではないか」と警戒するからです。学校にカウンセラーを配置して「心のケア」をするということは、大人側からすれば妥当なように思えますが、実は「子どもの心の問題を、カウンセラーを配置して何とかする」という、大人側の意図が隠れているともいえます。しかしこうした意図は、大人が作り上げた現実と日々葛藤している子どもたちにとっては、ある意味、失礼な話なのかもしれません。

　私が学校現場でカウンセラーの仕事を始めた頃、先輩カウンセラーのケースに陪席したことがあります。彼女は担当している中学生に、「中学生って大変ね」「ごめんね、こんな世の中にしちゃって」と声をかけていました。つまり「子どもたちをケアしてあげる」のではなく、「大人の責任として、よろしかったら援助させていただきます」という姿勢で、中学生に対応していたのです。この姿勢は今でも私の臨床の原点です。

　私たち大人はいつの頃からか、「子どもたちの現実との葛藤」を「子どもたちの心の問題」というラベルにすりかえて、「心のノート」や「道徳教育の強化」といった"教育的措置"でコントロールしようとしはじめています。

　でも、そういう"大人側"はどうなのでしょうか？

　「知名度や派手なパフォーマンス」が歓迎される政治、「理解しやすく単純化された情報」が溢れるマスメディア、何事も「財政の論理」が優先される国のシステム、教育言説を前提に「子どもの責任」を検証しつづける心理学研究…。「ものを考えなくなった」のはむしろ大人であり、言説や教育的措置は、「子どもの責任」にすることで、大人が責任を放棄している現象と考えられなくはないだろうか…そんな問題意識から、本書は誕生しました。

　本書は主に教育心理に関する言説を、「違った視点から考える」「大人の責任として捉えなおす」ことをコンセプトに編纂されています。各章はこうしたコンセプトを前提に執筆をお願いしているという点では共通していますが、各執筆者の立場やものの考え方が共通しているわけでも、また全章を通じて特定の価値観を提示しているわけでもありません。

　本書を通じて伝えたいのは、閉塞したかのように思える現実も、角度を変えて考えることで、そして「大人が自分の責任として」考えてみることで、また

違った現実の側面が見えてくるのではないかということです。逆にいえば，固定化したものの見方や価値観が，「子どもたちをとりまく現実」を矮小化してしまっている可能性があるともいえます。

　こうしたことから，特に若いみなさんには，ここに登場する執筆者の，多種多様な立場やものの考え方をむしろ楽しんでいただけたらと思います。現実は「あんなふうにも」「こんなふうにも」考えられるのです。そして多分，「正解」はありません。

　ある研究会の帰り道，2人の編者が電車に揺られながら「ああでもない，こうでもない」といった議論をしていた横で，静かに笑いながらその話を聴いててくださったのが，ナカニシヤ出版の宍倉由高さんでした。そして「2人で今までにない本を作ってみませんか」と言ってくださったのが，数年を経てこの本になりました。当時海のものとも山のものともつかない研究者の卵だった私たちの生意気な会話を，寛容に受け容れてくださる宍倉さんのような"大人"がいたからこそ，本書が誕生しました。ありがとうございました。また「言説を疑う」といった難しいテーマにもかかわらず，さらに"超"のつく多忙さにもかかわらず，本書の趣旨を汲んで執筆を快諾してくださった執筆者の先生方に，心より御礼申し上げます。最後に，数々の編著者の不手際にもめげず，ずっと笑顔で我々をリードしてくださったナカニシヤ出版の山本あかねさんには，本当にお世話になりました。「言説を疑える」編集者として，原稿にもいろいろとご助言をいただきました。心より感謝申し上げます。

　　　　　　　　　　　　　　　　　　　　　　　　編者を代表して
　　　　　　　　　　　　　　　　　　　　　　　　牧　　郁子

事項索引

あ
相手の反応の解読過程　130
アサーション　138
アセスメント能力　197
アダルト・チルドレン　2
荒れの収束過程　92
暗黙の信念　36
いじめ　1
　——自殺事件　99
一次的援助サービス　153
イチャモン（無理難題要求）　17, 18, 19
一斉授業　67
命の教育　9, 11
命の大切さ　9
違法行為　24
意欲の評価　33
医療化　160
　——論　168
インストラクション　132
"因縁をつける"　17
A問題　48
SMD　98
援助抵抗の低さ　182
援助要請研究　145
援助要請行動　145
援助欲求　177
遠慮　148
お客様相談室　18

か
汚名の心配　148
学社融合　213
学社連携　204, 213
学習意欲　27, 73
学習指導　72
　——要領　47
学習到達度調査（PISA）　28, 47
学年間相関　62
学力向上アクションプラン　178
学力の規定因　63
学力の固定化　63
カスタマー（消費者）　22
学級王国　68
学級経営　72, 172
学級崩壊　1, 172
学校　202
　——教育　62
学校支援地域本部事業　205
学校心理学　145
学校組織　187
　——風土　190
（学校の）文化　168
学校保護者関係研究会　23
家庭　202
　——環境　63
家庭訪問　162

関係内攻撃　104
感情の統制過程　131
関心・意欲・態度　33
間接的な指導　90
観点別評価　33
管理職　178
基準設定　33
KiVa　107
規範　115
　——意識　114
　——の醸成　119
教育改革　178
　——病　25
教育課程実施状況調査　44
教育効果　211
教育政策としての全国学力調査論　52
教育相談　145
　——システム　155
教育方法学　60
教育臨床的諸課題　129
鏡映的自己　31
教師　145, 210
　——集団の力量向上　196
　——のサポート　193
教授方略　66
行政機関が行う政策評価に関する法律（政策評価法）　45
協働　165, 192
　——化　195

共同画　103
協働性　171
協働的職場風土　155
協働的な風土　191
挙手行動　65
グループ・ダイナミックス　189
グループ比較モデル　102
クレーム　13, 18
経験　9
経年変化　48
ケース会議　162
ケータイ　108
研究授業　181
原体験　11
攻撃性行為障害　98
構成的グループエンカウンター　154
校長と教師集団の相互作用　192
校長の評価次元　197
校長のリーダーシップ　187
行動の維持　133
行動のレパートリー　141
校内暴力　1
広汎性発達障害　139
校務分掌　68
項目応答理論　48
呼応性の心配　148
コーディネーション委員会　152
コーディネーター　162
心
　——の傷＝トラウマ　2
　——の教育　1, 9
　——のケア　2

　——の時代　1, 9, 12
　「——」を超えて　1
　——の専門家　2
　——のノート　1
　——の豊かさ　1
個人主義　1
個人と環境の関係　118
言葉がけ　73
子どもの社会化　202
コミュニケーション能力　114
コミュニティ心理学　153
孤立化　100
孤立する子育て　20, 23
コンサルタント　168
コンサルテーション　168
コントロール感　193
困難校　86

さ
最低基準　47
三次的援助サービス　153
三次的教育援助　134
仕組まれた同僚性　181
刺激般化　133
自己イメージ　31
自己肯定感　212
自己効力感　81
自子中心主義　20
自己評価　162
実施された政策（インプット）　45
実践記録　66
実践的知識　165
疾病性　168
児童相談所　162
指導態度　172
指導法　72

指導力　93, 180
指名行動　65
社会教育　204
社会的環境　132. 141
社会的構成体　188
社会的次元　9
社会的スキーマ　130
社会的スキル　115
　——教育　98
　——訓練（SST）　129
　——トレーニング　154
社会的スキルの生起過程モデル　130
社会的比較　29
　——過程理論　31
社会の心理主義化　124
社会風土　190
集団社会的スキル訓練（集団SST）　129
集団に準拠した評価　49
銃乱射自殺事件　107
授業
　——案　68
　——研究　60
　——参観　69
　——実践　174
　——妨害　169
出席停止措置　99
障害（病気）　159
少子化　20
少年犯罪　120
情報の共有　98, 195
職場風土　190
事例性　168
新教育　43
診断　160
新任教員　180
信頼性　116
推算値法　48
数量的分析　66

索　引　**223**

スクールカウンセラー　145, 159, 173
ストレス　172
　──反応　180
　──マネージメントプログラム　154
ストレッサー　173
スペシャリスト　175
成果（アウトカム）　45
生活指導　72
政策評価としての全国学力調査論　51
精神医学　159
精神障害　161
生成　10
生徒指導　83, 87, 166
生命的次元　9
世代内の自己解決能力　108
世代論　19
説諭　105
ゼネラリスト　175
全国学力・学習状況調査　41
全国学力調査　44
全国子どもプラン　203
全国的な学力調査の具体的な実施方法等について（報告）　42
全国的な学力調査の実施方法等に関する専門家検討会議　42
専制型リーダーシップ　189
セントルイス実験　101
全米学力調査（National Assessment of Educational Progress; NAEP）　47
早期退職　180
相対的評価　63

相対評価　30
相談構造　169
ソーシャルサポート　146
ソーシャルスキルトレーニング（SST）　125
組織特性　180
組織風土　189
素点　49

た
対応バイアス　37
体験　10
対人反応の実行過程　131
対人目標と対人反応の決定　131
妥当性　116
ダブルスタンダード化　87
多忙性　176
地域　201
　──コミュニティ　215
　──社会　202
　──住民　205
　──の教育力　201, 202
チーム援助　151
チームワークのレベル1　195
チームワークのレベル2　195
チームワークのレベル3　195
中学生サミット　105
直接的な指導　90
積み上げモデル　102
DV　162
低学力論争　46

定着化　132
適切な距離　24
TIMSS　46
登校渋り　165
同調的な風土　191
道徳　117
　──心　1
透明化　100
同僚性　174
特別支援教育　168
匿名性　104
トラブル　22
ドリフト理論　119
トレーニングモデル　102

な
二次的援助サービス　153
二次的教育援助　134
ニュー・パブリック・マネージメント（NPM）　45
認知の歪み　98
ネットいじめ　104

は
バーンアウト　173
バイアス　116
発達　9
　──障害　160
　──促進的な援助（一次的教育援助）　134
発話　63
場面理解のためのSST　139
般化　133
反学校的な生徒文化　87
反応般化　133
ピア・サポート実践

103
ピアサポート　150
PISA 型学力　53
B／V 比率　99, 100
B 問題　48
被援助志向性　145, 182
被害者責任論　97
非行　1
　　──少年　118
『悲鳴をあげる学校』
　20
評価　75
標準　47
開かれた学校　69
フィードバック　132
ViSC　107
フィンランド　30
不快感情　141
不適応　115
不登校　1, 141, 153, 159
不当要求　24
不眠　160
プライバタイゼーション
　177
文化的な規範　29
文脈依存　35
文脈的行動　196
平均点　49
ヘリコプター・ペアレント
　15
変革型リーダーシップ

193
偏差値　30
放課後子ども教室　214
放課後子ども教室推進事業
　203
放課後子どもプラン
　203, 207
放校処分　99
放任型リーダー　190
ホウレンソウ　195
保護者　145
　　──対応の手引き　25
ボランティア　164, 205

ま
マスメディア　121
マトリックス標本抽出法
　48
学びのすすめ　47
学ぶ意欲　27
満足基準　21
見立て　159
見通し　167
民主型リーダーシップ
　189
無力化　100
メディア　105
目標に準拠した評価　49
モデリング　132
物の豊かさ　1
モンスターペアレント

14
問題行動　85, 114
問題の個人化　161

や
役割演技　139
役割外行動　196
友人　145
ゆとり教育　178
　　──批判　47
要求水準　21
予防　125
　　──的援助　134
世論　107, 108

ら
リーダーシップの過剰評価
　188
リーダーシップの幻想（The Romance of Leadership）
　187
リハーサル　132
臨時教育審議会　1
臨床心理学　2
　　──論　8
臨床心理士資格　2
ロールプレイ　139

人名索引

A
相川　充　117, 130, 132, 137, 141
会沢　勲　113
アンデルセン　8
Anderson, H.　170
安藤史高　74
青木省三　161
青柳　肇　118
新井　肇　174, 180, 182, 191
荒井克弘　43, 44, 48
浅野智彦　117
綾　牧子　123
鮎川　潤　121

B
Bandura, A.　81, 110
Bass, B. M.　189
Bloom, B. S.　63

C
Chen, C.　29
クリスチャンソン，レイフ　109
Conrad, P.　160
Cooley, C. H.　202
Cowie, H.（カウイ，ヘレン．）　103, 105, 154
Croft, D. B.　190

D
Decety, J.　98

DeNisi, A.　32
Dweck, C. S.　36

E
江川紹子　160
Elliot, A. J.　32, 35

F
Feldman, R. A.　101
Festinger, L.　29, 31
淵上克義　187-189, 191, 195-197
藤田英典　174, 175, 177-179
藤田恵璽　62, 63
藤田達雄　192
深谷昌志　86
古市裕一　86
古川久敬　195
古山正幸　118

G
Gibbs, J. C.　98
Gilbert, D. T.　37
五味太郎　6
グッドマン，ジョン　21
後藤和智　113
Gresham, F. M.　131

H
浜田寿美男　7, 8
浜島幸司　117
Harackiewicz, J. M.　32

原　康之　196
ハーグリーブス（Hargreaves, A.）　174-177, 181
Harpin, A.　190
鳩山邦夫　30
Henderlong, J.　27
Hiebert, J.　36
廣岡秀一　115
広田照幸　84, 121, 205
久田恵子　146, 147

I
市川伸一　30
家近早苗　152
井口和美　181
飯田順子　154
今津孝次郎　174-178, 180
井上健治　98
いせひでこ　109
石田靖彦　192
石井祐佳子　138
市川須美子　109
石隈利紀　134, 146, 151-153, 155
磯部美良　118
伊藤美奈子　180

K
門脇厚司　202-204
鹿毛雅治　34
金森俊郎　11
鐘ヶ江晴彦　202, 203
金子元久　19

金子泰之　126	マッツァリーノ　121	Osofsky, M. J.　98
金山元春　139	Matza, D.　119	大谷宗啓　117
苅谷剛彦　32, 44, 49	Meindl, J. R.　187, 188	尾崎　豊　1, 6
片野智治　154	Michelson, L.　137	小沢牧子　8, 9
加藤弘通　79, 86-88, 90, 119	Mischel, W.　34	小沢哲史　122
嘉藤　整　214	Mise, J.　132	大住壯四郎　45
勝野正章　181	三隅二不二　190	
河合隼雄　1, 4	宮前淳子　141	R
川俣智路　168	宮前義和　102, 138, 142	Rawsthorne, L. J.　32
河村茂雄　115, 125	水野治久　145-148, 150, 154	Rosenbaum, J. E.　32
木村祐子　168	向山洋一　15, 16	Ross, M.　36
King, C. A.　137	村木英治　48	
Kirschenbaum, D. S.　137	村山　航（Murayama, K.）27, 30, 32, 34, 35	S
岸　俊行　63		斉田智里　48
Kluger, A. N.　32	N	阪根健二　105
小林正幸　117, 132, 137	中井久夫　100, 108	佐藤博志　197
國分康孝　154	中村美津子　168	佐藤一子　202
近藤邦夫　118	中村　健　151	佐藤和代　139, 140
倉元直樹　48	中塚健一　176	佐藤弘毅　206
栗林克匡　192	中谷素之　195	佐藤　学　54, 177
栗原慎二　154	Nelson-Jones, R.　137	佐藤正二　139
黒羽正見　174	にもんじまさあき　109	澤邉　潤　65
久世敏雄　115	Nisbett, R. E.　38	Schneider, J.　160
	西山久子　155, 192	関根眞一　21
L	信実洋介　193, 194	Shamir, B.　188, 189
Ladd, G. W.　132	野嶋栄一郎　63	柴崎武弘　176
Lee, S. Y.　29		嶋田洋徳　116
Lepper, M. R.　27	O	志水宏吉　58, 88
Lewin, K.　189, 190	織田明日樹　172	Shoda, Y.　34
	尾木和秀　177	ステンベリ，ディック　109
M	岡部恒治　46	Stevenson, H. W.　29, 36
前田健一　139	大久保智生　79, 86-88, 90, 116, 118-120, 125, 126	Stigler, J.　36
牧　郁子　172, 177, 182	大西彩子　98, 172	住田正樹　202
牧野智和　123	小野方資　45	Sutton, J.　98
Malone, P. S.　37	小野田正利　15, 16, 19, 20, 23, 25	鈴木　薫　193
松原治郎　201-203	小野寺正己　125	鈴木尚子　19
松原敏浩　192		鈴木悠太　174
松嶋秀明　119, 162, 165		

T

多賀幹子　15
高橋典久　174, 191
高橋　廉　178
田中耕治　33
田中康雄　160
谷口えみ子　103
谷口弘一　191
谷川俊太郎　109
戸田有一　99, 102-105, 107, 108, 150
戸ヶ崎泰子　116
時岡晴美　209, 214
戸倉信一　178, 181
戸澤幾子　44, 58
辻　大介　117
露口健司　192

U

内田　樹　15
内山絢子　115
浦野裕司　172

W

和田　実　115
Wilson, T. D.　38
Woodward, A. L.　38

Y

山口豊一　145, 146
山下輝美　137
矢野智司　10
矢野　峻　201
八並光俊　180, 182
吉田　順　88
吉田俊和　192
油布佐和子　177, 181

著者一覧 （執筆順，＊は編者）

伊藤哲司（いとう・てつじ）
茨城大学人文社会科学部教授
担当：第1章

小野田正利（おのだ・まさとし）
大阪大学名誉教授
担当：第2章

村山　航（むらやま・こう）
University of Reading, Professor
担当：第3章

森田英嗣（もりた・えいじ）
大阪教育大学教育学部教授
担当：第4章

岸　俊行（きし・としゆき）
福井大学学術研究院准教授
担当：第5章

龍野聡平（たつの・そうへい）
大阪市立西天満小学校教諭
担当：第6章

加藤弘通（かとう・ひろみち）
北海道大学大学院教育学研究院准教授
担当：第7章

戸田有一（とだ・ゆういち）
大阪教育大学教育学部教授
担当：第8章

大久保智生（おおくぼ・ともお）＊
香川大学教育学部准教授
担当：第9章

宮前義和（みやまえ・よしかず）
香川大学大学院教育学研究科教授
担当：第10章

水野治久（みずの・はるひさ）
大阪教育大学大学院教育学研究科教授
担当：第11章

松嶋秀明（まつしま・ひであき）
滋賀県立大学人間文化学部教授
担当：第12章

牧　郁子（まき・いくこ）＊
大阪教育大学教育学部教授
担当：第13章

淵上克義（ふちがみ・かつよし）
元岡山大学大学院教育学研究科教授
担当：第14章

時岡晴美（ときおか・はるみ）
香川大学教育学部教授
担当：第15章

実践をふりかえるための教育心理学
教育心理にまつわる言説を疑う

2011 年 4 月 20 日　初版第 1 刷発行
2021 年 6 月 10 日　初版第 8 刷発行

（定価はカヴァーに表示してあります）

編　者　大久保智生
　　　　牧　　郁子
発行者　中西　　良
発行所　株式会社ナカニシヤ出版
　　　　〒606-8161　京都市左京区一乗寺木ノ本町 15 番地
　　　　　　　　　　Telephone　075-723-0111
　　　　　　　　　　Facsimile　075-723-0095
　　　　　　　　Website　http://www.nakanishiya.co.jp/
　　　　　　　　E-mail　iihon-ippai@nakanishiya.co.jp
　　　　　　　　　　郵便振替　01030-0-13128

装幀＝白沢　正／印刷・製本＝ファインワークス
Printed in Japan.
Copyright ⓒ 2011 by T. Okubo & I. Maki
ISBN978-4-7795-0531-7

本書のコピー，スキャン，デジタル化等の無断複製は著作権法上での例外を除き禁じられています。本書を代行業者等の第三者に依頼してスキャンやデジタル化することはたとえ個人や家庭内の利用であっても著作権法上認められておりません。